MESTRES DO TRAÇO

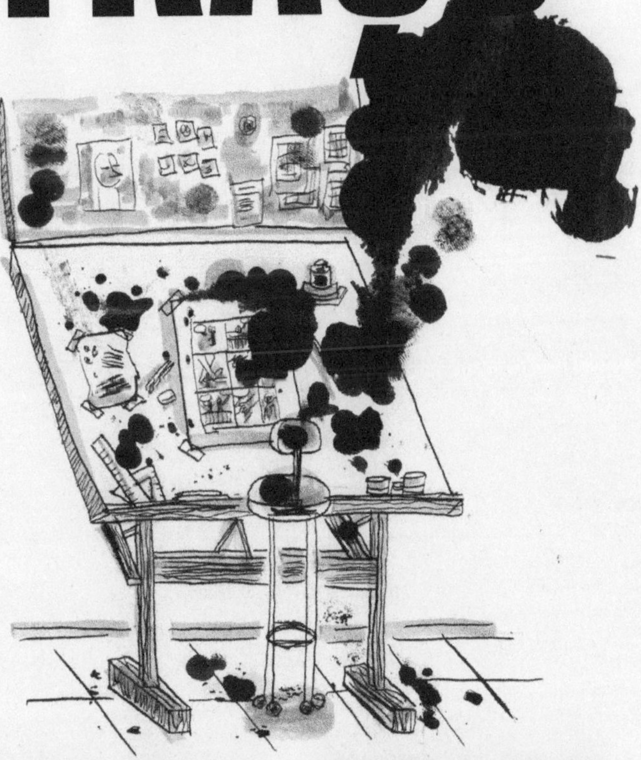

RAFAEL SPACA

AVEC EDITORA

Editor: Artur Vecchi
Projeto Gráfico e Diagramação: Vitor Coelho
Design de Capa: Vitor Coelho
Arte da Capa: Cynthia Bonacossa
Revisão: Gabriela Coiradas

1ª edição, 2023
Impresso no Brasil/ Printed in Brazil

Dados Internacionais de catalogação na Publicação (CIP)
(Câmara Brasileira do Livro, SP, Brasil)

L 732

Spaca, Rafael

Mestres do traço / Rafael Spaca. – Porto Alegre : Avec, 2023.

ISBN 978-85-5447-083-8

1. Cartunistas – Entrevistas - Brasil
I. Título

CDD 741.5

Índice para catálogo sistemático: 1.Cartunistas : Entrevistas : Brasil 741.5
Ficha catalográfica elaborada por Ana Lucia Merege – 4667/CRB7

AVEC EDITORA

Caixa Postal 6325
CEP 90035-970 – Porto Alegre – RS
contato@aveceditora.com.br
www.aveceditora.com.br
@aveceditora

NOTA DO AUTOR

Todas as entrevistas deste livro foram realizadas no ano de 2017.

Ano em que Donald Trump é empossado presidente dos Estados Unidos.

Ano em que o ex-presidente Luiz Inácio Lula da Silva é condenado a 9 anos e 6 meses de prisão no Caso do Triplex do Guarujá (Operação Lava Jato). Era a primeira vez, desde a Constituição de 1988, que um ex-presidente é condenado criminalmente.

Ano que a Câmara dos Deputados rejeita enviar ao Supremo Tribunal Federal a segunda denúncia contra o então presidente Michel Temer. Foram 251 votos a favor do arquivamento contra 233 pelo prosseguimento da investigação.

Ano em que Bolsonaro (que viria a se tornar o presidente do país no ano seguinte) começava a ganhar força popular e apoio de parte expressiva da imprensa.

Tudo isso somado, inaugurou-se uma tensão política e social, até então, jamais vista no país.

Era o momento mais oportuno para ouvir esses profissionais que são os que captam pela síntese de uma ilustração, toda a complexidade dos acontecimentos.

As entrevistas deste livro são reflexos daquele ambiente que estávamos vivendo.

ÍNDICE

DESENHISTAS EM MUITAS DIMENSÕES

Um dia o Rafael Spaca me procurou com a proposta de publicar na *Bravo!* uma série de entrevistas sobre quadrinistas e chargistas brasileiros. Conhecia seu personagem Adroaldo, seus livros dos Trapalhões, mas não sabia nada dos seus textos ou de sua capacidade para entrevistar as pessoas.

Por outro lado, sabia que o Brasil tem uma produção incrível de charges, tirinhas, quadrinhos, novelas gráficas e que essa história quase nunca é contada com profundidade. É muito raro na imprensa ver quem desenha, mesmo que faça tirinhas ferinas e roteiros incríveis, ter sua voz amplificada e conhecida para além de um circuito manjado de fãs que seguem salões e escrevem blogs para outros fãs.

A *Bravo!* tinha voltado ao mercado havia pouco mais de seis meses. Com minha sócia, Helena Bagnoli, abrimos uma nova editora para abrigar o título de arte fechado pela Editora Abril em 2013. Tínhamos poucas, mas firmes certezas. A primeira é que queríamos ter um conteúdo de qualidade, gratuito, na internet. A segunda é que não perderíamos tempo falando daquilo que outros cadernos e revistas de cultura estavam falando. Não ficaríamos presos à pauta do dia, pois entre portais, cadernos de jornais, blogs e revistas, já tinha bastante gente falando da agenda. E, para essa coisa mais imediata, sempre poderíamos usar o recurso da curadoria nas redes sociais. Na hora de ter um conteúdo que fosse *Bravo!*, ele necessariamente teria de ser único.

Nesse sentido, a proposta do Spaca cabia perfeitamente na visão que tínhamos do que era essa nossa revista, com sua vocação para falar a sério de arte e cultura, mais do que de entretenimento, levando em conta que estamos no século 21 e que todo esforço deveria estar ligado à internet, de preferência abrangendo diferentes formatos.

O primeiro texto que chegou já serviu para dissipar parte dos meus medos. Era sobre Gustavo Machado, uma figura sobre a qual eu não conhecia nada, e fui ficando maravilhado ao editar a entrevista. Spaca sabia entrevistar. Claramente ele tinha domínio do assunto e mesmo assim não parecia nada pernóstico, demonstrava um interesse genuíno na obra e, mais importante, na vida e nas ideias do entrevistado. E é isso que faz uma boa entrevista: quando, para além das perguntas óbvias, você descobre a pessoa e como ela vê o mundo.

Para mim, o melhor é que, além da entrevista, o material vinha recheado de imagens, fotos de arquivo, capas de revista. Ou seja, tudo o que é necessário para fazer uma edição tão saborosa quanto a conversa em si. Confesso que na hora fiquei mais do que aliviado, bateu aquela sensação boa de sentir que a aposta ia pagar bem mais do que você esperava.

O que eu não esperava, neste primeiro momento, é que Spaca fosse uma máquina de entrevistar gente. Longas entrevistas são difíceis, requerem pesquisa, apuro, reflexão, finalização. Mas logo depois de receber a primeira, minha caixa de mensagens ia acumulando entrevistas, fotos, desenhos ao ponto de eu duvidar se ia dar conta de editar tudo, se eu não ia esquecer um material mofando no We Transfer ou se ia conseguir fazer direito a minha parte, que era juntar as pontas, refinar o texto, brincar com a forma para deixar todo o material ainda mais saboroso para o leitor. Respirei fundo e, como diz um ditado muito usado na família da minha mulher, resolvi comer o boi aos bifes. Combinamos de publicar semanalmente as entrevistas e, depois de editar os primeiros meses sozinho, até para sentir o potencial do material, envolvi o redator-chefe da revista, Almir de Freitas, na empreitada.

O que eu mais gosto dessa série é a paixão pela vida de quem desenha e o respeito pelas suas ideias. Ao ler essas entrevistas, é fácil perceber que Spaca não vem com ideias pré-concebidas, tanto em termos do ofício do desenhista quanto de suas posições políticas e de suas visões de mundo. Não que elas lhe sejam indiferentes, mas ele tem a sabedoria de respeitar o personagem, de saber que, numa boa entrevista, é o entrevistado que deve brilhar — ou se afundar. Afinal, ninguém aqui tem vocação para escrever hagiografia. E graças a Deus (ou à concorrência), estamos lidando com gente muito inteligente e espirituosa, repleta de convicções e, na grande maioria dos casos, com uma língua assaz ferina.

Outro ponto que torna essa série de entrevistas extremamente relevante é o fato de elas terem sido feitas agora, enquanto o Brasil passa por um dos momentos mais conturbados de sua história. Obviamente, o derretimento do mundo político — à direita, à esquerda, ao centro — não poderia ficar de fora da conversa, assim como a defesa deste ou daquele ponto de vista a respeito dos caminhos que o país deveria tomar e do papel do humor, da crítica social e do jornalismo neste momento.

De um lado, sou muito grato ao Spaca por dar à *Bravo!* esse material; por outro, fico imensamente feliz de vê-lo agrupado em livro. Espero que você, leitor, tenha o mesmo prazer lendo esses textos aqui que nós tivemos aos editá-los a quente, no dia a dia da revista.

Guilherme Werneck, publisher da ***Bravo!***
Junho de 2017

MESTRES DO TRAÇO

Minha ideia com a série na *Bravo!* era oportunizar ao público o acesso a histórias diversas. Essa diversidade pode ser encontrada na pluralidade dos nomes aqui apresentados, o que torna este livro singular.

Temos todas as gerações apresentadas e representadas; é quase uma linha do tempo histórica que dá um panorama do traço no país, a gênese do ofício. São histórias que contam as dores e as delícias de se trabalhar com arte no Brasil.

Melhor do que descrever o que virá a seguir é deixar você partir para a página seguinte.

Tenho certeza que ao fim da leitura você olhará para estes artistas e para o ofício do ilustrador com outra perspectiva.

Rafael Spaca

Saca aquele cara que é um misto de agitador cultural, cineasta, pesquisador, escritor e, pra piorar, ainda é gente boa? Eu o conheço… atende pela alcunha de Rafael Spaca, mas poderia ser Rafael, o Inquieto.

Estou escrevendo aqui e periga dele tá aprontando mais uma de suas inquietudes…

Bravo, Rafael!

Júnior Lopes, artista plástico.

ARNALDO BRANCO

"SOMOS UM PAÍS QUE TENDE AO MÍNIMO DENOMINADOR COMUM"

NA SÉRIE DE ENTREVISTAS COM GRANDES CARTUNISTAS BRASILEIROS, TEMOS A FUMEGANTE PRESENÇA DE **ARNALDO BRANCO**

Qual a razão do seu mau humor?

Sou tão mal-humorado quanto o Tom Cavalcante é bêbado; na verdade, sou bem fácil de levar. "Mau humor" era o nome do meu blog, e tinha mais a ver com o fato de usar humor no título para atrair desavisados do que para fazer alguma espécie de declaração de princípios. Mas acho que o melhor humor é aquele que fere algumas suscetibilidades, aquele com alguma maldade intrínseca.

Desde pequeno era assim?

Meu gosto para o humor, sim (*Pica-Pau*, *Papa-Léguas*, etc). E sobre *não* ser mal-humorado: era ainda mais tranquilo quando criança, quando ainda não tinha que lidar com os problemas da vida adulta.

Foi quando criança que descobriu sua inclinação para as artes? O desenho foi descoberto neste período?

Desenhar era uma coisa que as crianças faziam antes da invenção do Playstation e do celular; as mais tímidas (meu caso) se afundavam naquilo pra não ter que interagir. Acho que foi aí que percebi que eu era mais funcional na ficção do que na vida real, onde você tem menos controle.

Arnaldo Allemand Branco, de onde vêm suas origens?

Meu *tataralgumacoisavô* era suíço do cantão de Vaud, onde se fala francês, daí o Allemand, que quer dizer "alemão" em francês. O Branco é brasileiro mesmo. Era essa pergunta ou gastei minha árvore genealógica à toa?

O jornalismo chegou primeiro que o cartum na sua vida?

Meu pai era jornalista, e eu era bem consciente da profissão desde cedo, especialmente dos horários, que me obrigavam a vê-lo só nas folgas, que eram raras. Era a vida desde cedo me dando sinais para procurar outra profissão, e mesmo assim o idiota aqui fez faculdade de jornalismo. Mas o cartum chegou logo depois, através dos desenhos do Mem de Sá, cartunista d'*O Globo*, que mandava pelo meu pai caricaturas do time do Flamengo—que entrou na minha vida bem antes do jornalismo e do cartum.

Sua técnica, desenho de traços toscos e infantis, ao que parece não foi desenvolvida ao longo do tempo. Seu traço permanece igual desde o tempo em que começou a desenhar aos dias de hoje?

Acho até que piorou. Tenho muita pressa em ver se a piada funciona no papel, e essa é uma das razões do desenho tosco—a outra é a preguiça, tanto é que se imagino um cartum que exija um desenho complexo, muitos elementos e cenários, descarto, deixo pro Angeli fazer.

Nunca buscou o refinamento ou academicismos?

Não, mas hoje em dia até me arrependo, quem sabe não descolava alguns bicos como ilustrador.

Desenho e jornalismo são indissolúveis?

Se você quer expressar sua visão de mundo, são; se você prefere fazer cartões da Hallmark, não.

Você é autor e criador dos personagens Capitão Presença e Joe Pimp. Como surgiu a ideia destas criações?

Da minha mente muito limitada: um cara que sempre tem maconha, outro que explora o mercado do sexo. Mas acho que quanto mais simples a sua premissa, menos armadilhas você arma pra você mesmo na hora de criar as situações cômicas. Mesmo o humor mais complexo é ineficaz se precisar de muito contexto.

Ao criar personagens para os quais você tem que desenvolver uma narrativa, como uma série, isso é mais cômodo do que criar diariamente charges que retratem o dia a dia no mundo?

Sim, você conhece melhor o universo deles—já a vida real te propõe novos temas diariamente e você precisa dar reset na máquina, se informar sobre o que está acontecendo na superfície e no subtexto.

Você é conhecido por seu humor ácido e politicamente incorreto. Entretanto, o mundo caminha em direção ao politicamente correto. Viver será mais difícil pra você?

Não. Muitas vezes o que as pessoas chamam de politicamente correto é apenas bom senso; tem uma galera que usa esse discurso de que está sendo patrulhada como muleta pro seu humor ineficaz. No meu entender, a gente vive uma era de ouro do humor, já que agora existem mais espaços (graças à internet, novos canais de VoD, etc.) pro verdadeiro talento aparecer, e só vejo comediante ruim falar que o politicamente correto está acabando com a profissão.

No portal G1 você criou a série *Mundinho Animal* que, segundo suas palavras, "é um sarro com a nossa classe artística, que parece estar sempre pedindo uma sapatada". Explique isso.

Na verdade, era isso; a tira foi mudando e abordando mais a questão social—o Brasil é um país que te leva a beber e a discutir política, impressionante. Mas comecei a fazer a tira para mostrar que a nossa classe artística às vezes repete os mesmos vícios da classe política: nepotismo, tráfico de influência, fisiologismo.

O que é mais ridículo: a nossa classe artística, o nosso quadro político ou a sociedade brasileira?

No Brasil, quando você fala mal de uma determinada classe (artística, política, etc.) quem costuma tomar a defesa são justamente os medíocres, os caras que justificam a crítica. Os bons se calam, porque sabem que são a exceção. Então é isso, somos um país que tende ao mínimo denominador comum.

Você não respeita muito a importância canônica do papel: pra você tanto faz se suas tirinhas são publicadas nos jornais, revistas ou internet. Por que isso?

Porque o papel é o passado. Imagina isso: tenho uma coisa megaimportante pra te contar, mas espera um pouco eu derrubar uma árvore e processar a celulose antes. Eu gosto do papel por nostalgia e fetiche, mas no dia em que você completa mil livros baixados no Kindle e olha praquele playground gigante de ácaros que você chama de biblioteca, entende que não tem volta.

A publicação no jornal e revista não te dá mais dinheiro e prestígio do que a internet?

Nenhum deles (internet, jornal ou revista) dá dinheiro. E se você quer prestígio de verdade, é melhor virar youtuber.

A internet repercute mais, tem o poder de viralizar, mas é só isso, ou não?

No mundo moderno, o que existe além disso? Um exemplo: um articulista político com bom texto e boa repercussão na internet—quando ele é mais relevante, no dia em que está sendo compartilhado por milhões, no calor do momento, ou quando lançar uma compilação de colunas em forma de livro meses depois?

Dinheiro ou fama?

Dinheiro; fama é só uma isca de dinheiro. A não ser que você seja famoso demais e consiga pagar o almoço com um autógrafo.

Dom ou esforço?

Dom; até parece que os outros jogadores fazem menos abdominal que o Neymar.

Quando descobriu que fazendo desenhos você poderia ganhar a vida, viver disso?

Sempre soube que existia essa profissão, cartunista—então ela sempre foi uma opção pra mim, depois de rockstar. E são raros os cartunistas e quadrinhistas que vivem disso, geralmente é preciso ter outra atividade.

Política não é um assunto que você gosta de lidar. Mesmo em tempos de impeachment, Lava Jato e outras coisas mais, isso não te seduz a se manifestar?

Eu gosto de lidar com política—o *Mundinho Animal* dos últimos anos mostra isso. O que eu não gosto é de discutir política nesse ambiente poluído, nesse torneio segundanista de lacração que é a internet. Por isso, para dar umas opiniões tímidas em forma de piada, uso o Twitter, que tem pouco espaço pra réplica. Minhas outras redes sociais são apenas um veículo para fotos de comida e do meu cachorro.

Dizem que política, futebol e religião não se discutem, mas vem do futebol uma das grandes polêmicas que se meteu. O que houve entre você e a diretoria do Botafogo de Futebol e Regatas?

Nada. Uns torcedores entenderam errado algo que escrevi na minha coluna d'*O Globo* e entraram numas comigo—e o presidente, que sabe que é mais fácil criar um clima de "nós contra eles" do que efetivamente ganhar um título, escreveu uma resposta oficial. Eu não respondi, na verdade nem li, e a coisa morreu.

É possível ser isento (em todas as esferas) ou não tem como separar seu pensamento, ideologia ou o que for, nas críticas que faz?

Sim, da mesma forma que é possível fazer café sem cafeína; eu acho horrível.

O que fez na peça *O Beijo no Asfalto*, de Nelson Rodrigues? Gostaria de ter experiência no teatro?

Eu só adaptei a peça para quadrinhos, com desenhos do Gabriel Góes, para a editora Nova Fronteira. E, sim, já tentei até escrever teatro, mas meu trabalho como roteirista agora me toma todo o tempo.

As charges podem cobrir a lacuna do mau jornalismo?

Não, assim como as marchinhas zoando políticos não são um substituto à altura de um protesto de verdade. Os chargistas ganham alguma liberdade, até para poder servir de álibi para o mau jornalismo—a manchete, a matéria e a linha editorial podem conter um bando de mentiras, mas, olha só, nesse quadrado aqui tem um desenho que mostra que a gente é a favor do pensamento crítico e da diversidade.

Você se alimenta não só de referências diretas ao seu trabalho, mas também de música, cinema e literatura. Como é o seu processo de composição para realização de um desenho? Precisa ficar isolado ou consegue produzir com barulho?

Música me atrapalha um pouco, sei lá por quê. Geralmente trabalho com a TV ligada em um jogo de futebol sem som. Engraçado que barulho não me atrapalha—morei ao lado da obra do metrô Ipanema durante dois anos, inclusive na fase da dinamitação, quando uma espécie de alarme antiaéreo era usado para avisar que lá vinha mais uma detonação.

Capitão Presença quase estreou no Canal Brasil. Você escreveu roteiros de uma série animada, estava em fase bem adiantada, mas acabou não sendo exibida. O que aconteceu?

Era uma série de animações de seis curtas de seis minutos dentro de um programa com outros desenhos animados, *Tosco TV*. Não estava tão adiantada, mas os roteiros chegaram a ser revisados pelo canal e tudo mais, até que, no dia da dublagem, alguém ligado à produção teve o bom senso de observar que um desenho animado sobre maconha—e bastante a favor—poderia facilmente tomar um processo de apologia na cabeça, já que no Brasil ainda existe a forte noção que desenho animado é coisa pra criança.

Tem esperança de ver Capitão Presença na televisão?

Na verdade, tenho mais esperança da maconha ser legalizada e do personagem perder sua função.

Acredita que outras séries/personagens que você criou têm potencial para serem animados?

Eu tenho uma série de animação com roteiros prontos, desenvolvida em um núcleo criativo da Conspiração Filmes, chamada *Morro da Neurose*. Infelizmente é sobre um traficante, é cheia de sexo e cocaína e não existe um canal que exiba animação adulta brasileira.

Você desenvolve um sólido trabalho como roteirista. Conte a respeito desta sua faceta.

É o que mais gosto de fazer, isso e dirigir coisas que escrevi. Na verdade, sempre curti mais audiovisual do que quadrinho, que é uma espécie de cinema de orçamento zero. Desenvolvo coisas minhas e trabalho nos projetos de outros; sou autônomo desde 2013, quando trabalhei na Globo pela última vez.

Existe algo que jamais trabalharia?

Publicidade. Nem porque é um trabalho evidentemente demoníaco, mas conviver com publicitário deve ser dose.

Tem planos para criação de novas séries em quadrinhos?

Sinceramente, não. Mas vai que uma ideia brote no meu cérebro contra a minha vontade, como geralmente acontece...

Deixe seu mau humor de lado e nos transmita uma mensagem de esperança: o que será do Brasil no futuro?

Se existir Brasil no futuro, provavelmente será mais atrasado. Mal aí.

GUSTAVO MACHADO

GUSTAVO MACHADO EXPLICA A AVENTURA DO QUADRINHO ERÓTICO NO BRASIL

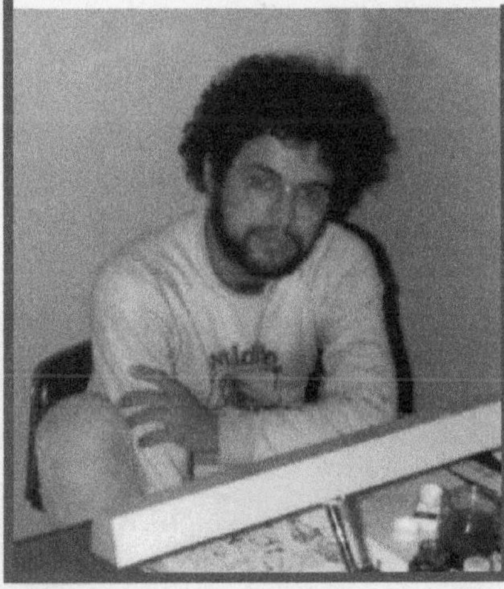

Gustavo Machado é um dos maiores nomes da história dos nossos quadrinhos. Trabalhou na lendária editora curitibana Grafipar, que revolucionou a maneira de se produzir literatura erótica no país e moldou comportamentos. Nesta conversa você terá a chance de conhecer essa e outras histórias no testemunho de um de seus protagonistas.

Os quadrinhos da Editora Grafipar eram comparados, em qualidade, às revistas de super-heróis. O que eles tinham de especial?

Não conhecia essa comparação, mas sei que os quadrinhos de super-heróis faziam muito sucesso na época em que as revistas em quadrinho eróticas da Grafipar viviam seu auge nas bancas. Isso foi na passagem dos anos de 1970 para os 1980. Basicamente, era o mesmo público que consumia os dois produtos, ou seja, os jovens. É bom frisar que, no caso das revistas da Grafipar, estas eram lacradas e com o aviso de "impróprias para menores de 18 anos". Era uma geração que estava tendo pela primeira vez a oportunidade de curtir quadrinhos abordando o sexo com uma liberdade como nunca antes havia sido vista ou permitida nos gibis nacionais. Ao contrário dos famosos catecismos, aqueles quadrinhos pornôs de Carlos Zéfiro & Cia, vendidos clandestinamente nas bancas, as HQs eróticas da Grafipar tinham uma boa dose de sexo nos roteiros e imagens, mas sem descambar para a pornografia. Só a partir de 1982 um teor cada vez mais explícito começaria a acontecer nos quadrinhos, com o afrouxamento gradual e constante da censura, quando da liberação e exibição de filmes com cenas de sexo explícito como *Garganta Profunda* e o nacional *Coisas Eróticas*. Ainda que, antes disso, outras fitas com cenas de sexo explícito tivessem sido liberadas para exibição nos cinemas, como a superprodução *Calígula* e *O Império dos Sentidos*, este com o aval de filme de arte.

Com essa abertura da censura, editoras concorrentes começaram a lançar nas bancas edições de HQs pornôs explícitas com material importado, assim como fotonovelas com sexo explícito. O custo dos enlatados era muito mais baixo do que as produções em quadrinhos da Grafipar, que publicaram 99,9% de material nacional e inédito. Isso foi o início do fim, graças ao custo desigual, num cenário de inflação galopante, no início dos anos de 1980. Os leitores também buscavam HQs cada vez mais ousadas e explícitas. No entanto, os autores de quadrinhos nacionais da Grafipar não ficavam à vontade com essa liberação e nova exigência do mercado, pois isso fazia o conteúdo das HQs trazer cada vez mais sexo e menos enredo.

Não durou muito e a Grafipar fechou as portas, por estes e outros fatores, tendo produzido muito pouco material pornô explícito em quadrinhos.

O grande diferencial das produções de HQs eróticas da Grafipar foi exatamente por manter o nível de qualidade alto nos trabalhos autorais em suas publicações. O tema "sexo" era um chamariz, um fio condutor, mas sempre usado nas histórias com inteligência e criatividade.

Por que não existem mais quadrinhos eróticos hoje em dia? E por que eles existiram entre os anos 70 e 80?

Não se produz mais quadrinhos eróticos para venda em bancas de revistas no Brasil como se fazia até algum tempo atrás, é certo. No entanto, os europeus e japoneses mantêm uma longa tradição em quadrinhos eróticos, em quantidade e qualidade, através da velha e boa publicação em papel, em revistas, álbuns de quadrinhos ou mangás. Nos últimos tempos, o nicho editorial dos quadrinhos eróticos migrou para a nova mídia, a internet. No Brasil, o boom das publicações de gibis eróticos aconteceu com a abertura política e liberação da censura gradativamente, na virada das décadas de 1970 e 80.

Podemos dizer que o sucesso destas HQs se deve, em grande parte, às curvas da garota da capa?

A capa numa revista sempre foi a grande vitrine para o conteúdo do produto, como o cartaz e o trailer são para o filme no cinema. Você sabia que muitas das capas das revistas eróticas da Grafipar eram pintadas a óleo? Um requinte de produção raro em qualquer publicação, de qualquer época, que com certeza contribuiu para o sucesso de vendas.

Essas capas não mereciam uma edição em livro?

Não apenas as capas, como muitas grandes HQs que foram publicadas pela Grafipar entre 1978 e 1983. Aquele momento do quadrinho nacional ainda não foi devidamente resgatado, mesmo que dois belos trabalhos de pesquisa tenham sido publicados nos livros *A Guerra dos Gibis 2—Maria Erótica e o clamor do sexo*, do jornalista Gonçalo Junior, e *Grafipar, a editora que saiu do eixo*, do professor e estudioso de quadrinhos Gian Danton.

As garotas da Grafipar tinham uma beleza renascentista, suculenta. Esse era o ideal de beleza dos desenhistas e dos leitores?

Esse era o padrão nacional de beleza feminina vigente naqueles tempos, quando ainda nem era tão comum chamar uma mulher de "gostosa", e sim "boa" ou "boazuda", lembra? Desenhávamos o que a gente admirava e "curtia" nas ruas. As curvas generosas, as barriguinhas, os quadris largos, a mistura de raças e os atributos naturais da anatomia feminina da mulher brasileira, tudo isso estava lá nas nossas HQs, e para todos os gostos. Ainda não havia os implantes de silicone e os corpos anabolizados e modelados artificialmente.

Alguma garota que você se baseou na ilustração chegou a tomar conhecimento da homenagem?

Quando desenhava uma personagem feminina me inspirava em mulheres que apreciava, tanto as mais próximas do meu cotidiano como algumas celebridades do cinema e TV que admirava. As mulheres desenhadas por outros artistas também eram fontes de inspiração. Eu acredito que fazia essas apropriações visuais sempre secretamente, pois minhas musas posavam para mim apenas em pensamento.

Como analisa a mudança dos padrões de beleza? Hoje, ao que parece, muitos preferem as mulheres mais magras e com seios fartos, à moda americana...

Pessoalmente, continuo admirando e preferindo aquela beleza física feminina anterior ao culto às academias, com seus modelos super-sarados, ou a magreza anoréxica e forçada das modelos à base de dietas desumanas. Adoro ver imagens e filmes antigos e curtir aquelas mulheres não estereotipadas, com tipos de belezas tão comuns, distintos e originais. Já reparou como todo mundo tem um sorriso similar hoje em dia? Parece que o mundo todo usou aparelhos! Antigamente, mesmo as dentucinhas faziam sucesso, era uma beleza!

A Editora Grafipar é de Curitiba. Como se inserir nacionalmente estando em Curitiba e não em São Paulo ou no Rio de Janeiro?

A Grafipar conseguiu um lugar ao sol nas bancas junto às outras publicações—em sua esmagadora maioria, de editoras do eixo Rio–São Paulo—por ter saído na frente e publicado HQs eróticas antes das demais. Em seu auge, a Grafipar tinha mais de uma dezena de títulos diferentes de quadrinhos nas bancas, com tiragens quinzenais chegando até 30 mil exemplares cada. Nessa época, a tiragem total de vendas da editora che-

Claudio Seto

gava a ultrapassar um milhão de exemplares por mês, um espanto para uma editora pequena. O amigo, professor, escritor e estudioso de quadrinhos Gian Danton foi muito feliz na escolha para o título do seu livro: *Grafipar, a editora que saiu do eixo*, que trata exclusivamente da história dos quadrinhos eróticos da Grafipar.

Mozart Couto e Rodval Matias eram os desenhistas mais festejados pelos leitores. Qual a sua avaliação a respeito deles?

Foram duas das grandes descobertas da Grafipar. Ambos jovens e talentosos desenhistas, que através de intensa produção de HQs pela Grafipar amadureceram seus trabalhos e conquistaram uma imensa legião de fãs. A qualidade das suas artes não deixava nada a dever aos grandes desenhistas estrangeiros. Como dizia o slogan nas revistas, eram "Quadrinhos feitos na raça!".

Você chegou a morar na vila dos quadrinistas com o Fernando Bonini, o Itamar Gonçalves, o Franco de Rosa, o Watson Portela e o Cláudio Seto. Como era a convivência com eles?

Foi uma experiência inesquecível, talvez a mais rica e original de toda a minha carreira, que já vai para os 47 anos como desenhista. Em meados de 1980, como artistas e colaboradores da Grafipar, fomos formalmente convidados pela editora a nos mudarmos para Curitiba, com a garantia de trabalho suficiente para levarmos uma vida digna. Os editores curitibanos precisavam ter desenhistas próximos, que garantissem o volume de produção necessário naquela ocasião. Eu e os outros citados acima fomos fisgados pelo convite, principalmente após uma visita à capital do Paraná para participar da reunião com os editores. Ficamos encantados com o clima e beleza da cidade, e em pouco tempo nos mudamos para Curitiba, alguns com família, mulher e filhos. Tivemos muita sorte em conseguir alugar casas vizinhas, num bairro afastado e bucólico perto de Santa Felicidade. Éramos vizinhos de muro, literalmente, e era comum usarmos os muros para compartilharmos entre nós HQs que estavam sendo desenhadas ou fazer o convite para alguma parceria. Aprendi muito nessa época. Era um convívio intenso entre amigos e vizinhos desenhistas e uma troca diária no processo de criação de cada nova HQ, entre um cafezinho e um bom bate-papo.

Diz a lenda que vocês ganhavam mais ou menos quatro vezes o salário de um jornalista e que isso chamou atenção dos escritores, inclusive do poeta Paulo Leminski. É verdade?

Não passa de lenda (risos)... Até porque nem sei o que seria um salário de jornalista naquela época. Nossa remuneração dependia sempre da produção, pois em quadrinhos se recebe por página produzida. Nossa vida era bem simples, sem luxos. Acredito que o fato de Paulo Leminski ter colaborado escrevendo alguns roteiros tenha sido mais pela amizade com os editores e por curtir quadrinhos. Mesmo assim, foram poucas as HQs produzidas por ele e sua mulher, a também escritora Alice Ruiz.

A relação entre desenhistas e roteiristas nem sempre foi cordial?

Totalmente amistosa. Existiam preferências como um roteirista escrever uma história pensando na arte de um desenhista específico ou mesmo o desenhista tendo predileção pelo estilo de algum escritor. Era comum o Claudio Seto, nosso editor e guru, levar uma pilha de roteiros de quadrinhos para nós em casa. A gente tinha liberdade de escolher ou, no máximo, às vezes o Seto pedia se podíamos desenhar um roteiro que já estava programado para alguma edição.

Em outras ocasiões, os próprios desenhistas escreviam a HQ que desenhavam ou fazíamos parcerias. Chegamos até a desenhar histórias enviadas por leitores. Era tudo muito tranquilo e cordial.

Quais os desenhistas que influenciaram o seu trabalho?

Desde o meu interesse por desenho e quadrinhos na infância, muitos grandes desenhistas me marcaram, mas para condensar a lista citarei apenas alguns: Carl Barks (*Tio Patinhas* e *Pato Donald*), Hergé (*Tintin*), Hal Foster (*Príncipe Valente*), Alex Raymond (*Flash Gordon*), Alex Toth (*Zorro* e outros), André Franquin (*Spirou* e *Fantasio*), Uderzo (*Asterix*), Mezières (*Valerian*), Neal Adams (*Batman*), John Buscema (*Surfista Prateado*), Joe Kubert (*Tarzan*) e Moebius.

Na época da Grafipar, quando vivi na vila dos quadrinistas, com certeza o trabalho do Watson, Julio Shimamoto e Mozart Couto estavam entre os que eu admirava. Também o fato de viver e trabalhar ao lado de amigos talentosos como Claudio Seto, Itamar Gonçalves, Fernando Bonini, Franco de Rosa, e poder admirar suas produções "in loco" com certeza me marcou fortemente. Aquilo tudo foi uma grande escola de arte!

O desenhista Mozart Couto vinha de uma família conservadora do interior de Minas Gerais e, por isso, não desenhava erotismo, que era a principal fonte de renda da editora. E você, tinha alguma restrição em relação ao erotismo?

Na verdade, apenas no início de sua colaboração na Grafipar que Mozart Couto não desenhou HQs puramente eróticas. Mesmo no princípio, quando criava histórias de ficção e aventura, Mozart desenhava sempre mulheres belas e sensualíssimas. Como os leitores requisitavam muito as suas histórias, ele logo passou a colaborar em várias edições e nos mais variados temas. Foi um dos autores que mais produziu quadrinhos eróticos, em quantidade e qualidade.

Pessoalmente, as únicas restrições que fazia ao desenhar HQs eróticas era quanto a certas temáticas que não estava familiarizado ou não me seduziam. Era muito jovem, por volta dos vinte e poucos anos, e ainda estava aprendendo tanto a lidar com sexo como desenhar sobre o tema.

A *Boca do Lixo*, com suas pornochanchadas, era uma inspiração pra ti?

Fui adolescente nos anos 1970, portanto, as pornochanchadas eram um dos meus sonhos de consumo. Cheguei a falsificar muita carteirinha de estudante pra poder entrar em filmes impróprios para menores de 18

anos. Meus passatempos prediletos eram o desenho, ouvir música e ir ao cinema. Claro que, naquela idade, o apelo maior na hora de conferir os últimos lançamentos nos cinemas era poder assistir às belas musas desfilando sem censura nos filmes. Já adulto, comecei a me interessar pelas produções nacionais como um todo. Sempre preferi as comédias mais leves e levei essa opção para as HQs que produzi na Grafipar. Gostava de escrever e desenhar HQs que tivessem a ver com a minha vida, com o universo que conhecia. Eram histórias geralmente envolvendo jovens, com suas dúvidas, confusões e descobertas, coisas que eventualmente vivi ou fantasiei viver.

E qual a musa da *Boca do Lixo* que mais mexia com você?

Não tive tantas oportunidades de assistir a pornochanchadas na adolescência. Era algo meio proibido, aquela coisa de carteirinha falsificada, do porteiro do cinema ir ou não com a sua cara, rsrs... Mas quando conseguia, sempre havia um rostinho—e corpão!—novo nas telas, alguma nova revelação. Naquela época (meados dos anos 1970), acredito que a atriz que mais mexeu com as minhas fantasias foi a Nadia Lippi. Seu rostinho e jeito de menina me faziam sonhar em ter uma namorada como ela. Nadia é apenas dois anos mais velha do que eu.

O que foi a Maria Erótica?

Foi uma personagem de quadrinhos criada por Claudio Seto em 1969, publicada em revistas pela editora Edrel até 1973. Uma loira linda e sensual, embora pudica—bem, mais ou menos (risos). Maria Erótica acabou retornando em revista própria pela Grafipar em 1979 e se tornou um dos grandes sucessos de venda da editora curitibana, além de se tornar a musa dos nossos quadrinhos eróticos.

Claudio Seto

Se adaptada fosse para o cinema, qual atriz brasileira poderia encarná-la?

Nos anos setenta, bem que poderia ser a Nadia Lippi!

O universo das HQs está repleto de personagens que dariam uma bela série animada e, até mesmo, um filme. Por que os produtores não enxergam potencial neste filão?

Esse é um filão que realmente ainda não é bem explorado aqui no país. Já tivemos alguns casos, como o *Ed Mort*, de Miguel Paiva, personificado no cinema pelo excelente ator Paulo Betti. Também temos o M*enino Maluquinho*, *Aline*, *Wood & Stock*, mas nada que se compare com as produções de Hollywood.

Minha teoria é que o cinema nacional sempre teve pretensão de se levar muito a sério, no sentido de produzir "filmes cabeça", sem valorizar muito o entretenimento puro e simples. A chanchada nos anos de 1950 e as pornochanchadas na década de 1970 compensaram bastante essa demanda de filmes autorais, sempre com roteiros densos e herméticos, muito influenciados pelo cinema autoral europeu, acredito. Filmes feitos para festival, sem apelo comercial algum. Não quero que pareça preconceito meu, adoro muitos filmes autorais. Sou fã de carteirinha de François Truffaut e do nosso Domingos de Oliveira. O melhor filme nacional para mim, até hoje, é *Dona Flor e seus dois maridos*, de Bruno Barreto. Uma produção impecável, com drama, ação, romance e comédia, tudo bem dosado, com os americanos sempre souberam fazer tão bem no cinema. Resultado: foi sucesso de crítica e público.

Dos personagens que você criou e/ou trabalhou no seu desenvolvimento, qual daria um filme ou desenho animado?

Dando continuidade à questão anterior, existe a possibilidade de que, no próximo ano, a TV Globo lance a adaptação de minha parceria em quadrinhos com Wander Antunes, do personagem Zózimo Barbosa, um detetive de quinta categoria que vive aventuras tragicômicas no Rio de Janeiro dos anos 50. Zózimo foi criado pelo amigo quadrinista Wander e desenhado por mim em 2000. Em 2007 foi lançado um álbum com uma seleção de suas histórias. A produção da Globo gostou e comprou a ideia. A pré-produção já começou e quem deve fazer o papel do detetive carioca é o ator Marcelo Serrado.

Qual personagem da HQ nacional é ainda hoje subestimado pela crítica?

Existem vários... Muitos, na verdade. A maior parte da produção nacional de quadrinhos é quase marginal. Sempre esteve e continua competindo nas bancas—hoje também nas livrarias—com os personagens consagrados da Marvel, DC, Disney, etc. Apenas Maurício de Sousa conseguiu se impor e manter seu prestígio.

Por exemplo, o Pererê, de Ziraldo, criação para quadrinhos de 1960, cuja revista circulou por apenas quatro anos. Sou fã do Ziraldo desde criança, mas conheço apenas uma produção modesta feita para TV desta que é uma das suas mais belas e ricas criações, com um universo fantástico de personagens e histórias, que ele tão bem soube criar e contar.

A HQ é cultura de consumo ou cultura popular?

Os quadrinhos, como conhecemos, foram desenvolvidos inicialmente como entretenimento nos jornais no final do século XIX, que eram então uma mídia diária em pleno desenvolvimento e talvez por isso estejam inseridos na cultura de consumo, caracterizados como criações gráficas sem maiores pretensões e de vida curta ou até mesmo descartáveis.

A partir dos anos de 1960, as HQs passaram a ser objeto de estudos acadêmicos, sendo analisadas e consideradas desde então não apenas como um poderoso veículo midiático, mas também como uma ferramenta narrativa reveladora dos costumes e tradições culturais dos lugares e momentos onde nasceram e foram publicadas.

Mirna (criação de Eugênio Colonnese) ou Maria Erótica, qual delas você pediria em casamento?

Optaria pela bigamia, posso? (risos) Uma loira e uma morena, uma "fada" e a outra "bruxa", para fazer referência a uma das minhas HQs prediletas, *Fadas & Bruxas*, de Laerte.

Qual é o impacto da tecnologia na produção da arte (em especial das imagens, das ilustrações) e na sua fruição?

Atualmente, qualquer jovem pode criar e publicar seus quadrinhos, isso é fantástico! Assim como na música, basta um pequeno estúdio em casa com os softwares certos no computador para se editar e imprimir um gibi, assim como gravar um CD.

A internet como mídia também vem causando uma revolução nos quadrinhos, embora sem definição do que virá. O quadrinista desenvolve seu personagem e HQ, monta os quadrinhos no computador e posta num blog criado especificamente para esse fim. Não é raro algum editor conhecer materiais como esses, mesmo ainda um tanto informais, e se interessar, editar e publicar em álbum ou revista em quadrinhos e conseguir chegar às bancas e livrarias.

O mercado em que você está inserido ainda tem poucas mulheres na produção artística de desenhos. Por quê?

Não sei. Poderia se por machismo, misoginia... Pelo fato dos quadrinhos serem uma produção artística, isso não faria sentido. As mulheres conquistaram seu espaço nas artes plásticas, na música, literatura, teatro, TV, cinema e dança. É certo que a grande maioria sofreu discriminação e preconceito na escolha pela carreira artística, e isso ainda acontece. Vejo os quadrinhos ainda como o primo pobre das artes, o patinho feio. Pelo menos essa ainda é a visão dos editores no Brasil. Não apenas as produções femininas são desprezadas, como os quadrinhos nacionais como um todo, se forem comparar a discrepância no ínfimo número de títulos nacionais publicados com a enorme quantidade de material estrangeiro, os enlatados.

Para ser criativo, o ócio é mais importante que o consumo de cultura (leitura, etc.)?

Claro que não. Quanto mais informação, mais embasadas ficam as criações artísticas. Essa informação pode vir através da leitura, de experiências vividas ou contadas, visto que o artista é um captador de emoções; mesmo quando aparenta estar em repouso, seu interior está sempre em ebulição, à procura de novos desafios e propostas.

Com qual grande escritor/roteirista que você gostaria de trabalhar?

Tive a sorte e prazer de trabalhar com talentosos roteiristas de quadrinhos, uma classe ainda mais desprezada que a dos desenhistas aqui no Brasil. Os desenhistas de HQ em nosso país têm o hábito de achar que também sabem escrever quadrinhos, na ânsia de criar um trabalho autoral. Acho isso uma grande besteira e inconsequência. Tanto os americanos quanto os europeus sempre prezaram as duplas de criação, os roteiristas e desenhistas. Pessoalmente, nunca pretendi ou me considerei um roteirista de quadrinhos, embora tenha cometido algumas histórias. Escrever HQs é pensar sobre isso o tempo todo, estudar, praticar... É um talento. Temos casos, e não são poucos, de belas produções em quadrinhos nacionais no que diz respeito à arte, mas que pecam nas histórias. Ninguém aguenta ler uma HQ até o final só porque o desenho é lindo. Um roteiro fraco acaba afastando o leitor, e para reconquistá-lo é uma luta praticamente impossível. Tenho orgulho dos leitores que me procuram para elogiar algum trabalho meu, sempre trazendo boas recordações tanto dos desenhos quanto das histórias. Mas, respondendo à sua pergunta, gostaria de trabalhar novamente com alguns roteiristas que admiro, mas em criações nossas ao invés de produções para estúdios. Outro grande sonho é ter a oportunidade de quadrinizar muitos contos escritos por meu pai. São quase 200 histórias fantásticas, na linha do seriado *Além da Imaginação*, que ele vem criando há mais de 40 anos.

Seu trabalho na Editora Abril foi o seu grande momento, financeiramente falando?

Em termos de estabilidade, sim; embora o trabalho com desenhos animados pagasse mais, era um mercado instável, como qualquer serviço de freelancer, principalmente aqui no país.

Quais as dores e as delícias da sua profissão?

A própria instabilidade financeira comentada anteriormente é um dos fatores de maior estresse. É certo que o trabalho como freelancer nos dá uma autonomia de relativa escolha do que fazer e quando fazer. O problema maior é administrar o lado artístico com o empresarial. O ideal seria que todos os artistas pudessem contar com um bom agente ou representante, ficando livres para criar e desenvolver as aptidões e talentos.

A ensaísta e crítica cultural americana Camille Paglia diz que os jovens do Ocidente de hoje estão mais apressados, mais afobados e que isso reflete, na opinião dela, em que "os jovens tenham aspirações do tamanho das telas dos seus celulares". O que você pensa a respeito?

Tenho uma filha ilustradora e conversamos muito sobre o assunto. Ao mesmo tempo em que seguimos a mesma profissão, nossas gerações são muito distintas quanto às aspirações e oportunidades na área de criação. Muitos estudos tratando sobre as gerações X, Y e Z analisam o tema. Se na minha juventude a busca pelo sonho de poder viver de desenho fazia a gente cair na estrada e buscar desafios, hoje o mundo entra em nossas casas e vidas oferecendo uma infinidade de opções através da internet. O problema é que quase tudo parece "mais do mesmo", gerando frustração e apatia, além da competição cada vez mais acirrada para cada indivíduo conquistar seu lugar ao sol.

Qual o seu conselho para quem deseja se tornar um ilustrador?

Dando continuidade ao pensamento da resposta anterior... Estamos vivendo tempos de transição e, mais importante do que tentar decifrar os acontecimentos e mudanças constantes, é fazer um esforço diário para se inserir no mundo em que vivemos e acompanhar essas transformações. E, como artistas, quem sabe poder conceber, expressar e oferecer algo novo para o lazer e reflexão, que são os atributos eternos não apenas da ilustração como de todas as artes.

Em qual categoria na história dos quadrinhos podemos inseri-lo?

Olha, acho que já fiz de tudo um pouco nos quadrinhos. Quando jovem, ainda treinando e desenhando amadoristicamente, meu sonho era fazer quadrinhos de super-heróis e ficção científica. No entanto, meu primeiro emprego aos 18 anos foi desenhando histórias infantis para os gibis do Sítio do Picapau Amarelo. Depois vieram os desafios nas HQs adultas, com temáticas eróticas na Grafipar e de terror para as edições da Vecchi. Voltei às HQs infanto-juvenis criando graficamente Xuxa e Gugu Liberato para os quadrinhos, e muitas criações em equipe ao lado de talentosos amigos profissionais, como em Os Trapalhões, Turma do Arrepio, Zé Carioca e vários outros personagens de Walt Disney. Mais recentemente, tive a oportunidade de desenvolver um material autoral com o Zózimo Barbosa. Como vê, não tenho como me definir e nem quero. Espero apenas que novos convites e desafios continuem surgindo e que eu possa contribuir com o meu trabalho, independente da categoria.

PAULO CARUSO

TODO CARUSO CANTA?

PAULO CARUSO, MESTRE DA CARICATURA E DO HUMOR POLÍTICO

Você é arquiteto formado pela FAU/USP. Apesar de conceitos diferentes, as profissões de cartunista e caricaturista e de arquiteto têm em comum o desenho, o traço. Isso significa que o desenho sempre esteve no seu horizonte?

Fui levado para a arquitetura pelos comentários que diziam que quem desenha bem tem de fazer arquitetura. Na faculdade me dei conta que meu desenho era expressionista, exagerado, não tinha nada a ver com o desenho de espaços e materiais a que a arquitetura se propõe. Mas, como eu, vários outros colegas foram derivando para suas áreas de trabalho. Tínhamos possibilidades repartidas entre Projeto Arquitetônico, Planejamento, Urbanismo, Comunicação Visual, Desenho Industrial. No meu caso, optei pela comunicação visual, e minha tese de formatura foi sobre isso. Acabei apresentando meu TGI como uma revista de quadrinhos intitulada "TeGêY", uma descontraída história da linguagem dos quadrinhos.

Desde pequeno tinha facilidade para desenhar?

Desde a primeira infância, a partir dos quatro, cinco anos de idade, já desenhava histórias em quadrinhos.

Como você construiu seu repertório de referências culturais numa época sem internet?

Jornais, revistas de HQ, a TV e o cinema eram fontes de inspiração e curiosidade. Entrando na faculdade, no final dos anos 60, logo apareceram *O Pasquim* e outros jornais da chamada imprensa alternativa, que seduziram minha geração.

Você é cartunista e caricaturista, trabalhou em todos os grandes jornais e revistas do país. Para ter êxito nesta área, mais do que saber desenhar, é preciso saber interpretar o que está acontecendo no mundo?

Na verdade, minha postura como desenhista ilustrador sempre buscou o casamento ideal entre palavra e imagem, uma das garantias de comunicação de qualidade...

O que é mais importante: a técnica ou a sensibilidade?

Esse encontro entre as duas áreas da expressão são fundamentais. Os melhores exemplos, tanto em artistas quanto nas publicações, é diretamente proporcional a esse equilíbrio.

Gostaria que falasse do seu trabalho na revista *Isto É*. Você trabalhou lá durante 25 anos, onde manteve a coluna *Avenida Brasil* na última página da revista. Com a vida política em constante movimento, como fazia para selecionar o que de mais relevante aconteceu naquela semana?

Comecei com minha página *Bar Brasil* na revista *A Careta*, editada por Tarso de Castro, um dos fundadores do *Pasquim* e meu patrono na imprensa paulista: primeiro na *Folha de S.Paulo*, depois nessa revista editada pela Editora 3. Depois migramos para a *Isto É*. A reunião de pauta da *Careta* acontecia em um bar ao lado da editora, e foi onde propus uma seção fixa, como a página de *O Amigo da Onça* em *O Cruzeiro*.

Com Alex Solnik como roteirista, criamos o *Bar Brasil*, um retrato do estado brasileiro que parecia na mão de um dono de botequim, o General Figueiredo, que bradava que prendia e arrebentava quem fosse contra a abertura por ele patrocinada. Depois de encerrada *A Careta*, migramos para a *Revista Senhor* e logo *Isto É Senhor*. Após a distensão política e a abertura, propus então a mudança para *Avenida Brasil*, com outros espaços representantes desse momento: a Igreja, a Panificadora Centrão, a Banca de Jornal, entre outros... Participava das reuniões de pauta e movia os assuntos da política e comportamento para o espaço dos meus desenhos.

Na coluna *Avenida Brasil* você fazia um retrato bem-humorado da nossa política e do nosso processo de redemocratização. Chegou, em algum momento, a incomodar a censura, especialmente a famigerada Dra. Solange Teixeira Hernandes, diretora do Departamento de Censura a Diversões Públicas entre 1980 e 1984?

Nunca houve uma manifestação formal dessa nossa senhora...

Você tinha liberdade editorial para se manifestar?

A última palavra é sempre a do editor da revista, a não ser que seja você o editor! Houve algumas interferências, mas sempre impus minha concepção, uma vez que, sabendo qual o veículo que eu estava publicando, tentava não entrar em conflito com a linha editorial. Cheguei a ser censurado em alguns jornais e negociei a publicação antes de, em último caso, ser obrigado a deixar a publicação. Depois incorporei a frase de meu irmão, "aos inimigos não se pede nada, nem demissão!".

Para um trabalho semanal, como a coluna *Avenida Brasil*, a chance de fazer uma obra-prima ou cometer um erro tremendo é igual. Conte então qual foi, neste período, sua melhor charge e a que se arrependeu de fazer.

Minhas charges, hoje que não tenho onde publicá-las, me parecem proféticas. Uma charge que me arrependi amargamente de publicar foi, quando no meu começo de carreira, dividido entre o desenho e minha banda de música, atendi à sugestão do editor Cláudio Marques, que me pediu pra desenhar um urso com o chapéu russo atrás de uma câmera da TV Cultura. Era a campanha que ele movia—e na câmara dos deputados, o Zé Maria Marin—contra o Vladimir Herzog, como um comunista à frente da TV estatal.

Você, além de artista, é um agitador cultural. Organizou para o Memorial da América Latina em São Paulo o 1º Encontro Brasil x Argentina de Humor, que contou com a participação dos mais influentes artistas do gênero entre os dois países; expôs no MASP, onde conquistou, junto com seu irmão Chico, o prêmio de melhor desenhista no ano de 1991 pela Associação Paulista de Críticos da Arte; e, em 2015, montou uma grande exposição de desenhos sobre São Paulo e os Paulistanos Ilustres Ilustrados que são nomes de ruas, praças e logradouros da cidade. Esse trabalho de produtor e curador de exposições te fascina? Por quê?

Mais do que isso, me ajuda a celebrar esta arte e estes artistas, promovendo encontros que propiciam os debates sobre estas questões das quais falamos...

Normalmente o artista prefere desempenhar seu ofício sem lidar com a burocracia, mas o produtor precisa lidar com isso. Consegue con-

versar com burocratas para viabilizar seus projetos? Como resolve isso na sua cabeça?

Me recordo quando, no evento do Memorial, propus ir ao encontro dos artistas argentinos, e a secretária me garantia que isso não era necessário, pois eles enviariam "vouchers" pelo correio. Briguei pra fazer esse contato pessoalmente, trouxe os originais na minha bagagem para exposição, além de fazer contato entre artistas rivais que, sem minha presença, não teriam vindo ao evento...

Como foi a experiência de trabalhar para o jornal *O Estado de S.Paulo* durante a Copa de 94, nos Estados Unidos?

Está tudo narrado no livro *Copa de 94 — Desenhando Longe*, que eu pensava em editar como primeiro de uma longa série, mas só rendeu esse exemplar até agora. Como eu iria sozinho, para depois encontrar Mario Prata e Matthew Shirts, meus colegas de redação, comecei anotando tudo que era telefone e endereço de sucursal onde eu teria que me encontrar. A partir de um certo momento, quando notei a alegria de um colega de voo, um senhor judeu apaixonado por viagens, meu caderno de endereços e anotações virou meu diário de bordo.

A seleção brasileira, nesta copa, tinha um futebol carrancudo e sua verve é o humor. Como conciliar isso?

Eu ia a campo com meu bloquinho de desenhos, anotava, escrevia e desenhava o tempo inteiro... Chegaram a me inspecionar pra saber se eu não era espião de outro time.

Você também é músico e compositor. Em 1998 lançou seu primeiro CD—*Pra seu Governo*—com o Conjunto Nacional, junto com seu irmão Chico Caruso, Luis Fernando Veríssimo e Aroeira. Como surgiu a ideia de reunir esse time e realizar este trabalho?

Em 1985, o Salão de Humor de Piracicaba, sob a presidência de Miguel Paiva, convidou aos cartunistas que faziam música para uma apresentação. Lá fomos eu e meu irmão Chico nos encontrarmos com Reinaldo (hoje do *Casseta e Planeta*), um ótimo baixista; Cláudio Paiva, um péssimo baterista; mais o sax alto de Luis Fernando Veríssimo; Mariano era clarinetista; e o próprio Miguel Paiva, que atacava junto com Zé Rodrix. No caminho pra lá, contemplando aquela imensidão de canaviais, intuí, tive um "insight"! Essa banda já tem nome! O lema do Tancredo no Colégio Eleitoral da primeira eleição indireta no Brasil era "Muda Brasil, Tancredo já!", daí nasceu a "Muda Brasil, Tancredo Jazz Band".

Hoje não muito, mas nessa época ainda tinha aquela ideia que o artista tem que ser especialista em sua área e ficar preso nela. Sofreu preconceito por transitar também na música?

Não; pelo contrário, era bem visto até pelos músicos, que ficavam contentes com minha adesão a eles...

Depois desse primeiro trabalho, veio seu segundo CD com O Conjunto Nacional, uma divertida sátira musical sobre o mar de lama intitulada *E La Nave Va* pela Som Livre. Vocês já começaram a sonhar alto com essa ideia de música? Levou a sério mesmo?

Bem, quando eu tinha 15 anos sonhava ser um Beatle, depois não parei mais: acabei virando eu mesmo, com a resignação de que não sou nenhum Paul McCartney...

O que te incomoda mais: te chamarem de Chico Caruso ou confundir seu trabalho (uma charge, caricatura) com os trabalhos dele?

Acho divertido. Bolei um número que fazemos juntos falando ao mesmo tempo e explicando nossas diferenças que não existem, estão todas dentro das semelhanças. Em 11/11/2011, fundamos com outros pares de gêmeos o Sindicato dos Gêmeos.

Gostaria que falasse dos seus trabalhos que estão no Museu da Sátira e Caricatura da Basileia, na Suíça. Você é um dos poucos artistas brasileiros que possuem trabalho lá, não é?

Não sou o único; nos anos 70, se não me engano, veio uma comissão sueca entrar em contato com nossos artistas e marcavam reuniões no hotel onde se hospedavam e compravam desenhos originais em dólares!

Este é um dos trabalhos que está exposto lá, o pintor recortando o céu entre os edifícios.

Como foi publicar suas charges e caricaturas em *O Pasquim 21*, onde teve oportunidade de experimentar as dimensões "standard" de um jornal a cores?

Uma maravilhosa experiência, pois foi onde publiquei os maiores desenhos da minha vida, pôsteres, em páginas duplas de jornal standard a cores! Isso nunca havia acontecido. E foi mais uma conquista do meu outro ídolo, o Ziraldo, que também comecei imitando até virar eu mesmo.

Você sempre trabalhou com comentários bem-humorados sobre a política. Como analisa esse patrulhamento, nos dias de hoje, tanto de um lado quanto do outro, em relação à política? Era assim antes ou ficou pior com o tempo?

Um retrato da divisão nacional após a ascensão de um metalúrgico e uma mulher à Presidência da República. Setores conservadores e a direita radical vão ocupando seu espaço e isso se reflete nos lares brasileiros. Eu votei na Dilma, mas meu irmão gêmeo votou no Aécio, pois nós, apesar de gêmeos univitelinos, praticamos o livre-arbítrio. Tem gente que não perdoa...

E essa onda do politicamente correto? Hoje você tem que pensar duas vezes antes de fazer qualquer desenho, pensando se pode atingir determinado grupo, credo, raça ou pensamento ideológico?

Seu primo Spacca tem uma tira maravilhosa sobre isso, se não me engano sobre um filme que vai tendo que mudar o roteiro para adaptar-se ao "politicamente correto". É um preço alto para o humor pagar...

***Se Meu Rolls Royce Falasse* e *Enfim Um País Sério!* (ambos lançados pela Devir Editora) já podem ser considerados clássicos da literatura política no Brasil. Como surgiu a ideia de lançar estes dois livros?**

Foram os dois livros finais da coletânea dos desenhos publicados em *Isto É* e na revista *Domingo* no *Jornal do Brasil*, retratando a passagem de Lula na política brasileira. Ele, que no primeiro número do *Bar Brasil* era um carroceiro em terceiro plano na paisagem, depois vira dono do boteco. Antes dele, logo depois da segunda coletânea do *Bar Brasil na Nova República*, vieram os outros livros sobre Tancredo e Collor (*A Sucessão Está nas Ruas*, *O Bonde da História* e *Assim Caminha a Modernidade*), depois Itamar (*Se Meu Fusca Falasse*), FHC (*O Conjunto Nacional* e *O Circo do Poder*) pra encerrar com esses dois livros: o primeiro, uma referência ao episódio ocorrido no dia da posse, da falha do Rolls Royce Presidencial; o segundo, baseado na avaliação do país pelo FMI como país bom para se investir...

As pessoas se interessam por política?

Mesmo que não se interessem, a política se interessa por elas.

Por que o período do Lula na presidência te fascinou?

Na comparação com Serra, ele se projetou como mais definido politicamente na direção dos que vinham mais de baixo da escala social. Como registro desse momento, tenho um livro que acompanha essa corrida disputada entre eles, *No Galope do Ibope*, como uma corrida de cavalos no jockey. Lancei com exposição no Jockey de São Paulo e no Jockey Club do Rio de Janeiro. Foi quando fiquei sabendo que havia sido demitido da *Folha*, pois eles tinham outro instituto de pesquisa, o Datafolha...

A Lava Jato é um prato cheio para seu trabalho com charges políticas?

Cheio, mas ainda não sei do quê... Esse racha no Judiciário também mereceu um desenho meu da Estátua da Liberdade sendo partida por um togado fortudo.

O que está acontecendo com o Brasil?

Estávamos à beira do abismo e demos um passo adiante. Antigamente era pior, depois piorou!

Fale do programa *A Cara do Jazz*, que você apresenta na Rádio Eldorado.

Foi uma experiência pra mim que, como músico, achava que conhecia muito de jazz, mas percebi que nos primeiros meses havia esgotado meu repertório, então tive que me dedicar a aprender. Uma experiência que durou quatro anos, mas a Eldorado resolveu tirar do ar; agora estou cogitando migrar para a internet…

Você está desde 1986 na TV Cultura, criando desenhos ao vivo no programa *Roda Viva*. São décadas trabalhando no mais importante programa de entrevistas da TV aberta. Pode contar algumas curiosidades a respeito da sua participação no programa?

Várias histórias interessantes, uma parte só quem está nos bastidores presencia, outras vão ao ar e marcam muito a qualidade do programa, como a entrevista com Millôr Fernandes, tomando um uisquezinho pra relaxar. Numa delas, por exemplo, em que houve quase um confronto corporal entre Quércia e o jornalista Rui Xavier; outra, a da desfaçatez de Leonel Brizola quando é questionado pelo jornalista Lenildo Tabosa Pessoa do *Estadão* sobre Fidel Castro apelidá-lo como "El Ratón". Brizola riu e desfez da pergunta chamando o jornalista de rato, que ninguém ali tinha mais cara de rato do que ele. Outra quando Patch Adams, ator e palhaço, é solicitado a ser breve em função do tempo da entrevista que estava em seu final, ele desdenha dessa imposição, diz que não tem nada a ver com isso, que ele veio do exterior pra ser entrevistado e vai falar o tempo que quiser…

Já aconteceu de algum convidado do programa fazer um pedido inusitado a você?

Não me ocorre nenhum, em geral os entrevistados são simpáticos ao meu trabalho. Senti um certo desconforto quando caricaturei o Dr. Adib Jatene com "I * Malluf" (com um coraçãozinho), já que ele havia sido secretário da saúde na gestão Maluf...

Uma ilustração vai para o entrevistado. E as outras, vão parar onde?

Uma ou duas para o entrevistado, outras para os jornalistas por mim caricaturados e a maioria fica para meu acervo documentado pela TV Cultura.

Pretende lançar um livro com as ilustrações destas décadas à frente do programa?

Houve uma edição comemorativa pelos 18 anos do programa, e espero que saiam outras, já que estamos chegando aos 40 anos de existência. Além disso, gostaria de fazer uma edição com meus comentários e eventualmente imagens dos desenhos sendo realizados ao vivo, coisa que raramente os editores mostram durante o programa; só quando concluído é que o desenho vai ao ar.

Recentemente, o cantor e compositor Chico Buarque decidiu retirar sua música da abertura do programa, e pelas redes sociais há uma crítica imensa taxando o programa de ser governista. Esse, na sua ótica, é o momento mais difícil do programa?

Sem dúvida é uma questão delicada. A canção do Chico, mais do que marca do programa, era um registro de uma época em que a liberdade de expressão estava tolhida, então era uma bandeira sentimental importante para caracterizar a liberdade de expressão que o *Roda Viva* representa.

O que ainda falta fazer?

Mais bons programas...

Qual é a receita para vencer na carreira de cartunista e caricaturista?

E eu sei lá? Acho que se você ama o que faz, acaba impregnando o ambiente desse amor, então é por aí. No desenho do pintor no balancim pintando o céu, coloquei um subtítulo:

"De Cada Profissão Uma Arte,

O Encanto Em Toda Parte!"

SPACCA

SPACCA POR SPACA

Foto: Solda Caústico

OS DOIS SÃO PRIMOS E, APARENTEMENTE, TÊM APENAS UM CÊ DE DIFERENÇA. DANDO SEQUÊNCIA À SÉRIE DE ENTREVISTAS DE CARTUNISTAS BRASILEIROS FEITAS POR RAFAEL SPACA PARA A **BRAVO!**, É HORA DE DAR VOZ AO SPACCA, QUE FALA DE SUA TRAJETÓRIA, DA CHARGE POLÍTICA ÀS ADAPTAÇÕES HISTÓRICAS PARA QUADRINHOS.

Você sempre viveu no meio de pranchetas, pincéis, réguas, compassos. De certa maneira, esses eram seus brinquedos de infância, tanto é que aos quatro anos já desenhava e, aos oito, rascunhou sua primeira adaptação, o clássico de Júlio Verne, *Volta ao mundo em 80 dias.* Esse período foi o que te moldou e fez você escolher as artes como meio de vida?

Sim, eu tinha materiais de desenho comuns — "canetinha" (caneta hidrocor), cadernos, giz de cera — e usava alguns materiais técnicos de meu pai. Além disso, minha mãe era diretora de escola infantil da Prefeitura, e eu também desenhava quando ia lá. Considero também os livros os meus brinquedos, não só os infantis, como enciclopédias e dicionários ilustrados. E tinha brinquedos de verdade também, claro.

É verdade que seu pai, o seu João, que fazia desenho técnico, foi a pessoa que mais te influenciou desde pequeno?

Bom, foi sem dúvida uma influência importante, porque eu o via trabalhando em casa ou ia visitá-lo na empresa onde ele trabalhava, onde ele projetava balcões frigoríficos e móveis comerciais para lanchonetes, padarias, açougues, etc. Por outro lado, seu desenho era técnico e o meu sempre mostrou a tendência para o humor e a caricatura, então eu procurei desde cedo acentuar essa diferença em relação a ele. Até na letra — ele tinha "letra de arquiteto", e eu imitava os textos dos gibis.

Sua técnica foi sendo desenvolvida fazendo, ou seja, desenhando, ou foi matriculado em alguma escola para aprimorar seu traço?

Sim, fazendo, vendo o resultado e tentando melhorar. Cheguei a ser matriculado em uma escolinha do bairro, mas era muito básica, fiz a primeira aula e o professor — que era bom em pintura — desenhava pior do que eu... Até a adolescência, fui treinando sozinho e com a ajuda de livros técnicos de desenho. Meu pai tinha alguns, e de vez em quando ganhava outros adquiridos na loja Michelangelo no centro de São Paulo. Também fiz um curso por correspondência de "Desenho Artístico e Publicitário" no famoso Instituto Universal Brasileiro, cujos anúncios apareciam em todas as revistas.

Quais eram as suas principais referências naquela época?

Na infância, eram os desenhos animados da TV; toda a produção Disney — quadrinhos, animações, filmes com atores, livros ilustrados, discos; os livros de Monteiro Lobato; enciclopédias colecionáveis da Editora Abril (*Os Bichos*, *Conhecer*, etc.); livros de ciência para crianças; Leonardo da Vinci; filmes sobre a vida de grandes pintores e músicos (Toulouse-Lautrec, Michelangelo, etc.); programas e filmes de humor (Chico Anísio,

Jô Soares, *Os Três Patetas*, *O Gordo e o Magro*, *Abbott e Costello*, etc.); *Asterix*; revista *MAD*.

Você se formou na FAAP? O que fez lá e qual a importância do aprendizado formal na sua vida?

Cursei o segundo grau técnico de Desenho de Comunicação na ETEC Carlos de Campos (conhecida como "KK" pelos ex-alunos) e fiz faculdade na FAAP de Artes Plásticas, o curso era Comunicação Visual. Foi, de certo modo, uma experiência frustrante. O curso todo era bastante voltado para Desenho Industrial (Design) e apenas no último ano havia especialização em CV. As matérias mais marcantes foram as do primeiro ano, de natureza mais filosófica e de crítica cultural.

Você sempre foi precoce: começou muito cedo a desenhar e, com quinze anos, começou a trabalhar. Você era uma pessoa "diferente" do seu entorno? Se sentia assim?

Sim. Por temperamento, eu era sério, mais comportado que os outros, sem que meus pais me obrigassem a agir dessa maneira. Gostava de ficar concentrado fazendo minhas coisas, desenhando, recortando papel, fazendo pequenas revistas ou almanaques. Mas também tinha amigos, brincava muito; a partir dos oito anos fui brincar na rua, quando a molecada já estava jogando bola desde os três anos de idade... Uma das diferenças dos outros meninos era minha inaptidão ou desinteresse pelo esporte, e não adquiri absolutamente nenhuma cultura de futebol, não torço para nenhum time.

Como conseguiu seu primeiro emprego numa agência de publicidade? Foi contratado para fazer o que lá?

Fui indicado por um amigo, o ilustrador Brasílio Matsumoto, que eu conheci no estúdio-escola do Ismael dos Santos. Frequentei esta escola (que depois se chamou "Núcleo de Arte"), mas não fui propriamente aluno do Ismael — eu participava meio como "garoto prodígio" e dava dicas aos outros alunos. Mas devo dizer que o Ismael me ensinou dois ou três truques fundamentais de desenho que contribuíram para deixar meu desenho mais limpo e fácil de entender.

Fui contratado pela Young & Rubicam do Brasil para fazer layouts e storyboards, desenhos que ilustravam as peças publicitárias para efeito de projeto, para apresentação ao cliente. Eu tinha 15 anos e fiquei lá de 1979 a 1983.

É verdade que são de sua autoria o mascote do chiclete Ping Pong para a Copa de 1982 e o galã do Cepacol, realizados nesta época na agência de publicidade?

Não. Participei da criação do Ping Pong, que foi bolado por um diretor de arte (Wilson Nóbrega) baseado na embalagem do chiclete e em um sol sorridente que ele viu em um anuário de propaganda; eu fiz o primeiro layout; e no estúdio de animação do Daniel Messias fizeram o personagem bem diferente do meu primeiro desenho. Depois desenhei todos os layouts e storyboards baseando-me nos desenhos animados realizados.

Quanto ao Bond Boca, o personagem foi criado por um ilustrador da agência Caio Domingues, e, diferentemente do que aconteceu com o Ping Pong, desta vez fui o responsável pelo desenho final, o que os expectadores conheceram na TV.

Mas em nenhum dos casos fui o criador; posso dizer que participei do processo.

Você trabalhou também na produtora Briquet Filmes. Quando foi isso e o que fez lá?

Eu era animador, e trabalhei lá em 1983-84. Além do Bond, animei outros filmes publicitários para o chocolate Milkbar (então chamado Lollo), um sorvete e mais alguns outros produtos.

Você passou pelo *Pasquim* com uma participação especial. Como foi isso?

Eu enviava desenhos para participar da sessão do leitor e concorri num dos concursos "Malte 90", com o tema "música". Ganhei uma caixa de cerveja. Foi no verão de 1985. Depois mandei uma série de cartuns: uma leva com o tema do cometa de Halley e outro conjunto de desenhos sobre a eleição do Jânio Quadros para a prefeitura de São Paulo, e o Jaguar me honrou montando os cartuns em página inteira, em duas edições diferentes.

***O Pasquim* tinha uma linha muito parecida com a sua: a preferência pelo desenho de humor, o caricato, o exagero, a ironia, o deboche. O que faltou para a sua participação no *Pasquim* se solidificar?**

O Pasquim era uma das referências clássicas do humor político brasileiro. Mas vivia em crise financeira havia mais de dez anos. Não tinha condições de contratar. Eu mandava desenhos lá porque queria publicar e ser reconhecido pelos mestres. No mesmo ano em que fui publicado no Pasquim, em 2015, ganhei o concurso do jornal *Folha de S.Paulo* e me dediquei a fazer cartum profissionalmente no jornal paulista. Quando fui premiado pela *Folha*, Jaguar me cumprimentou e disse para eu não esquecer do Pasca, o "rato que ruge".

Essa participação no *Pasquim* foi o que te deixou confiante para participar do concurso na *Folha de S.Paulo*?

Não, eu já vinha ralando para aprender a linguagem do cartum fazia uns sete anos, lendo o *Pasquim*, o *Vira-Lata* e o *Folhetim da Folha*, mandando cartuns para o Salão de Humor de Piracicaba (quando conseguia ser exposto, já era uma vitória — só ganhei muitos anos mais tarde). Participei do concurso da *Folha* porque achava que fazer cartum apenas uma vez por ano para participar de concursos era pouco, desse jeito eu não ia aprender. Eu queria estar num ambiente que exigisse de mim a criação de charges todos os dias. Eu já estava acostumado com a pressão de um ambiente de trabalho dinâmico na agência de publicidade e sabia que a boa escola era a do trabalho. Então eu queria viver na pressão do jornal diário, para completar e dar continuidade ao meu aprendizado de cartum.

Seu ingresso na *Folha de S.Paulo* foi em 1986 e lá começou a fazer charge política. Isso foi até 1995, até então um dos períodos mais interessantes da nossa política, a redemocratização até a estabilização da moeda (de Sarney a FHC). Fale a respeito deste período.

Vivi essa época com sentimentos muito contrastantes. No início, entrei nessa com bastante entusiasmo; havia a campanha das Diretas nas ruas, depois a eleição de Tancredo, sua morte e então o governo Sarney. Assim, o governo civil retorna em sucessivas decepções, e assim ingresso num momento em que a política parecia que ia ficando meio chata e centrada em planos econômicos e combate à inflação... Além disso, o modelo de charge política do tempo da ditadura já tinha mostrado sinais de desgaste, e o humor de Angeli e do *Planeta Diário* exploravam mais as temáticas de comportamento. O que havia de político mesmo era a Constituinte, e eu na época talvez não soubesse acompanhar bem esses debates. A sensação que eu tinha era de que a política rapidamente havia entrado num ritmo arrastado e burocrático. Agora, culturalmente, era um tempo muito empolgante, na música, nos quadrinhos e no cinema. Percebo isso melhor agora, com saudade crescente.

Não está na hora de lançar uma antologia com essas charges?

Nunca quis, mas recentemente pensei em fazer algo do tipo, misto de memórias e de charges da *Folha*. Coletânea de charge é um negócio ingrato: sem conhecer os fatos a que se referem, as charges ficam incompreensíveis para a geração atual. Mas talvez sejam testemunho até do meu despreparo ou perplexidade diante daqueles acontecimentos...

Dá para fazer algum tipo de comparação daquela aquela época com o que estamos vivendo hoje?

Exatamente agora — estou respondendo novamente esta pergunta no início do governo Bolsonaro em 2019 — está me lembrando o início do governo Collor, misturado com o descrédito do seu final... Vamos ver o que acontece, acho que nunca houve nada parecido com este governo.

Agora, pela Rádio Vox, você voltou a fazer charges políticas. Do ponto de vista do chargista, esse é o período mais rico de informações para compor seu trabalho na área política?

Sim, fiz charges para o meu Facebook e republicadas no site da Rádio Vox, webradio criada pelo também cartunista Alex Pereira, de 2014 a 2018. Estou um pouco afastado dessa ocupação agora, até porque não faço a mínima ideia de aonde vamos. Nesse tempo critiquei bastante os aspectos autoritários do PT, mas sempre evitando a armadilha de me tornar um chargista "de direita". Hoje (27/05/2019) está no poder uma espécie de direita revolucionária, ou contrarrevolucionária, disposta a enfrentar a esquerda no plano cultural — o que seria justificável, dado a predominância do discurso militante na universidade e a pressão dos ati-

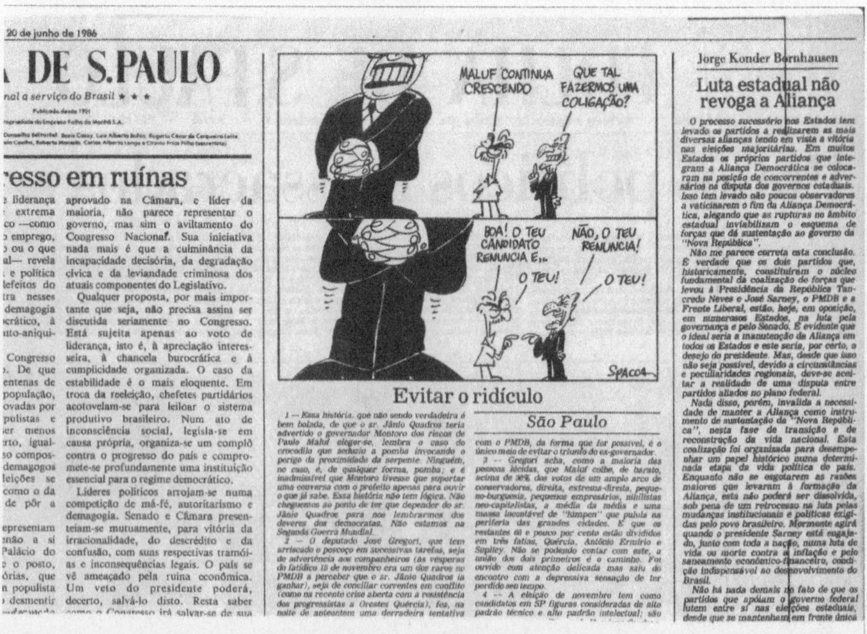

vistas —, mas sem o menor preparo e competência para isso. O que eles estão conseguindo na prática é fornecer exemplos vivos de comportamento machista e preconceituoso, o que sem dúvida vai ser capitalizado pela esquerda para justificar todas as suas críticas ao sistema.

Posições mais sensatas e equilibradas parecem que não têm lugar na política atual.

Hoje os seus leitores, graças às redes sociais, interagem com você, diferentemente quando à época na *Folha*. E há muito embate, críticas, elogios e até xingamentos quando você posta uma nova ilustração na internet. Como lida com isso?

De um ano e meio para cá (2018-2019), não tenho mais ilusões a respeito de popularidade virtual... Desde que rompi ostensivamente com um pessoal que criticava o PT de forma mais reacionária, os que me achavam genial deixaram de achar, hehehe. A maioria aprova ou desaprova o que eu faço se a charge ataca quem eles não gostam. Hoje parei de discutir. Se alguém chega com muita malcriação, bloqueio, simples assim. Se é para divergir, que seja com elegância e educação. Se não, que vão catar coquinho...

Na revista *Níquel Náusea* foi onde saiu sua primeira adaptação literária, *Quem conta um conto*, de Machado de Assis. Como foi trabalhar nesta adaptação?

Essa adaptação se originou de minhas leituras. Em cada edição da Níquel eu fazia uma experiência diferente, e nessa fiz assim. Li esse conto do Machado e achei que daria uma boa HQ curta — 5 ou 6 páginas —, interessante por mostrar o Rio Antigo. A pesquisa foi feita com alguma dificuldade, em enciclopédias — o vestido de uma mulher ali está meio malfeito...

Uma revista como a *Níquel Náusea* faz falta mesmo em tempos de internet?

Talvez faça, mas não tenho a menor ideia de como uma revista daquelas teria espaço hoje, onde ela circularia, pois mesmo na internet os hábitos de leitura são diferentes. Nós não inventamos um formato, usamos aquilo que conhecíamos — a revista *MAD*, a *Chiclete com Banana*, revistas de coletâneas, etc. Não sei como reviver aquilo hoje, como produzir, como vender, e se seria lido. Acho que é preciso ser realista e ver que a HQ de autor se reduziu a livros caríssimos em lojas chiques. É preciso estar atento também ao que a população hoje busca, como ela se entretém. Parece que estão todos se divertindo, eu inclusive, com WhatsApp e Netflix. Como lançar uma revista de banca hoje? Mesmo em PDF na internet, será vista?

Você está virando uma referência em adaptações para HQ. Foi um ato de coragem ou de loucura propor *Santô e os pais da aviação* (Companhia das Letras)?

Foi o resultado de ter gastado tanto tempo pesquisando essa história... Eu queria realizar esse projeto desde os 15 anos, e ia pesquisando, desenhando... Depois de 20 anos, era uma espécie de peso morto que eu carregava, um assunto mal resolvido. Para evitar a sensação de tempo perdido e para fazer valer o material acumulado, resolvi tentar levar a sério mais uma vez. Verifiquei minhas deficiências e decidi que precisava estudar roteiro, para alinhavar tantos fatos numa história coesa, e estudar desenho, resgatar meus estudos de desenho de antes da charge política — pois nessa época achei que tinha escolhido um desenho muito simples, apto para a charge, mas que não atendia às necessidades dramáticas dessa história que eu queria contar, que eu queria que tivesse o aspecto de um "filme em quadrinhos".

O ponto polêmico desta obra foi a questão levantada entre Santos Dumont e os "malvados" irmãos Wright. Por que essa história ainda rende tanta polêmica, mais recentemente reascendida na abertura da Olimpíada Rio 2016, quando a abertura dos jogos fez uma nova referência a Dumont?

O que primeiro me atraiu nessa história foi justamente essa disputa pela primazia do "primeiro voo". São questões distintas: quem voou primeiro? Quem inventou o avião? O avião teve um só inventor?

Minha resposta é que não se deve aceitar a pergunta sem questioná-la. Decidir quem voou primeiro apenas com base nas competições públicas é reduzir uma questão histórica e científica a um Fla-Flu esportivo.

Eu não fui imune a isso. Inicialmente eu torcia contra os americanos; depois, vi que os irmãos Wright foram pioneiros muito dedicados e de valor, e que os biógrafos brasileiros mentiam muito para defender Santos Dumont (uma das mentiras é dizer que a ida dos Wright na Europa foi um fiasco, o que, graças à internet e às bibliotecas virtuais, qualquer pessoa hoje pode constatar que, ao contrário, foi um sucesso estrondoso, mesmo decolando com a ajuda do "pylon" ou torre de lançamento).

A história está bem contada em meu livro já no título: *Santô e os pais da aviação*. Os brasileiros não estão interessados em saber quem voou primeiro de verdade, querem apenas ganhar mais um campeonato.

Depois de *Santô e os pais da aviação*, você fez uma imersão nas adaptações históricas. Isso foi planejado ou as ideias e propostas foram aparecendo na esteira de sucesso da obra?

Debret nasceu de um convite da Companhia das Letras para criar uma história com o tema "viagem", em homenagem aos 20 anos da editora. Eu escolhi e desenvolvi o tema. Como Lilia Schwarcz acompanhou de perto, porque era interessada no tema, teve a ideia de me convidar para quadrinizar a vinda da Família Real portuguesa na comemoração dos 200 anos. *Jubiabá*, porque a Companhia estava concorrendo para publicar a obra de Jorge Amado e me pediram para eu ilustrar apenas um layout dessa proposta. E assim foram surgindo, sem planejamento.

Além de Santos Dumont, você produziu obras alusivas ao pintor francês Jean Baptiste Debret e D. João VI, este último uma parceria com a historiadora e antropóloga Lilia Moritz Schwarcz. Como é o seu método de composição para produzir estes trabalhos?

Primeiro, estudo a vida dos personagens ou os principais fatos daquele período; faço uma avaliação se "isto dá história", ou seja, se com esses elementos eu tenho uma narrativa com começo, meio e fim (toda história tem isto; a vida flui, a História flui, a arte põe um começo e um fim). Depois tento criar o personagem ou os personagens principais; esboço as cenas mais interessantes. Isto feito, começo a reunir imagens para a pesquisa: retratos, fotografias ou filmes dos lugares onde a história acontece, trajes e uniformes, armas, etc. — em suma, faço o "desenho de produção". Se a pesquisa resulta num volume muito grande de desenhos, encaderno e faço um manual para ter ao lado da prancheta, para fácil consulta.

Depois, calculo quantas páginas vai ter, reservando para cada página uma unidade dramática, um pedaço da história toda com certa lógica. Então, escrevo como se fosse um roteiro de cinema, descrevendo as ações por página. Desenho as páginas a lápis e monto as legendas e balões de diálogo. É este material que mostro para a editora, a HQ quase pronta, como layout.

Em todos esses anos, houve pouquíssimos pedidos de ajuste — apenas para tornar a leitura mais clara ou acessível ao público escolar. Em seguida, redesenho tudo e finalizo, desenhando em papel com caneta, pena ou pincel, e colorindo no Photoshop. O *Debret* ainda foi finalizado com uma tinta colorida chamada ecoline.

D. João VI e sua corte teve um desdobramento muito interessante: virou uma série para o Canal Futura. Como foi isso?

Foi no ano da comemoração dos 200 anos da chegada da Família Real portuguesa, 2008. O canal Futura estava procurando uma adaptação pronta para criar um programa de TV sobre o tema. O primeiro parceiro do livro D. João seria a Prefeitura do Rio, mas, como eles tiveram problemas financeiros, desistiram de apoiar o projeto. Mas nossos desenhos estavam no site da Prefeitura e foi aí que a Futura viu e nos chamou. A escolha da técnica foi muito feliz, pois optaram por uma técnica muito simples de efeitos (uma animação demoraria muito), o que possibilitou usar quase toda a história do nosso livro, e o melhor de tudo é que a trilha sonora contou com um time de dubladores de primeira linha. O Dom João foi dublado pelo Waldyr Sant'anna, que fazia o Homer Simpson, e o narrador foi o Márcio Seixas, voz famosa das apresentações dos desenhos de Walt Disney. Ficou incrível.

É necessário ter alguma simpatia pelo personagem para produzir sua biografia ou trabalho é trabalho?

É preciso ter simpatia pelo personagem ou pelo projeto. Posso, por exemplo, fazer a história de um personagem que eu não gosto, mas cuja história é importante que as pessoas conheçam. Esses trabalhos mais complexos que fiz, mesmo as encomendas, considero todos obras minhas, filhos meus, até as parcerias.

Quem você deseja produzir em HQ e quem você recusaria desenhar?

Já quis muito contar a vida do Monteiro Lobato em quadrinhos e ainda não desisti. Não sei quem eu recusaria... se for uma vida interessante, e se eu puder contá-la com honestidade e dentro de uma perspectiva com a qual eu esteja de acordo, qualquer uma valeria a pena. Evitaria as histórias mais mórbidas, perversas. Mas mesmo o mal pode ser representado de forma indireta, ou registrando a minha repugnância pelos fatos mostrados. Contar a vida de alguém não é necessariamente uma apologia.

A impressão que se tem é que seus quadrinhos são pensados como um filme em quadrinhos, prontos para serem filmados. É isso?

Sim. Já foi mais. Eu me sinto livre para em certos momentos me aproximar da literatura ilustrada e depois retornar ao "modo filme". O que dificulta fazer isso mais vezes é que meus projetos têm sido muito pretensiosos, tenho que contar décadas em poucas páginas... isso me obriga a fazer transições lugar-a-lugar, o que não dá um efeito muito cinematográfico. Histórias mais curtas temporalmente dão chance de fazer a câmera passear de um plano a outro e assim ficaria mais cinematográfico, como no mangá. Mas tenho tido pouca chance de fazer isso.

Você disse que gosta muito de *making of* de filmes. O cinema, mais que as artes plásticas, te alimenta?

Para desenvolver a arte do roteiro, no tempo em que me preparava para realizar o *Santô*, assisti a muitos *making-ofs* de filmes e entrevistas com cineastas, estudei alguns conceitos de roteiro (Teoria dos Três Atos, Jornada do Herói), li as biografias de celebridades brasileiras escritas por Ruy Castro e Fernando Morais, e estudei até romances "best-seller" de Mario Puzzo, Sidney Sheldon e Paulo Coelho — não tenho preconceito quanto à nobreza das fontes, aprendo com quem puder me ensinar...

E, quanto ao desenho, estudei quadrinhos de Western e outras referências que eu já conhecia: Carls Barks, o criador do Tio Patinhas; as histórias de Asterix e Lucky Luke; e as HQs de Tardi, entre outras. Também alguns mangás de Osamu Tezuka.

Eu me alimento de tudo: cinema, pinturas, cenários teatrais, livros de não ficção. Atualmente ando cansado de cinema, está difícil gostar. Algumas séries, ao contrário, são fascinantes e muito bem boladas.

***Jubiabá*, um dos primeiros romances de Jorge Amado, escrito em 1935, foi um desafio para você, acostumado a trabalhar com biografias? Teve alguma coisa diferente neste trabalho em relação aos outros?**

Jubiabá é um romance e é uma biografia, a vida de Antônio Balduíno. Quase não há diferença. A estrutura social, a cidade de Salvador, são colhidas da realidade. A diferença é que já existe uma forma artística pronta: é uma história que traz a marca do autor Jorge Amado, então esta marca eu também procuro expressar na adaptação, por meio de um certo tom de humor e um tratamento dramático, poético.

Você tentou ser fiel a Jorge Amado ou tentou explorar um novo caminho?

Tentei ser fiel. Aquela Bahia existiu, foi retratada por Jorge, Carybé, Pierre Verger e cantada por Dorival Caymmi. Quis que o meu leitor sentisse algo semelhante ao que a maioria dos leitores, imagino, deva sentir. Não creio que seja verdade que a imaginação de cada leitor "crie" o livro que está lendo. O autor conduz a imaginação, o ritmo, e o leitor completa, seguindo o fluxo de imagens e conceitos formatado pelo autor.

O próprio Jorge Amado não gostava de ilustrações muito definidas para seus livros. Ele queria que cada leitor imaginasse o seu Balduíno, a sua Gabriela. Está certo. Mas eu não fui fiel a esta orientação para ser fiel a outra: os livros dele são bastante simples, descomplicados, diretos e engraçados. E é isto o que tentei fazer no "meu" *Jubiabá*, o *Jubiabá* de Jorge Amado.

Em *As Barbas do Imperador — D. Pedro II, a história de um monarca em quadrinhos* (2014), você volta às biografias. Conte a respeito deste trabalho.

Tematicamente, é a continuação do *Dom João Carioca*. Mas já existia um livro pronto da Lilia. O roteiro do *Dom João* foi construído por mim, com os "inputs" da Lília. O *Barbas* não, tem uma estrutura que, aliás, não é a de uma narrativa biográfica, mas de uma coleção de ensaios que abordam diferentes temas ao longo da biografia de D. Pedro II, que lhe serve de eixo. Então, optei por manter esta estrutura em capítulos com os temas: "O nobre indígena e o monarca tropical", "Como ser nobre no Brasil", "O império das festas e as festas do Império" e outras categorias que vão descrevendo, de maneira sociológica e antropológica, a sociedade do Rio de Janeiro do século XIX, e as várias faces do símbolo do Rei — o próprio monarca, os reis das festas dos negros, o mito de D. Sebastião, etc. Então essa adaptação manteve a estrutura "acadêmica" e ilustrei inspirado no modelo de várias histórias em quadrinhos didáticas, nos artigos da revista *MAD*, na linguagem dos cartuns e tudo o que me pareceu útil para transpor aquela linguagem para a dos quadrinhos.

Você está pra lançar agora a biografia em quadrinhos do Padre Pio de Pietrelcina, que poucos aqui no Brasil tem conhecimento. Como foi desenvolver este trabalho?

Esse trabalho está pronto, mas não sei quando será lançado. Foi muito bom estudar a vida desse santo italiano do século XX, quase um contemporâneo nosso, mas que teria realizado milagres e apresentado dons típicos das histórias dos santos medievais. Foi feito para uma fundação católica e acredito que será lançado com bastante atenção e cuidado. Vamos ver...

O próximo trabalho é a biografia de Monteiro Lobato?

Não sei quando voltarei a ele... Uma coisa essencial desse projeto é que ele dialogava com a noção que eu achava que o público tinha a respeito dele. Por exemplo, quando eu lia suas obras, as pessoas conheciam os personagens e supunham que ele fosse um escritor amável e paternal, um típico escritor para crianças... e eu achava divertido mostrar que Lobato fora um impiedoso homem de negócios e um grande encrenqueiro, um polemista da imprensa, que mediu forças com os generais de Getúlio Vargas e acabou preso... Acho que Lobato tem um mau humor divertido como o Tio Patinhas, e aquela mesma sede de sucesso...

Depois, deu-se mais ênfase ao seu aspecto racista — que era conhecido, mas os educadores faziam vista grossa, se concentrando em suas criações contestadoras da autoridade, como a boneca Emília. Hoje parece que a coisa está mais equilibrada, mas houve uma enxurrada de reedições lobatianas porque sua obra caiu em domínio público. E eu já não sei o que as pessoas hoje pensam do Lobato.

O próximo trabalho já vem sendo feito desde 2018 e é mais um livro em parceria com Lilia Schwarcz, abordando a chamada "República Velha" ou Primeira República (1889-1930).

Você diz que fazer quadrinhos é uma das coisas mais complexas que tem. Por quê? Vendo-o trabalhar, parece tão fácil...

Você nunca me viu trabalhar, só me viu desenhar rápido num autógrafo!

Digo que quadrinhos é uma arte complexa não por ser difícil (e é), mas por ser uma reunião de outras artes simples ou básicas: a arte de escrever, a arte de desenhar, a arte de compor harmonicamente, a arte do ritmo... Por exemplo, um quadrinhista em certos momentos tem que pensar como um editor de revistas e compor a página inteira. E nessa estrutura, pensar também sequencialmente, como quem monta um filme.

Nós aqui falando de seu trabalho com desenho e já ia me esquecendo de uma coisa muito interessante. Você imita perfeitamente dois saudosos astros da música popular brasileira: Cazuza e Renato Russo. Quando descobriu que sabia fazer imitações?

Meu pai também gostava, sempre o ouvia imitando cantores de tango e ópera, Vicente Celestino. Admirava muito os artistas imitadores, como o Raul Gil e o pessoal que fazia o *Show de Rádio* da Jovem Pan nos anos 70. Aprendi a fazer uma boa imitação do Chico Buarque e tentei outros, às vezes imitando outros imitadores. É uma espécie de caricatura.

Em 1989, o cartunista Glauco comentou com o Paulo Caruso que eu fazia uma imitação engraçada do Julio Iglesias, e o Caruso me convidou para integrar a banda dele, então chamada Avenida Brasil, com mais de dez integrantes (cinco músicos, os dois Caruso, duas ou três garotas de backing vocal, o locutor Tony Lopes, que era o "garoto-propaganda do Bamerindus", às vezes o humorista e imitador Serginho Leite). Viajamos pelo Brasil todo, de Alagoas ao Rio Grande do Sul.

O show do Cazuza derivou dessas apresentações. Fiz uma versão de uma música do Paulo Caruso, o *Rock da Roseana*, em ritmo de blues e com a voz do Cazuza, e me vestia como ele no show. Um dia, um empresário assistiu e me convidou para fazer um espetáculo só de Cazuza; topei e fiquei um ano fazendo "Cazuza Cover". Renato Russo, Maria Betânia e outros davam uma palinha. (É palinha mesmo, não vá corrigir por palhinha...)

Tem vontade de fazer uma história com roteiro original?

Um roteiro criado por mim já é original, quer ele se baseie ou não em fatos ou numa obra literária. Não faço questão; fico contente em recontar uma história pronta ou contar algo que ninguém contou antes, mas aconteceu.

A diferença entre isso e uma história inventada é que nesta eu poderia inventar os desdobramentos e o final. Mas, mesmo nestas, temos a necessidade da verossimilhança: mesmo numa história fictícia, os valores e as reações precisam ser os que um ser humano leva a sério. As ações têm causas e geram efeitos. No fim, todas as histórias inventadas acontecem neste mundo e são humanas.

RENATO AROEIRA

"ACHO PERFEITAMENTE POSSÍVEL FAZER HUMOR FERINO, CRÍTICO E ENGRAÇADO SEM PISAR EM MINORIAS OU SACANEAR OPRIMIDOS"

Na série de entrevistas com quadrinistas brasileiros, é a vez do inquieto chargista Renato Aroeira

Quando e em que circunstância o desenho chegou em sua vida?

Desenho desde moleque... Meu pai percebeu que eu gostava de rabiscar e me deu três livrinhos da Ediouro, de bolso: como desenhar animais, como desenhar pessoas (anatomia) e perspectiva. Adorei e mergulhei neles. Poucos anos depois, comecei a ser pago por isso aos dez anos...

Você fez faculdade de engenharia, passou para física e depois para matemática. Isso significa que o desenho nem sempre esteve entre as suas preferências?

Eu achava mesmo que seria um cientista. Na verdade, mesmo ganhando um dinheirinho com desenho (ilustrava os livros de minha mãe), não parecia uma "profissão" na minha mente.

Você se abastecia de gibis e livros desde criança?

Sim, desde que aprendi a ler, e isso foi cedo.

É preciso ser um leitor voraz pra ser um desenhista ou é só necessário ter sensibilidade para captar o que está acontecendo ao redor?

Não sei dizer se é absolutamente necessário, mas ajuda. Eu acredito que a leitura (especialmente a literatura ficcional, romances, novelas, contos) desenvolve a mais fantástica forma de sensibilidade, a empatia.

Também ajuda muito ser obsessivo; a voracidade é obsessiva, e desenhar—vorazmente—todo o tempo livre é essencial.

Quando criança, quais eram as suas principais referências? E hoje, quais são?

Carl Barks, um fabuloso desenhista do mundo Disney, e Quino. E a coleção Gênios da Pintura. Só bem mais tarde descobri todos os outros, o underground, os franceses e belgas, os Fumetti, mais pintura, o realismo socialista, o Chico Caruso, o Levine, o Ziraldo e o Jaguar, o Lan. Hoje? Uai, sô… Ainda gosto de muitas coisas diferentes, de tudo um pouco.

O sonho de todo chargista é ter seu trabalho reconhecido e difundido. Hoje os jornais são a melhor plataforma para o sucesso?

Os jornais, o que hoje entendemos por jornais, morreram. Eu realmente acho isso. Ainda vão se arrastar por aí muito tempo, mas morreram. Não o jornalismo, este vai ser praticado sob um "novo modelo de negócios" (argh!). Mas essa estrutura pesada, a impressão (caríssima), a lentidão da coisa toda... Simplesmente não vão perdurar. Mas a charge precisa mesmo estar atrelada a um meio que distribua notícias. Quando digo charge, não precisa ser desenhada. Pode ser um "meme", pode ser um gif. E qualquer mídia social é um lugar adequado pra isso. O jornal retornará dentro dessas mídias, mas bem diferente. Mais pessoal, digamos.

Você teve a oportunidade de trabalhar para o jornal O Globo e Brasil Econômico. Estes jornais te davam liberdade?

Alguma. Depende da época, depende de quem editava. No Brasil Econômico e no Dia, tive realmente muita liberdade. Ainda tenho.

O que pensa quando escuta que os profissionais que trabalham em um determinado veículo (TV, rádio, jornal, etc.) nada mais fazem do que dar voz aos patrões?

Isso não é verdade como regra. Há jornais que prezam (em maior ou menor grau) a independência de seus profissionais e há jornais que não. A mesma coisa vale para os profissionais. Há quem preze sua independência e liberdade e há os que querem ser a voz do patrão. Mas acho que há cada vez menos clima pra jornalismo realmente independente dentro das redações e mais vozes patronais. Na verdade, acho até que algumas direções de jornais têm se aproveitado dos "passaralhos" frequentes pra fazer pequenas "limpezas ideológicas" nos seus quadros. Só desconfio, não tenho dados.

Os personagens da vida pública brasileira e mundial são alvos constantes de seus desenhos precisos. Como escolher, diante de tantos acontecimentos num único dia, o seu alvo?

São muitos assuntos, mas normalmente me concentro nos "poderes centrais". Quero dizer, faço mais Temer do que Crivella ou Pezão, a não ser que algo grande ocorra... De qualquer modo, as escolhas são menos conscientes do que poderiam. Mas a intuição geralmente faz um bom trabalho.

Além de personagens reais, a mídia é constantemente criticada em suas charges. Por quê?

Se eu critico os poderes, preciso criticar a mídia. Não é o quarto poder? E há muito tempo ela vem exercendo à vera esse poder e cada vez mais ela decide as pautas do planeta. Não é saudável tamanha força ficar "imune às críticas" ou aos controles sociais, sob o escudo da liberdade de imprensa. Bendita liberdade de imprensa, aliás. Imprensa ruim e venal ainda é melhor do que nenhuma imprensa. Mas isso não isenta esse baita poder de ser exercido, como os outros, sob vigilância atenta.

Muitos desenhistas também são músicos. Por que isso acontece?

Deve ter alguma coisa a ver com o lado do cérebro, pois o contrário também é verdade... Muitos músicos são também pintores ou desenhistas.

Fale sobre a sua segunda profissão, a de saxofonista.

Tenho um gosto nostálgico em relação ao sax, gosto dos tenores de personalidade, antigos, como Coleman Hawkins, Ben Webster, Sonny Rollins, Dexter Gordon... Adoro Pixinguinha, e há alguns anos já toco com um trio de choros. O choro é fascinante, vicia. Mas também sou baladeiro, gosto de jazz e bossa, gosto de boleros. O sax é um instrumento expressivo e prefiro usá-lo assim. Adoro tocar, como adoro desenhar; mas vivo disso, é trabalho... Portanto, há dias em que detesto ambos os trampos. Mas não são muitos.

Suas charges ilustram a primeira página do jornal carioca O Dia. É muita responsabilidade?

Já não é assim há alguns anos. Estou na página de opinião. Mas foi assim no Globo (eu fazia duas por semana, e o Chico, o titular, fazia cinco) e também no Dia. E sim, a responsabilidade é maior.

Como foi dividir o espaço com o Jaguar?

Foi uma honra. O cara é legendário e é mais engraçado que todos nós. Mas, infelizmente, ele não está mais no Dia...

O silêncio é fundamental para executar seu trabalho ou faz ouvindo música?

Ouço a Roquette Pinto algumas vezes, ou alguma música que eu esteja estudando... Mas muitas vezes fico só com o ronronar dos meus gatos.

Você diz que seu estilo é o ataque. Isso não te causa dor de cabeça?

De vez em quando, claro. Se eu bato, é natural que apanhe.

Já sofreu processo?

Já, uns dois ou três...

Se arrependeu de alguma charge?

Ah, sem dúvida. Mas não me lembro de quais charges, exatamente...

Muitos dos seus desenhos viralizam na internet. Qual deles mais se orgulhou em fazer?

Difícil dizer um. Mas sim, há alguns...

Você, quando desenha, vislumbra a possibilidade de repercussão instantânea na internet?

Sei que a internet pode ser assim. De vez em quando até acontece com uma charge minha. Mas normalmente estou dentro de uma pequena faixa, ou bolha, que repercute meus desenhos com regularidade. Tenho uma "tiragem" modesta, mas é um público leitor ativo e participante, e essa é a grande vantagem da rede.

O politicamente correto te angustia? Qual é o limite para o ataque e o humor?

O politicamente correto me angustia muito, mas o politicamente incorreto me angustia mais ainda. É um terrível dilema, mas a cada dia me sinto menos confortável com certas abordagens do humor. Acho perfeitamente possível fazer humor ferino, crítico e engraçado, bom de verdade, sem pisar em minorias ou sacanear oprimidos...

Política, religião e futebol se discutem?

Sim. Política e religião são estruturas de poder, e poder tem que ser discutido e criticado. Futebol é uma forma de arte coletiva e deveria ser discutido nesse viés, como arte. Nelson Rodrigues e João Saldanha, por exemplo, faziam isso. Mas a galera prefere a zoação. Não deixa de ser uma forma de discussão...

Essa temperatura política, de escândalos e corrupção a acirramento entre ideologias (esquerda x direita), isso é um prato cheio pra você ou nesse campo é preciso mais prudência para explorar?

Ah, é um prato cheio, sim. Prato esse que também é cheio de riscos. Há mais lugares de fala, há mais questões sensíveis e há mais tendência à reação violenta do que nunca. Digamos que os oprimidos estão de saco cheio. Claro, então estas reações são justas e tudo o mais, mas quem consegue relaxar morando em um campo minado? Mas não posso simplesmente evitar a polêmica. Acho que a única opção possível para um artista é respirar fundo, confiar nos seus instintos e mergulhar no mundo das escolhas. Escolhas éticas. Mas antes de tudo e principalmente, ele precisa falar do tempo dele. Olhar em volta e descrever. Sou também, além de artista, um crítico. Sou duas vezes obrigado a me levantar e apontar o que eu vejo e me incomoda...

Várias de suas charges causaram polêmica e muitas foram premiadas. O que é melhor para um chargista: polêmica ou prêmio?

Algumas poucas foram premiadas. Bem... Um prêmio traz reconhecimento e, eventualmente, até aquilo que o Tom Jobim chamava, despretensiosamente, de "um dinheirinho". Não somos mercenários, mas o trabalho artístico geralmente é mal pago, e cash vem sempre a calhar. Por outro lado, a polêmica muitas vezes termina em processo, agressão, ofensas e argumentum ad hominem no pé da orelha... Escolha difícil, hein? Não estou sendo irônico; é difícil mesmo. Muitas vezes, essa mórbida atração pela verdade (é o que, geralmente, causa a polêmica) é irresistível, mais do que o reles e vil metal. Em outras vezes, não.

O que você recomenda pra quem está começando? Iniciar seu trabalho em jornais pequenos, locais, criando um público cativo, como foi o seu caso, ou hoje isso não é preciso por causa da internet?

Há poucos jornais de qualquer tamanho, e cada vez menos. Internet é o veículo, claro. Qualquer um pode publicar (tornar público) o que quiser, a qualquer momento. Aproveitem. Montem um blog, disparem os desenhos no Instagram, ou Facebook, ponha no Twitter... Mantenham uma periodicidade e regularidade, aprendam. Interajam com o público, abram os olhos e os ouvidos para as críticas. Só tenho trivialidades e lugares-comuns, mas funcionam tão bem que seria um pecado não os dizer...

Qual a charge que gostaria de fazer e ainda não fez?

É uma resposta nada original, mas a única possível... a próxima.

ALLAN SIEBER

"AS PESSOAS SÃO MUITO ESTÚPIDAS E ENGRAÇADAS"

O CARTUNISTA GAÚCHO ALLAN SIEBER FALA À *BRAVO!* SOBRE A SUA TRAJETÓRIA NOS CARTUNS E NA ANIMAÇÃO

Você nasceu em Porto Alegre, uma das cidades mais politizadas e escolarizadas do país. Isso tudo influenciou sua maneira de ser como cartunista?

De fato, no Sul tem isso de ser politizado, ou pelo menos tinha. Se fala bastante de política e você é obrigado a ter uma posição, não pode ficar em cima do muro. E lá, talvez pela proximidade com Buenos Aires, tem uma certa tradição em humor gráfico. Santiago, Edgar Vasques, Canini, Rodrigo Rosa.

Seu sarcasmo tem um DNA?

Eu sou *working class* e nunca esqueci disso. Nem deixaram que eu esquecesse. A vida é bem diferente para os ricos e os pobres, pra dizer uma obviedade. Então, uma defesa de quem não tem grana é o humor, lidar com a dureza da vida através do humor, usar o humor como arma e escudo.

Dá para fazer um cartum com perspectiva otimista ou está na veia de todo bom cartunista a crítica?

Acho que não existe cartum otimista, é sempre crítico. É uma profissão como a estiva, segundo o Jaguar, "para homens", requer certa brutalidade. Mas hoje em dia não dá pra falar isso, você pode ser preso. É tudo bem chato.

Quem você lia e tentava se inspirar quando criança?

Eu lia muito quando criança, era minha única diversão quase. Por sorte, na minha época as escolas públicas ainda contavam com uma boa biblioteca. Li muito Monteiro Lobato, Júlio Verne. Descobri Millôr, não entendia nada, mas gostava justamente por isso e pelo traço agressivo.

Chegou a se interessar em se especializar em alguma faculdade?

Só fiz vestibular uma vez, quando tinha 18 anos, para Belas Artes. Fui virado nas provas e não passei. Não era pra mim.

No início é importante copiar os grandes mestres e depois ir desenvolvendo um estilo? Ou é melhor sempre buscar ser original?

Com certeza. Copiei muita gente, de Fernando Gonsales a Millôr. Crumb, Angeli, esses dois me marcaram muito. Vuillemin, Fabio Zimbres e os desenhistas que saíam na revista Animal também foram uma forte influência. Além de dois paulistas que sempre admirei e depois vieram a ser meus grandes amigos, MZK e Schiavon. Traço sujo e muito expressivo.

Foi incentivado ou desenganado a ser um artista?

Meu pai, por ser desenhista publicitário, queria que eu aprendesse a desenhar e comprava gibis de heróis. Mas logo sacou que eu nunca aprenderia a desenhar, meu negócio era "bonequinhos narigudos".

O que você herdou do seu pai, o desenhista Jouralbo Sieber?

Uma visão pragmática da vida. Você tem que ganhar o seu dinheiro e é isso, não adianta fazer drama. A vida é dura e tem que trabalhar duro.

Tudo que está à sua volta corre o risco de se transformar em quadrinhos?

Sou influenciado pelo quadrinho sincericida de Crumb e uso muito isso da própria vida no meu trabalho. Então o risco é bem grande. Já perdi alguns amigos (meio cretinos) por conta disso.

O que você mais necessita quando precisa criar um desenho?

Antigamente era álcool, muito álcool. Mas depois fui ficando velho e desenhar bêbado ficou meio chato. Atualmente eu preciso de música e solidão, isso é essencial. Música clássica, jazz ou som de velho, como Iggy Pop ou os Ramones.

Seu trabalho de cartunista é tão intenso quanto o de animador. O cartum é um trampolim para a animação? É a animação que te interessa verdadeiramente?

Comecei os dois ao mesmo tempo, em 1992, quando passei a ganhar dinheiro num jornal para publicar meus desenhos e trabalhava no estúdio do Otto Guerra, a Otto Desenhos. Nunca fui animador, mas sim diretor de animação. E roteirista.

É possível fazer animação no Brasil, que ainda engatinha, ou pretende buscar essa realização fora do país?

Eu desisti da animação em 2014. Desisti do audiovisual. Trabalhei muito tempo com televisão e isso me cansou muito. Tive uma produtora, a Toscographics, por 15 anos. Só me dei mal investindo em animação adulta no Brasil.

Muitos dos seus trabalhos viraram animação pelas suas próprias mãos. Se não fosse assim, acha que nunca os veria em forma animada?

Isso diz respeitos aos primeiros curtas, *Deus É Pai*, *Os Idiotas Mesmo*, *Onde Andará Petrucio Felker?*. Depois contava com uma equipe.

A ideia era tornar a Toscographics a maior produtora de conteúdo animado do país?

Já tive essa ideia e me dei muito mal. Mais precisamente, 200 mil em dívidas com a Receita Federal. Não sei fazer social, e nesse meio isso conta muito.

Animação dá mais dinheiro, mas desenho dá mais prazer?

Animação dá dinheiro se você trabalha com publicidade ou faz animação infantil. Se não, é uma droga. Precisa de equipe, espaço, dinheiro. Muita gente. E animador geralmente é uma raça patética, pessoas com as quais não dá pra beber uma cerveja. Ralé mesmo.

Sente mais orgulho com seus trabalhos no papel ou em animação?

Gosto de *Os Idiotas Mesmo*. Tenho orgulho desse filme. E gosto de um livro que lancei em 2009, *É Tudo Mais ou Menos Verdade*, com quadrinhos-reportagem e coisas autobiográficas.

Para ser um bom cartunista é preciso ser um bom observador da sociedade? É esse o segredo?

Tem que estar atento. Não dá pra ficar com a cara enfiada no celular. Você tem que ver e ouvir o que se passa ao redor. As pessoas são muito estúpidas e engraçadas, o material é muito farto.

Mais vale uma boa ideia do que um belo desenho?

Uma boa ideia, sem dúvida. O desenho é quase um detalhe.

Como define seu estilo?

Rápido. Eu diria "eficiente", mas seria pretensioso. O importante é ser rápido, não ficar lambendo um desenho por muito tempo. Nada mais feio que um desenho falsamente rebuscado. Uma enganação.

O que é mais importante para um cartunista: o talento ou a persistência?

Ambos. Talento é discutível, vem pela prática. Desenhar, desenhar, tentar coisas, etc.

A política nacional é um reflexo da sociedade? Somos tão medíocres quanto os nossos políticos?

É uma coisa que alimenta a outra. Os péssimos políticos não investem em educação, somos um povo burro e pouco instruído, e gente assim costuma votar nas piores pessoas.

Sarney, Collor, FHC, Lula, Dilma, Sérgio Cabral, Eduardo Cunha, etc. te inspiram?

Jamais. Odeio fazer caricaturas, desenhar políticos. Essa gente não vale meu desenho.

Você mexe com dois assuntos bem espinhosos: religião e a sexualidade. É preciso ter coragem para mexer neste vespeiro?

Religião, sexualidade e racismo são temas-encrenca geralmente. As pessoas confundem: você faz uma piada sobre racistas e acham que você é racista. Aquela coisa de atirar no mensageiro. Já me incomodei um pouco com isso, mas nada significativo.

O brasileiro, em se tratando de sexo, é o povo mais hipócrita que conhece?

É bem hipócrita, mas os americanos sem dúvida são piores, são doentes.

Já com a religião, convivemos bem com as diferenças. Acredita que isso pode mudar algum dia e haver conflitos religiosos no país?

Dificilmente. Em parte, porque o brasileiro não leva religião a sério, é tudo muito permissivo, sincrético, etc. O que é bom, sem dúvida.

Os desenhos publicados no semanário francês *Charlie Hebdo* excedem o limite ou não há limite?

Não há limite. Uma piada é só uma piada e tem que ser assim.

Um desenho pode provocar mesmo uma onda de revolta? Ele tem esse poder?

Infelizmente, vimos que tem esse poder. Mas, para fanáticos, até um aceno de mão errado pode causar mortes. O problema são os fanáticos, não é o humor contundente. O problema é Deus e a ideia que se faz de Deus, essa é a desgraça maior.

Você era adventista, muito ligado à religião. Foram os quadrinhos que te "libertaram"? Era para você ter se tornado um pastor?

Eu era fanático dos 8 aos 13 anos. Adventista fundamentalista. Um pequeno fiscal da moral alheia. Péssimo. O que me salvou da religião foram as más companhias do bairro, as drogas e a bebida. Sempre fui introspectivo, uma vítima fácil para essa coisa de religião, mas quando comecei a ter amigos na adolescência e fazer as merdas que adolescentes fazem, me afastei dessa carga de culpa. Um dia, pelos 18 anos, me deu um clique, uma epifania: Deus não existe, é tudo uma lenda. Claro que eu estava chapado quando isso aconteceu, por isso devo minha vida às drogas, às más companhias e ao punk rock.

A revista em quadrinhos *Glória, Glória, Aleluia* vem dessa vivência como evangélico?

Sim, era uma resposta a esse passado, com o qual ainda acerto contas por ter sido muito traumático e restritivo. Sou ateu graças a Deus, como diria Jaguar. Tento passar isso para meu filho: Deus não existe, mas você ainda assim tem que comer todo o brócolis do prato.

De onde surgiu a ideia de criar a série *Vida de Estagiário*? E o seu sentimento em vê-la ganhando outros desdobramentos, como uma série para a televisão? Esperava por isso?

Vida de Estagiário nasceu de minha época como office boy, entre os 15 e 18 anos. Eu gostei da série, ganhei algum dinheiro com ela, coisa rara para algo que veio dos quadrinhos.

Quando cria uma série ou um personagem, você já consegue vislumbrar se fará sucesso ou deixa ao acaso?

Impossível isso. E eu sempre faço as piores apostas, sou muito ruim nisso, não tenho visão empresarial, essas coisas. Aquela coisa de "só quero saber do que pode dar certo" acho bem tacanha também. Parece um mantra da Rede Globo.

Seus trabalhos podem ser vistos em jornais, revistas, internet e televisão. Alguns deles viraram livros. A ideia de lançar livro, uma plataforma restrita já que poucos gostam de ler no Brasil, é para massagear o ego? Digo isso porque as vendas não são lá essas coisas, o autor recebe pouco. É mais pela satisfação canônica que o livro oferece?

O livro jamais vai acabar, ao contrário do que dizem. É a coisa mais moderna do mundo, cabe no bolso e proporciona dias de diversão, semanas.

Livro não precisa de eletricidade, pra começar. Acho que o Millôr já falou algo nesse sentido.

Você é bem crítico em relação à a imprensa. O que te incomoda?

Nem sou tão crítico assim, mas não existe isso de imprensa livre na medida que a imprensa precisa de anunciantes. É um beco sem saída e não me pergunte qual a solução.

O que explica uma revista de quadrinhos de humor como a *F*, que você editou, não ter durado nem cinco edições?

A incompetência dos editores—eu e meus amigos, no caso—aliada a um cenário muito diferente das bancas de jornal hoje em dia: não são mais só revistas, tem refrigerante, CD, DVD, o inferno. É muita coisa. Impossível um sujeito achar uma revista como a *F* no meio de tudo isso. Ela está atrás da sessão do pornô gay, pra dizer o mínimo. Mas foi divertido fazer.

Por que Robert Crumb é sempre citado por vocês cartunistas?

Ele é um mito pela constância e posicionamento. Sempre o mesmo. Fiel ao que pensa, aos seus ideais. Impermeável a modas. Muito cínico e corajoso. Uma história em que ele vai do outro lado da cidade, numa noite chuvosa, tentar comer uma mulher chata, culpado, essa história mudou minha vida. Está no álbum *Minhas Mulheres*, lançado pela L&PM no final dos anos 80.

Haverá um dia, talvez daqui a cinquenta anos, que irão citar Allan Sieber? Se sim, o que será dito?

Não sei. Esse negócio de posteridade é um negócio imprevisível. Há quem aposte na posteridade, como Ziraldo, essas pessoas, mas não é o meu caso. Só tento fazer um trabalho honesto e me divertir dentro do possível. Imagine, já comi pessoas por conta dos quadrinhos! Isso é o que eu chamo de "chegar longe".

Você disse que sempre teve liberdade editorial, com exceção da revista *Trip*. O que aconteceu lá?

Não lembro. Nessa época, 2005, 2006, eu estava num alcoolismo atroz.

Mas a *Trip* é aquela coisa, "vamos salvar o mundo" e dê-lhe propaganda de carro, "poder para as mulheres" e dê-lhe fotos de garotas bonitinhas sem sutiã. É bem escroto.

Atualmente você mora no Rio de Janeiro, a Toscographics está instalada na cidade, seu estúdio também. A ideia de morar aí é sair da margem e se tornar uma celebridade, com paparazzi à sua espreita?

Vim para cá em 1999 para montar a Toscographics; na época era uma boa ideia ter um estúdio de animação no Rio, tinha muitos trabalhos para a Globo, etc. Isso funcionou por uns anos, não mais. Mas fui gostando da cidade, de certo caos inerente ao cidadão carioca. Depois me casei com uma carioca e tive um filho aqui. É melhor que São Paulo para criar uma criança, quase uma cidade pequena. O Rio é muito, muito provinciano, e isso me atrai e repele ao mesmo tempo.

Você disse que "a vida seria um saco sem humor e suas variantes". Vai conseguir sobreviver nestes tempos de patrulha?

A patrulha sempre vai existir. Você não pode cair na asneira de dar satisfação a ela. Isso é fatal. Vivemos tempos tão hediondos que as pessoas estão se preocupando seriamente com o fato de batizar um menino de Antonio. "Oh, mas e se ele quiser ser Antonia?" Ela vai ser Antonia, porra.

O papel do cartunista ou chargista é incomodar, mais do que fazer rir, chorar e pensar?

Cartunista tem que bater. E fazer rir. Os dois. Não pode ser chato ou inócuo, esse seria o pior pecado.

Quem são seus inimigos?

Qualquer um que trabalhe metade do que eu trabalho e ganhe três vezes mais do que eu. Esses caras sempre vão ser meus inimigos e eu sempre estarei preparado a bater a carteira deles e bater neles, se preciso for.

Que recado daria a eles?

Olho na carteira.

Você está mais calmo ou um *enfant terrible* jamais amansa?

Ninguém é *enfant* a vida toda. Isso só vai até os vinte e poucos. Hoje me dedico a criar meu filho Max e passo religiosamente quatro horas por dia dedicado só a ele, eu e ele, todo dia. Passeamos muito procurando cogumelos e andando de metrô, duas de suas obsessões. E tenho pintado e desenhado muito. Sempre sozinho. Isso é muito bom. Fiz uma exposição de pinturas ano passado em dezembro e gostei bastante. É isso que quero: pintar e desenhar sem ninguém encher o meu saco.

ORLANDELI

"NÃO FAÇO DESENHOS, FAÇO HISTÓRIAS"

NA SÉRIE DE ENTREVISTAS COM QUADRINISTAS BRASILEIROS, RAFAEL SPACA BATE UM PAPO COM ORLANDELI

Como surgiu seu interesse por desenho?

Desde que me conheço por gente gosto de desenhos e quadrinhos. Não me lembro de uma fase da minha vida que não ficava eufórico só pela possibilidade de entrar em uma banca e ver as novidades.

Quando descobriu que sua paixão por desenho poderia ser a sua profissão?

A relação "virar uma profissão" nunca foi o principal. Queria mesmo era fazer quadrinhos, contar minhas próprias histórias... Claro que tinha lá um desejo de poder viver apenas disso, mas o foco mesmo era produzir, pois, se fosse pensar comercialmente no começo, talvez tivesse desistido. Fiquei um bom tempo trabalhando com publicidade e, em paralelo, produzindo quadrinhos e ilustrações. Com o tempo, a demanda pelas ilustrações e quadrinhos aumentou bastante, até que abandonei a publicidade e me dediquei apenas a esse universo.

Você nasceu na pequena cidade de Bebedouro, interior de São Paulo. Lá tem biblioteca, gibiteca? Como você se virava para consumir cultura?

Saí de Bebedouro muito cedo, tinha uns seis anos de idade. Lembro bem que já gostava de quadrinhos, pois uma das minhas principais lembranças da época era uma banca do centro em que eu adorava ir quando passeava com a família por lá.

Ainda era uma época pré-internet, e para um cidadão do interior as coisas ficam ainda mais difíceis nessa área, ou não?

Saindo de Bebedouro, fui morar em São José do Rio Preto, cidade bem maior, porém com todas as limitações de ficar longe da capital. Não tinha internet, mas lá perto do início dos 90 virou moda os jornais dedicarem uma página semanal para falar de quadrinhos. Ficava esperando e toda sexta comprava a edição—*Jornal da Tarde*, acho, mas não tenho certeza — só para acompanhar as notícias. Quando alguém ia para São Paulo, pedia para trazer algo que não chegava aqui. Mandava cartas para as revistas, mostrava os desenhos... Mas era tudo muito lento, sem ter nem a certeza se aquilo foi realmente lido por alguém. Outra forma de entrar em contato com o mundo era os salões de humor.

E agora, com a internet, não existe mais a "obrigação" de profissionais do desenho se mudarem para grandes centros urbanos para ganhar a vida? Ou isso ainda é imprescindível?

A internet mudou por completo essa relação do profissional de comunicação com o veículo. Não fosse a internet, seria praticamente impossível alguém passar a vida toda no interior e conseguir publicar em vários lugares. O contato próximo ajuda, é importante dar as caras, fazer contatos... mas não chega a ser imprescindível. Dá para ser um profissional muito ativo sem precisar se mudar para uma capital.

Sua carreira começa, de fato, em 1995. Você sempre tenta explorar tanto os aspectos artísticos como narrativos de cada história ou tira. Isso é influência de alguém ou vem de você mesmo?

Na verdade, a primeira tira publicada mesmo foi em 1994. Na época eu estava absolutamente fascinado pelos quadrinhos nacionais, por todo aquele movimento que foi a revista *Chiclete com Banana* e tudo que veio junto com ela. Naquela época a gente queria era ser cartunista mesmo. Tira de humor, histórias curtas, cartuns... Coisa rápida e certeira.

Com o tempo, bateu um interesse em explorar mais a narrativa, brincar mais com as possibilidades gráficas. Ter contato com vários tipos de quadrinhos motivou muito isso. Ver páginas do Will Eisner, Frank Miller... ampliava demais o leque do que poderia ser feito.

Eu tinha um espaço fixo no jornal e achei que seria uma boa oportuni-

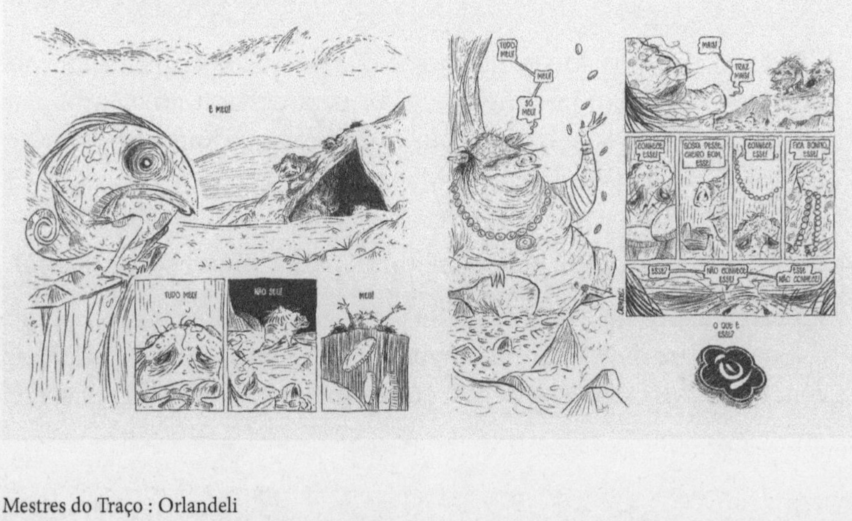

dade para começar a testar algumas coisas. Já fazia alguma coisa com o Grump, mas achava o espaço bem limitado, então criei a tira dupla *SIC*, onde consegui exercitar muito da síntese narrativa e possibilidades gráficas em uma HQ curta. E depois, ainda usando espaço do jornal, criei *O Mundo de Yang*, meio que uma tira tripla que, juntas, viram uma grande história.

O que gostava de ler e assistir antes de se profissionalizar? E o que lê e assiste hoje em dia?

Bom, em quadrinhos eu passei por um pouco de tudo. Comecei com Mauricio de Sousa, arrisquei Disney, mas o único que gostava era o Peninha. Depois vieram as publicações da editora Circo, que foi onde bateu realmente a vontade de fazer quadrinhos. Na sequência, comecei a ler heróis e quadrinhos mais adultos. Foi nessa época que conheci *Cavaleiro das Trevas*, *Elektra Assassina*, *Watchmen*... A revista *Animal* abriu a mente para um tipo de quadrinho que eu não conhecia. Will Eisner, Ken Parker... Como disse, um repertório bem variado. Hoje, raramente leio publicações mensais. Leio histórias fechadas, as graphic novels, com histórias que me despertam interesse pelo tema ou autor que admiro. Gostei de *Pílulas Azuis, Três Sombras, Retalhos*... Sou fã da narrativa do Christophe Blain.

Sempre gostei de cinema, minha relação é pura diversão mesmo. Curto tanto filmes com uma narrativa "diferente", tipo *Brilho eterno de uma mente sem lembranças,* como um pipoca cheio de ação. Gosto demais dos diálogos e de algumas sacadas do Tarantino.

Literatura depende muito do momento. Acabo experimentando um pouco de tudo, sem preconceito. Se for para destacar autor, acho que um seria o Bukowski, pela poesia meio depressiva; o Kafka, por tornar o surreal palpável; e, atualmente, o Mutarelli.

Você gosta de ser livre ou beber em fontes para compor seu trabalho?

Eu não me espelho em nada muito específico. Me sinto absolutamente à vontade para direcionar cada trabalho sem a intenção de relacioná-lo com outra coisa, inclusive com o que eu mesmo já fiz. As fontes aparecem sim, mas de forma inconsciente, uma bagagem de tudo o que já foi consumido e, fatalmente, acaba refletindo no trabalho.

Qual a importância de Henfil na sua trajetória?

Conhecer o trabalho do Henfil foi fantástico. Seu traço simples, espontâneo e absurdamente expressivo fazia os personagens praticamente saltarem do papel. Era um desenho simples, porém com uma capacidade de comunicação absurda. Junto com o Glauco, foi ele quem me mostrou que um bom desenho para HQ não é aquele que tem mais ou menos detalhes, simples ou acadêmico, mas aquele que se integra ao contexto.

Quando começou a desenvolver a sua técnica? Ela foi realmente moldada durante a sala de aula, nas aulas de português, matemática, física, química, etc.?

Eu não tinha muito o senso de "desenvolver técnica", falando no sentido acadêmico (coisa de que hoje me arrependo), eu apenas ficava desenhando. Desenhava em qualquer canto que aparecia. Caderno, carteira... tudo tinha um rabisco. Os livros didáticos eram cheios de cartuns imitando a série *As Marginais do MAD*, do Aragonés.

Durante essas aulas você criou personagens interessantes como Jeka Bond, um investigador superviolento; Skroton, um mosquito afetado pela radiação do Césio 137 no desastre que aconteceu em Goiânia em 1987; e também tinha uma série de tiras chamada *Ratos, várias histórias protagonizadas pelos roedores*. Você pensa em reeditá-las ou prefere deixá-las no fundo da gaveta?

Nossa, essas são bem antigas. O gibi do Jeka Bond era um caderno de desenho que passava de mão em mão entre os colegas da escola. Nunca fiz cópia. Skroton e Ratos eu fazia em folhas separadas, finalizava em nanquim, já com intenção de tentar espaço em alguma revista. Ratos eu enviei para a *Porrada*. Responderam elogiando as sacadas, mas precisava melhorar os desenhos... aquelas coisas. Impossível reeditar graças à minha absurda falta de apego a originais. Boa parte se perdeu. É algo de que me arrependo, pois seria bacana rever esse trabalho hoje.

Tem mais alguma coisa que desenhou naquele período que merece ser redescoberto?

Que merece, com certeza não rsrsrs. Mas tem uma curiosidade. O Grump, em seus primeiros esboços, foi pensado para ter um bichinho de estimação, uma espécie de ser peludo sem raça definida que podia se transformar em qualquer coisa. Mas nunca chegou a ser publicado.

Mesmo não sendo um aluno muito atento em sala de aula, você se formou em Publicidade. Em que essa formação te alimenta como desenhista?

Eu era da turma do fundão, nunca fui o melhor da sala, mas fiquei longe

de ser o que não queria nada com nada. Entrei em Propaganda porque era o curso que mais se aproximava com a área de arte em minha cidade. Foi ótimo no sentido de me introduzir na área gráfica. Comecei a trabalhar com publicidade montando anúncios, cartazes... Isso me deu uma noção de design que foi fundamental quando comecei a atuar como ilustrador. Fazia a ilustração não pensando apenas na arte, mas na página toda, buscando integração com todos elementos, título, texto.

Quando você publicou *Violência Gratuita* no jornal *Diário da Região* foi a chancela definitiva de que estava no caminho certo?

Foi a oportunidade de mostrar meu trabalho para pessoas fora do meu ciclo. Saber como esse trabalho seria recebido por um público maior. A tira fez bastante sucesso, isso me deu bastante confiança para continuar produzindo.

Qual foi a sensação de ter um trabalho publicado no jornal?

Foi uma sensação muito boa. Ser pago para fazer algo que eu adorava fazer, ver uma empresa confiando e acreditando no meu trabalho, e o levando aos seus leitores, que logo passariam a ser meus leitores também. Foi sensacional.

Os jornais, atualmente, ainda dão pouco espaço para tirinhas nacionais?

Tira hoje em dia é artigo raro. O espaço diminui cada vez mais e, quando existe, o que paga é irrisório.

Como surgiu a ideia para criar o Grump?

Grump surgiu na tira *Violência Gratuita*. A proposta da tira não era ter personagem fixo, eram histórias soltas. Com o tempo, comecei a fazer um baixinho de cabelo espetado para algumas piadas. O desenho era bacana e fui repetindo ele em outras situações. Sem eu perceber, ele já era dono da tira. As pessoas perguntavam qual era o nome dele e eu não sabia. Foi o suficiente para decidir batizá-lo de vez. Aliás, no início o nome era Krumb.

Não acha que o Grump pode ir mais longe do que já foi? Enxerga outros desdobramentos para ele?

Realmente não sei. É um personagem pelo qual tenho grande carinho, mas que tem no DNA a linguagem da tira, que a cada dia perde mais espaço. Recentemente fiz uma edição em homenagem aos vinte anos de publicação e depois saiu uma coletânea pela Sesi-SP Editora. Talvez programe mais edições, já que são mais de duas décadas de material. Na questão de desdobramentos, por ora não tenho nada em mente.

Muitos amigos certamente pedem para você desenhá-los, de graça. O que fala para estas pessoas que acham que seu trabalho não é tão trabalhoso assim?

Hoje em dia nem pedem tanto, pois sempre falo que quando tiver tempo eu faço, o que nunca acaba acontecendo, rsrsrs. Se a pessoa é muito próxima e essa arte tem algum fim, faço até com prazer. Já desenhei amigos em convites de casamento, por exemplo. Aí o desenho acaba sendo o presente que daria ao casal.

Hoje você faz tudo pelo computador? Sente saudades do lápis e da borracha?

Absolutamente não. Já trabalhei bastante com mesas gráficas, mas hoje faço tudo no iPad, e a forma como isso agiliza minha produção é algo que levo demais em conta. Não faço desenhos, faço histórias. O produto final é a página pronta, de preferência impressa no livro ou revista. Gosto, de vez em quando, de exercitar o desenho livre, finalizando no papel, mas é algo que faço sem fins de publicação.

Seu estúdio é em sua casa? Como funciona a sua metodologia de trabalho?

Costumo deixar as manhãs para quadrinhos. Não faço nenhuma outra coisa pela manhã, apenas quadrinhos. Na parte da tarde faço ilustrações editoriais, charges, respondo e-mails, vejo contratos.

Você ganhou diversos prêmios (Troféu HQMIX; Salão de Humor de Paraguaçu Paulista; Prêmio Abril de Jornalismo na categoria visual/

infografia; etc.). O que eles representam para você?

Prêmio é sempre bacana. Uma forma de reconhecimento pelo que foi feito. Mas, mesmo sendo uma disputa, não tem muito disso de "o melhor". Claro que se ganhou é sinal de que está entre os melhores trabalhos naquela ocasião, mas tenho o pé no chão e sei que é um resultado baseado na opinião de determinado júri. Na maioria das vezes, mudou o júri, muda o premiado. Então é importante, ganhando ou perdendo, manter o pé no chão e continuar fazendo o seu trabalho.

Prêmio, trabalho, dinheiro ou sucesso?

Pô, se tiver um pouco de tudo acho que seria ótimo. Rsrsrs

A rede de lojas Riachuelo plagiou um desenho seu e perdeu a causa. O que você sentiu quando soube do plágio e o que sentiu depois do julgamento?

A primeira coisa que pensei foi como uma rede desse tamanho consegue fazer uma bobagem dessas. Um descaso absurdo com o direito de imagem. Mesmo sabendo que a possibilidade de um processo era real, não davam o direcionamento necessário ao seu quadro "criativo" para não cometer uma lambança dessas. Depois fiquei sabendo que antes de mim teve mais umas duas na mesma situação, mas que ficou por isso mesmo—por isso decidi entrar com a ação.

O resultado deu o óbvio. Foi até rápido, pois não tinha argumento que se sustentava contra. Senti que cumpri o meu papel como representante da categoria. O caso serviu de exemplo para outras empresas e também para os próprios ilustradores fazerem valer seus direitos.

Com a internet à disposição de boa parte da população, o artista não corre um risco constante de ser plagiado?

Sempre. A oferta de imagens é imensa e a tentação é grande. Mas ainda é ilegal. Se quiser usar sem autorização, use, mas saiba que estará correndo o risco de responder a um processo no futuro.

O mercado hoje é mais cruel para os que estão iniciando agora ou era pior na sua época?

Acho que melhorou hoje. Editoras investindo, muita gente começando a publicar fora do país. Nos eventos a gente começa a ver um esboço de um público consumidor de quadrinhos nacionais. Isso é bem legal. Mas sinto que houve uma queda em ilustração editorial e tiras em jornais.

Para o desenhista nacional quem é "pior" enfrentar: Turma da Mônica ou os heróis da Marvel e DC Comics?

Não vejo pior nesse caso. Eu mesmo consumi muito dos dois. Cada um tem seu papel e seu público. Mônica é um formador de leitor em potencial. Cria-se o hábito, é natural que aos poucos esses leitores, quando mais velhos, busquem outras leituras. O autor nacional cada vez mais vem aparecendo como uma opção para absorver esse leitor. Pior é enfrentar aquilo que afasta a criança, até mesmo o adulto, do hábito da leitura.

Há luz no final do túnel?

Sempre há. Porém, mais importante que ver a luz, é continuar caminhando pelo túnel. Depois a gente vê o que acontece.

O que há de novo?

Atualmente estou produzindo mais um número da série "O mundo de Yang", paralelo a isso também estou estruturando o roteiro de uma graphic novel que fala sobre memórias e lembranças.

CYNTHIA BONACOSSA

"NÃO FAÇO QUADRINHOS PEDAGÓGICOS"

Na série de entrevistas com grandes quadrinistas brasileiros, Rafael Spaca fala com Cynthia Bonacossa, que trocou a medicina pelos quadrinhos

O que pouca gente sabe é que você é médica, formada pela Universidade Federal do Rio de Janeiro. Qual é a sua especialização?

Eu me formei em medicina e não fiz uma residência, então não tenho especialidade. Mas, se tivesse feito, teria sido de patologia.

Por que medicina?

Porque eu gostava de biologia e é uma das faculdades mais difíceis de entrar. Eu precisava provar que conseguiria entrar.

Foi forçada a investir numa carreira "séria" antes de tentar ser cartunista ou achava mesmo que tinha vocação para medicina?

Eu sempre soube que minha carreira seria uma das partes mais importantes da minha vida. Entrei na faculdade querendo ser psiquiatra, pois juntaria biologia e todo o aspecto mais subjetivo de que eu gostava da literatura, cinema e tudo mais. O problema, no final, é que eu não suporto passar o dia inteiro conversando com pessoas, isso me desgasta muito. Isso foi um dos motivos pelos quais passei a me interessar por patologia: era toda a ciência da medicina sem a interação. No último semestre da faculdade passei dois meses fazendo um internato no hospital Mount Sinai em NY. Foi o melhor ambiente para aprender patologia, com todo o material tinindo e poucos alunos, e eu me via seguindo essa carreira. Só que lá eu também comecei a frequentar ainda mais o mundo dos quadrinhos, e a vontade de fazer uma coisa pela qual eu sentia uma verdadeira paixão falou mais alto. E também a vontade de não seguir o caminho seguro que minha família tinha traçado pra mim, eu acho.

Você é brasileira, mas foi criada em Hong Kong até os oito anos de idade. Explique isso. E por que voltou?

Meu pai trabalhava para a Interbrás e foi transferido pra lá. Quando o Collor fechou a empresa, meu pai criou a sua própria, e ficamos por lá mais alguns anos. Voltamos pois meus pais queriam voltar para perto do resto da família, do nosso país.

Quando e em que circunstância o desenho entrou na sua vida?

Meu pai sempre desenhou muito bem e me incentivava a desenhar, corrigia perspectivas, ensinava macetes. Daí eu nunca parei de desenhar.

Quais são as referências e seus mestres no desenho?

Nos quadrinhos, eu comecei lendo Crumb, ele me fez descobrir a enorme possibilidade dos quadrinhos. Mas meu desenho puxa muito da Marjane Satrapi e Julie Doucet. O Joe Matt é um ídolo nesse estilo autobiografia kamikaze, junto com o Allan Sieber.

É preciso ler muito para se tornar uma grande cartunista ou só saber desenhar é o suficiente para se tornar um bom cartunista ou chargista?

Existem muito ilustradores maravilhosos que não conseguem fazer quadrinhos, ou fazem quadrinhos lindos, mas desinteressantes. Acho que um bom quadrinista precisa ler muito, sim, mas precisa também assistir a muitos filmes, pois é uma narrativa visual. Existem muitos vídeos no YouTube sobre edição e cinema que gosto de assistir, pois me dão ideias para meus quadrinhos também. O desenho, na minha opinião, é uma das últimas partes. É tipo a fotografia do filme. Importante, mas sem uma boa história e ritmo, não vale grande coisa.

Como você fez para apurar sua técnica no desenho?

Antes de fazer faculdade, eu fiz um curso no parque Lage que ensinava muito sobre composição, e tivemos aulas de modelo vivo. Depois disso fui só desenhando, praticando, experimentando e ouvindo dicas de amigos que desenham.

Seu ingresso no desenho e a consequente saída da medicina foi por causa do Allan Sieber, que te convidou para trabalhar no estúdio Toscographics?

Na verdade, quando eu terminei a faculdade eu estava desenhando um livro (que nunca saiu) para a sócia do Allan, Denise Garcia, que já vivia na Alemanha. Como eu morava com meus pais e eram tempos extremamente tensos, pois eu não queria seguir a carreira, eu pedi pro Allan se eu poderia ir trabalhar no livro lá no estúdio dele. Eu tinha muito tempo livre, já que tinha de esperar os roteiros da Denise; então, aos poucos, ele foi me dando umas tarefas para "pagar" pelo espaço. Levar uma carta no correio, desenhar um cenário, editar um vídeo. Tudo o que precisava ser feito eu procurava tutoriais no YouTube e dava um jeito de fazer. Então ele resolveu começar a ME pagar, e virei funcionária oficial.

No estúdio você faz as artes, roteiros, ilustrações e storyboards. Como é seu dia a dia lá?

Eu hoje em dia não trabalho mais na Tosco. Estou, desde julho de 2015, morando em Angoulême, na França, onde vim fazer uma residência artística na Maison des Auteurs para, finalmente, produzir o meu primeiro livro, que eu tinha começado durante a faculdade, mas tinha deixado de lado por anos.

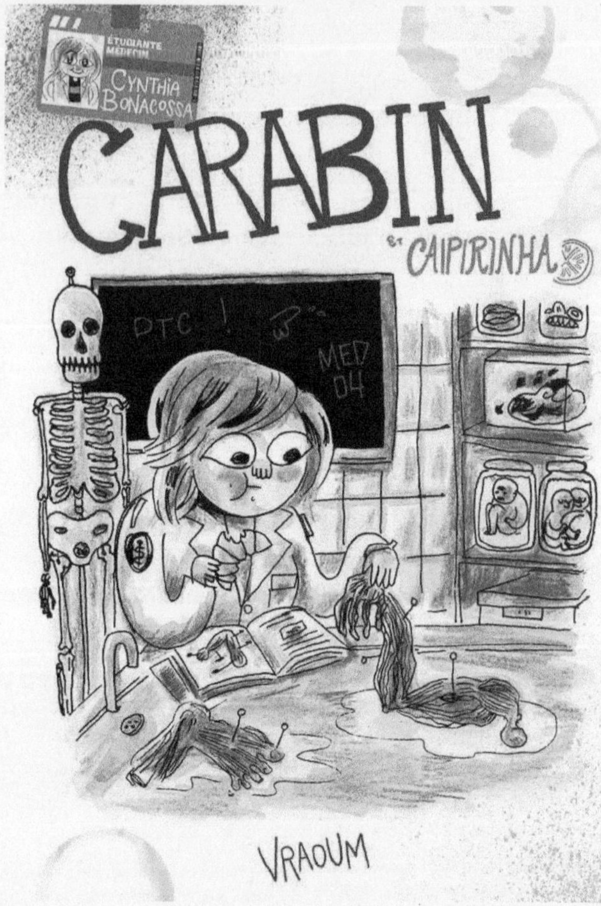

Quais trabalhos realizados lá você destaca?

A última série de que participei: *A Última Loja de Discos*. Foi uma série que fizemos com poucas pessoas, gravando as vozes na Tosco mesmo com o Angelo Arede, João Velho, Miá Mello e Maurício Rizzo, que são hilários. Tudo foi animado por uma animadora, a Luá Garcia, que também é uma pessoa muito querida. Foi muito divertido e o resultado ficou muito legal.

Você foi editora da revista independente *Golden Shower*. Como foi a experiência na revista?

Foi a melhor coisa que já fiz. Alguns dos quadrinhistas que publiquei (e rejeitei, não sou a melhor editora do mundo, haha) são dos melhores trabalhando hoje em dia. Participei de festivais, me enturmei, e tudo quando meu trabalho ainda era bem fraquinho. Foi uma coisa mágica da época, todo mundo estava muito aberto, ainda mais porque não tinha quase nenhuma mulher cartunista nessa cena *indie*. Todo mundo queria me ajudar.

Internet te satisfaz ou é preciso ser publicada nos jornais e revistas?

Eu publico pouco na internet e me incomoda um pouco a cultura dos likes. Tudo é muito rápido. Prefiro que leiam uma coisa longa minha, um livro, uma história publicada. Mas estou pensando em fazer uma série longa online, publicando capítulos. Ainda estou vendo. Mesmo assim, acredito que no final gostaria que fosse impresso. Sou muito apegada ao objeto.

Podemos ver seus trabalhos em diversos lugares, como a revista *piauí* e sites *Marsam* e *Komikaze*. Você atingiu a consagração ou ainda tem muito a percorrer?

Não sei exatamente o que quer dizer atingir a consagração, mas tenho certeza que ainda não é aqui onde estou.

A *piauí* é a revista que mais dá espaço para cartunistas. Por que a mídia tradicional (especialmente as revistas) dá pouca vazão para uma geração tão boa: falta de espaço, de dinheiro, interesse ou o quê?

A diferença entre o Brasil e a França é imensa. No Brasil, quando digo que sou cartunista, me olham com quase pena, ainda tem muita gente que acha que é uma coisa infantil. Aqui na França, me olham com um respeito genuíno. Acho que é isso. Essa falta de respeito pelo quadrinho que ainda existe no Brasil.

Nos anos 60/70 surgiram Millôr, Jaguar, Ziraldo, entre outros. Nos anos 80 vieram Angeli, Laerte, Glauco, etc. E temos agora a sua geração. Qual delas é a melhor?

Minha geração tem Fabio Zimbres, Allan Sieber, Arnaldo Branco, André Dahmer, Daniel Lafayette, Chiquinha, Pablo Carranza, Diego Gerlach, Ricardo Coimbra, Bruno Maron, Rafael Coutinho, Gabriel Góes, etc., etc., etc. É isso? Não vou dizer que é a melhor, mas, se é pra incluir todo mundo que veio depois dos anos 80, acho que estamos muito bem, sim.

De toda maneira, sempre temos uma geração muito boa no Brasil. Nunca houve uma crise de talentos nessa área. Por quê?

Acho que houve períodos mais difíceis, sim, mas não sei dizer. O bom dos quadrinhos é que não dependemos de uma infraestrutura pra produzir, só pra publicar e, depois da internet, nem isso é difícil. Viver de quadrinhos é outra história, e muito difícil até hoje.

O fato de trabalhar como cartunista semanal na *Folha de S.Paulo*, o jornal que mais dá espaço para artistas do traço, e figurar no time da empresa foi, até agora, sua maior conquista?

Acho que minha maior conquista até agora foi meu livro. Mesmo se ninguém comprar, ler, gostar, ele tá feito. Eu consegui.

Por que causou tanta comoção o seu ingresso na *Folha*?

Não foi o meu ingresso, foi a criação de uma seção de quadrinhos de mulher. *Quadrinhas*, como era chamado. Criou comoção porque é isso que esse tema faz. Tá na moda.

Você tem uma visão bem crítica do feminismo, criticando a vitimização, etc. Ganhou muitas inimigas com isso?

Não sei se ganhei inimigas—palavra forte. Mas não fiz amigas, com certeza, e recebi uma grande dose de agressividade, sim. Se você é mulher e não segue a linha do "partido", não repete as mesmas coisas, não concorda com todos os pontos de vista, as pessoas ficam com muita raiva. Te consideram uma traidora. É ridículo.

É difícil, em toda entrevista, responder a respeito do estranhamento por ser mulher, cartunista e exitosa em sua carreira? Por que isso acontece?

Não é difícil. É chato. Eu sou uma pessoa que fez medicina e virou cartunista, tem tanta coisa pra me perguntar fora o fato extraordinário de eu ter o mesmo genótipo e aparelhagem sexual de 50% da população. Mas estou exagerando; não são machistas que ficam perguntando isso, são pessoas preguiçosas, que veem uma mulher e acham que isso tem que ser imediatamente incluído na pauta, ou pessoas que realmente querem ajudar pois existe esse debate enorme, existem tantas pessoas dizendo que ser mulher é horrível. Agora as pessoas ME perguntam isso justamente porque reclamo tanto disso. É um círculo vicioso. Mas eu não acho que estou num meio particularmente hostil; na verdade, sempre fui encorajada por meus colegas até por ser uma raridade nesse meio. Existem casos como o do festival de Angoulême do ano passado, onde é meio chocante você ver que ainda existem uns velhos machistas idiotas, mas no geral existe um esforço de INCLUIR mulheres. Às vezes, nesse esquema de cotas para mulher, que eu acho contraproducente. Acho que algumas mulheres que estão apenas começando não se dão conta de que a maior parte dos quadrinistas homens da mesma idade, experiência, nível de habilidade e capacidade de autopromoção têm o mesmo retorno e oportunidade que elas. E, na real, é isso: o próprio feminismo é uma forma de se promover: sou uma mulher! Me comprem senão vocês são machistas!

Se considera um exemplo?

Todo mundo é exemplo de alguma coisa, cada vida tem suas lições, então por que não? Posso ser sim. Mas é difícil até pra mim saber direito o que tudo que já fiz e escolhi acarretou. Então acho, talvez, melhor esperar alguns anos antes de ficar me tomando como exemplo de qualquer coisa.

Você disse que se fizesse quadrinhos feministas teria uma projeção maior, mas não os faz. O que te interessa falar, desenhar?

Acho que de tudo, mesmo de assuntos que são considerados feministas—mas não gosto de fazer quadrinhos pedagógicos, impondo o que tudo mundo precisa pensar. O machismo em geral é um vilão muito fácil e óbvio para uma mulher tratar, se ela não tiver cuidado. Gosto mais da incerteza, de áreas cinzas, de tentar ver o mundo de uma forma menos maniqueísta do que homens são agressores e mulheres, vítimas.

Você escreve antes de desenhar? Suas ideias vêm em letras e não em imagens?

Vêm numa mistura; geralmente escrevo à mão, intercalando com desenhos de expressões ou, se estou no computador, boto indicações do que quero desenhar. Depois faço os *thumbnails* e enxugo ao longo de todo o processo pra não ficar redundante desenho + texto.

Tem roteiros prontos, mas não ilustrados?

Tenho sim, e já fiz roteiros para colaborações, em um formato mais clássico, que outras pessoas possam entender.

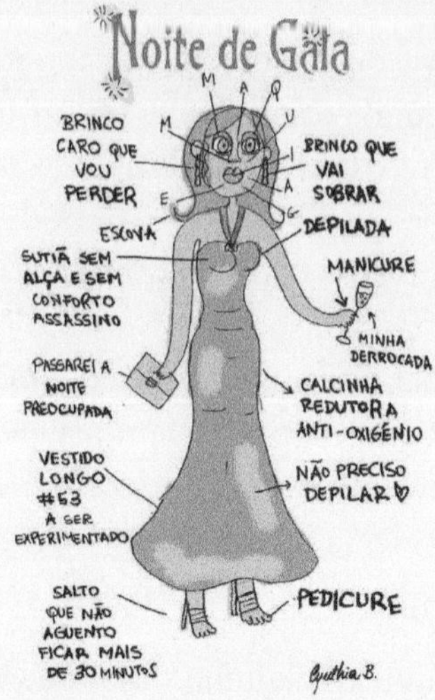

É impossível fazer um trabalho sem tentar verter para o humor ou para a crítica?

Acho difícil, pois quando a gente se sente compelido a criar alguma coisa é porque algo está incomodando, alguma coisa está nos empurrando a jogar alguma coisa no mundo que diga alguma coisa sobre o que está se passando em nossa cabeça. Então, como fugir de algum tipo de crítica? Nem que seja uma crítica pessoal.

Seu desenho é lírico, quase uma poesia visual, mas pouco enfático. Por quê?

Eu não tenho paciência. Para mim é importante o desenho ser bonito, interessante e minimamente compreensível, mas não tanto ele ser fiel à realidade.

A sofisticação do seu roteiro e do seu desenho restringem o alcance do público ou eu estou subestimando o público?

Eu realmente não tenho um público enorme, mas tendo a culpar o fato de eu não produzir o suficiente ou não me promover o suficiente ou de ainda não ser boa o suficiente. Mas é verdade que hoje em dia as pessoas parecem preferir quadrinhos rápidos e fáceis de compreender que passam na sua *timeline*. Você curte e passa imediatamente pra outra coisa.

Já te pedem selfies?

Hahaha, em lançamentos rola. Apesar do meu desenho ser parecido comigo, eu não tenho toda essa fama ainda.

O que será de Cynthia Bonacossa daqui a dez anos? O que espera da vida?

Eu espero que daqui a dez anos eu tenha mais facilidade de pagar as contas. Fora isso, não sei bem. Depois de desistir da medicina, eu fui aos poucos e cada vez mais aprendendo a não perder muito tempo fazendo planos, pois as coisas sempre mudam, eu sempre mudo muito.

CUSTÓDIO

"SOU UM PERSEGUIDOR DE IDEIAS"

NA SÉRIE COM GRANDES QUADRINISTAS BRASILEIROS, RAFAEL SPACA ENTREVISTA CUSTÓDIO. "A CRISE É MAIS RICA PRA CHARGE QUE A FELICIDADE"

Gostaria que você falasse da sua infância, dos seus primeiros rabiscos e da descoberta do desenho na sua vida.

As primeiras lembranças de gostar de desenho ou de desenhar são atrás do balcão do depósito de materiais de construção onde meu pai trabalhava em Interlagos, em São Paulo. Ele e minha mãe vieram de Santa Catarina para trabalhar no comércio do marido de uma das irmãs do meu pai. Quando nasci, eles moravam nos fundos do depósito, em dois cômodos no meio do galpão de estoque. Lembro de brincar entre imensos caibros de madeira, o que devia ser perigoso. Provavelmente me levaram para trás do balcão e ali, naqueles papéis pardos que usavam para embrulhar produtos a granel (era o que se chamava de "papel de pão"), eu desenhava com aqueles lápis vermelhos e achatados de pedreiro. Eu tinha menos de 5 anos e meus interesses eram carros e futebol.

Você, desde pequeno, gostava de ler e desenhar?

Minha leitura deveria ser, no máximo, jornais velhos que usavam pra embrulhar produtos mais grosseiros, mas não lembro disso. Lembro alguma coisa da pré-escola, de ler em classe. Minha família neste caso era típica de classe média baixa brasileira no início dos 70: livro não era produto muito comum nas residências.

Quais eram as suas referências naquela época?

Na infância foi Disney c Turma da Mônica. Mais a segunda que a primeira... não me encantava muito com a Disney, aqueles bichos humanizados usando luvas brancas e vestidos, só com casaco, de bunda de fora. Li Carl Barks sem saber quem era. Fui descobrir depois a riqueza daquilo.

Chegou a estudar em algum lugar ou é autodidata?

Me considero totalmente autodidata. Até o pouco inglês e italiano que falo também vêm por aí. Mas, para não ser injusto, dando um salto de muitos anos a partir da infância, fiz 3 anos de Escola Panamericana de Arte em paralelo ao colegial. Aprendi algumas coisas ali, mas talvez muito menos do que custava. Era muito focado no desenho, e eu sempre fui muito mais um perseguidor de ideias. Estudava em escola pública e ganhei uma bolsa por indicação de um conhecido do meu pai, não tínhamos dinheiro para pagar integral. Deve ter sido um grande esforço da família pagar aquilo... Via de perto as diferenças socias entre os garotos do meu bairro e da minha escola com relação aos três anos de Panamericana e também o clube que frequentava. Achava injusto... Acho que nunca agradeci meu pai corretamente. Ele devia achar que era como uma escola técnica, eu sairia dali para um emprego. Mas eu já tinha refe-

-rências do Pasquim e de Asterix, da charge política, via de perto as diferenças sociais dos garotos do meu bairro, da escola, da Panamericana, do clube, que... achava injusto. Se eu estava longe de ser um underground, também não me integrava muito no que via como "sistema" tradicional de sociedade e pensamento. Socialmente, tive o privilégio de viver e conviver nas classes C-, D e E, e ao mesmo tempo eventuais incursões na C+ e B. Nunca fui underground, alternativo, mas também nunca trabalhei diretamente pro mainstream. Tem gente que trabalha pra Folha e pra Globo ao mesmo tempo e faz discurso e pose de underground. Acho isso engraçado, compra quem quer. Não me encaixar nem no mainstream nem no alternativo talvez me coloque numa espécie de limbo, algo que provavelmente é culpa minha.

Você começou profissionalmente na imprensa sindical. Que tipo de cartum, ilustração ou charge fazia lá?

Já peguei a imprensa sindical em decadência, se comparada aos anos anteriores. Laerte, Chico e Paulo Caruso, Henfil, entre outros, tinham passado daquele estágio e estavam na grande imprensa. Uma vez o Jayme Leão me disse: "É um trabalho de foco limitado, mas necessário". Fazia charges, tiras em quadrinhos e ilustrações. Como disse o Jayme: o foco era limitado. Mas foram meus primeiros salários como profissional, passei a conviver com amigos mais urbanos e politizados que a turminha de Cidade Dutra e Brooklin, a turma de escola pública e futebol. Eu era jovem, e com salário e carro comecei a conhecer mulheres, e relacionamentos, mais interessantes também.

Como surgiu a oportunidade para trabalhar na Agência Estado?

Não trabalhei na agência. Eu mandava charges aleatoriamente, eles colocavam junto com as duas mil fotos na galeria de imagem, os editores de jornais do Brasil todo olhavam e compravam ou não. Eu mandava quando queria, normalmente de duas a três por semana.

Na Agência Estado, seus desenhos chegaram a atingir até 55 jornais espalhados pelo Brasil. Ali foi a sua consagração?

Isso foi aleatório. Em quatro anos de colaboração, saíram em 55 jornais brasileiros e um ou dois do exterior. Alguns publicavam uma charge quase semanalmente, outros só compraram uma vez. Mas acho um feito legal ter saído em tantos veículos…

É possível ganhar dinheiro sendo cartunista e chargista no Brasil?

Meu primeiro desenho no Pasquim deve estar fazendo 30 anos. Minha primeira HQ publicada na revista Porrada acho que isso também, ano que vem. Desde esta época me pergunto como cheguei até aqui. Se você tem um emprego em jornal que paga seu salário e faz uma "carreira" com certa consistência, creio que se vive razoavelmente. Eu fiquei meio parado com as charges por um tempo. Não estava satisfeito com a linguagem e os temas. Tinha mais gente com este problema na época… a charge teve uma grande importância em um período, depois os cartunistas foram mais para o comportamento social. Mas a charge voltou a ter relevância com a ascensão da extrema-direita, as ameaças reais à democracia, ela é necessária para retratar uma época que precisa ser retratada. E ajudar a jogar no lixo boa parte das pessoas deste período. Documentar isso é importante. Mas se quiser mesmo ganhar dinheiro, não é a profissão indicada. Qualquer dentista de bairro ou advogado vive muito melhor. Minha definição desse tipo de atividade é esta: se você ganhasse na Mega-Sena amanhã, ia fazer as malas e sumir, sei lá, pra Europa. Em três meses estava desenhando de novo. É necessidade.

Como foi sair da imprensa sindical para a imprensa de mercado?

Eu sempre estive com os pés em vários barcos. Então acho que foi tudo caminhando junto. Só me recusei a fazer campanhas políticas. Nunca fiz, pra ninguém.

Como era, se é que tinha, um retorno dos leitores em relação ao que você publicava no jornal?

Na Agência Estado eu não tinha este retorno. Só sabia onde tinha publicado quando vinha o extrato pelo correio no outro mês.

Qual o tema que mais gosta de explorar em suas charges?

Eu fiquei meio parado com as charges por um tempo. Não estava satisfeito com a linguagem e os temas. Tinha mais gente com este problema na época... a charge teve uma grande importância em um período, depois os cartunistas foram mais para o comportamento social. Mas a charge voltou a ter relevância com a ascensão da extrema-direita, as ameaças reais à democracia, ela é necessária para retratar uma época que precisa ser retratada. E ajudar a jogar no lixo boa parte das pessoas deste período. Documentar isso é importante.

Você fez animações para canais de TV e peças de teatro. Gostaria que falasse a respeito destes trabalhos.

Novamente, sem mitificar muito... eu faço cartuns animados. Eu persigo ideias e, quando as tenho, coloco na plataforma que acho indicada. Cheguei a ganhar prêmio de animação, assim como de charge, quadrinhos, tira e cartum. Mas eu não sou um animador. Faço cartuns animados.

Como é o processo de animação, que tipo de dinâmica impõe para realizar estes trabalhos?

É bem trabalhoso, embora meu processo seja de um desenho muito simples. Mas para um criador que controla desde a ideia no papel ou na cabeça, coloca em desenhos e os faz se mexerem, e depois pesquisa ou produz sons, músicas, vozes e vai montando, é bem gratificante. É um quebra-cabeça que se mexe.

A animação ainda engatinha no Brasil, o que faz com que trabalhos com grande potencial para a televisão, internet e cinema fiquem parados. Isso te desanima?

Existem estúdios fazendo coisas interessantes. Tem o Alê Abreu e algumas TVs estatais, e editais públicos deram contribuição, mas não é minha área. Não sou o indicado pra responder.

O futebol, especialmente o Palmeiras, é muito presente em sua vida. Você, nas charges, consegue separar a paixão clubística da independência crítica que a charge pede?

Em qualquer assunto, a crise é mais rica pra charge que a felicidade. O humor se alimenta da tragédia: o escorregão, a injustiça, o erro, o exagero. Tudo isso tem no futebol. Mas as charges de torcedor são, invariavelmente, circunscritas ao seu time e torcedores. Se eu estiver em um jornal esportivo, aí posso fazer algo mais abrangente.

O chargista é isento?

Ninguém é. Nenhum jornalista, nem profissionais de outras áreas. No Rio Grande do Sul a associação médica defendeu uma médica de direita que não quis atender uma paciente de esquerda. É a negação da profissão. Depois, no país todo, conselhos e de medicina defenderam cloroquinas e ozônio no ânus contra covid. Eles fazem medicina, deveriam ser profissionais técnicos e científicos. Já nós fazemos humor e política. Tentamos ser neutros, mas claro que o cartunista se coloca quando pega o lápis e manda uma mensagem.

Todos temos uma inclinação ideológica (na fé, futebol e política). É difícil separar? Já fez algo, um desenho, em que não acreditava?

Já fiz, sim. Existe o trabalho autoral que você assina. Mas, profissionalmente, você pode fazer algo fora do seu leque de crenças. Nunca fiz algo que aviltasse minha opinião, mas acho que todo chargista já teve de refazer charges porque a melhor ideia não foi aprovada.

Nestes tempos bicudos, vira um campo minado falar de religião, sexo, política, futebol e ideologias?

Acho que sim. Mas você precisa ter seu norte e seguir em frente.

Você fez também ilustrações para álbuns de figurinhas. Como foi isso?

Fiz uma releitura pro álbum do centenário do Palmeiras. Foi uma coisa eventual, mas que me encheu de orgulho.

Também já apresentou seus textos de humor em formato de *stand-up comedy*. Fale a respeito deste projeto.

Como eu disse acima, me considero meio que um caçador de ideias. Se eu tenho uma ideia e acho que ela vale a pena ser perseguida, vou atrás. Algumas podem exigir uma tira, outras um desenho animado, outras um álbum de quadrinhos. Algumas ideias precisavam ser texto, e eu escrevi em forma de stand-up. Fiz algumas apresentações, foi tudo muito bem, mas achei cansativo ter que começar todo o processo quando se entra em um nicho novo: fazer contatos, ir atrás de oportunidades, falar com gente estabelecida, pedir espaço e chances. Também, de certa forma, o mundo está estranho hoje. Radicalizado. Confesso que me surpreendi quando vi como pensavam algumas pessoas que riam na minha apresentação. As ideias estão claras pra mim, mas ver gente que pensa o oposto que você rindo das mesmas coisas me fez pensar, pretensiosamente, que talvez eu preferisse fazer aquelas pessoas pensar e não rir. Nem sempre dá pra fazer as duas coisas. Preferi dar um tempo, talvez adaptar pra outro formato.

Você nasceu na mesma cidade de Anita Garibaldi, e lançou um livro em homenagem a ela. Como surgiu a ideia deste projeto?

Não, nasci em São Paulo, vivo em Interlagos há quase 50 anos. Meus antepassados são de Laguna, Santa Catarina. Desde garoto, passando férias em Ribeirão Grande, lugarejo onde minha mãe nasceu, tinha desejo de um dia falar sobre Anita Garibaldi que, 150 anos antes, viveu a 10 quilômetros dali. Quando me senti pronto, fiz a biografia em quadrinhos. Foi publicada na Itália em 2016.

Fale também de *Alma*, a história da S. E. Palmeiras.

É a história do Parque Antarctica-Palmeiras. Quando soube que demoliriam o estádio, achei que deveria falar daquele espaço, que é anterior ao clube. Sempre houve uma alma de esportista por aí. Primeira partida oficial do futebol brasileiro, primeira corrida de automóveis da América Latina, primeiro voo do correio aéreo partindo e pousando lá, entre outras coisas, antes mesmo do Palestra Itália comprar o espaço. Conto isso e junto conto a história do clube e da cidade que cresceu em volta. As ilustrações são do Luiz Carlos Fernandes. O livro não existiria sem ele.

Que história é essa da seleção brasileira de escritores? O Pindorama é uma espécie de Polytheama, time do Chico Buarque?

Por uns meses aquela derrota de 9 a 1 em Frankfurt foi uma das minhas vergonhas esportivas. Fiquei dias pensando nisso depois, dormi mal... A gente é muito idiota em cultivar essas bobagens. Mas mal nos conhecíamos no time, não tínhamos treino, estávamos sem dormir direito pela viagem, a temperatura era de 4 graus. Aí, meses depois, a Seleção de verdade perdeu em casa por 7 a 1 no Mineirão, em uma semifinal de Copa. Um time de profissionais multimilionários e treinados. Lembro daquela noite, eu olhando a tv, meio brasileiro, meio humorista, uma metade triste pelo vexame, a outra rindo porque era engraçado… e porque aquela derrota me redimiu da minha vergonha. Depois do segundo jogo, aqui no Brasil, o Instituto Goethe saiu....

Você recebe convites para ilustrar livros infantis. O que um escritor ou editora precisa fazer para te seduzir a participar de um projeto infantil?

Eu tenho um certo privilégio de ter ilustrado majoritariamente meus próprios livros. Dois deles publicados na Itália e aqui. Mas acho que essa é uma das áreas mais desenvolvidas do mercado editorial brasileiro. Tem muita gente muito boa, muito melhor que eu. Não deve nada para nenhum lugar do mundo.

O que ainda pretende fazer?

Seguir perseguindo ideias. É isso que me estimula. Temos um grande desafio pela frente, com a Inteligência Artificial produzindo textos e imagens muita coisa vai se tornar dispensável. Pensar o futuro da atividade é complicado. Talvez a nós caiba desenvolver atividades paralelas que permitam sermos cada vez mais autores, porque a parte meramente ilustrativa e a escrita mais comum vai ser substituída sem piedade pelo mercado. Como eu não sei nem muito bem como a sucessão de coisas me fez chegar profissionalmente até aqui, também não sei dizer como sobreviver a partir de agora.

Em poucas linhas, o que significa o desenho pra você?

Ás vezes prazer, outras vezes sacrifício. Precisa ter uma ideia ou sentido pendurado nele pra ser prazeroso. Gosto mais de escrever que desenhar, o erro e o conserto do texto me doem menos. Posso ficar horas corrigindo meu próprio texto. O desenho dói como um pedaço nosso que precisa ser remexido. Mas a sensação de um bom desenho terminado é um dos maiores prazeres que um artista pode sentir na vida.

ADÃO ITURRUSGARAI

"MEU HUMOR VEM DO COTIDIANO"

NA SÉRIE DE ENTREVISTAS COM GRANDES QUADRINISTAS BRASILEIROS, RAFAEL SPACA FALA COM ADÃO ITURRUSGARAI. "SOU UM OPERÁRIO A SERVIÇO DO HUMOR"

Você lançou o livro *Momentos Brilhantes da Minha Vida Ridícula*, uma espécie de autobiografia. No fundo todos temos uma vida ridícula com efêmeros momentos de glória?

A vida é assim mesmo. Se fosse brilho o tempo inteiro, não teria graça. Ou, como costumam dizer: "O que é bom, dura pouco".

Desenhar é um momento brilhante?

Tem dias que é muito brilhante. Mas, quando a coisa não flui, passa de brilhante a sufocante.

Críticas tornam sua vida ridícula?

Muitos artistas estão mentindo quando dizem que não se importam com críticas. Eu já encanei mais com esse negócio. Mas, quando a crítica é bem tecida, a gente torce o nariz.

Você teve algum incentivo da sua família para desenhar ou foi uma teimosia sua?

Sim. Teve incentivo e bastante teimosia. Minha mãe era diretora de faculdade de artes plásticas. Passei minha infância entre telas, pincéis, cheiro de óleo e terebintina. Numa época da minha infância, ganhava uns trocados posando para as estudantes. Com roupa, só para esclarecer.

Como foi desenvolvendo seu traço ao longo dos anos?

O traço nunca para de se desenvolver. Você vai lendo e vendo outros autores e vai pegando as influências. De vez em quando você entra em uma onda errada. Aí tem que dar marcha a ré e pegar outro caminho. Mas faz parte.

Você fez Publicidade e Propaganda na PUC do Rio Grande do Sul e, mais tarde, Artes Plásticas, que você não concluiu. O que estes cursos te fizeram aprender?

As amizades. Meus colegas foram as coisas mais importantes da época da faculdade. Saí do interior do Rio Grande do Sul e fui morar em Porto Alegre. Era um desafio sublime. Tive que deixar de ser um moleque de um dia para o outro. E assim foi.

Recomenda a graduação para quem está começando, ou cada caso é um caso?

Cada caso é um caso. Mas é legal estudar, ler livros, ver filmes. E tem alguns professores que marcam sua vida. Geralmente são os mais loucos.

Angeli e Mauricio de Sousa, entre os cartunistas nacionais, fizeram a sua cabeça e influenciaram seu destino como profissional. Por que eles tiveram tanta importância para você?

Mauricio de Sousa me influenciou quando eu era moleque. Bem como o Walt Disney. Mais tarde veio o Angeli. Quando vi o primeiro gibi da Rê Bordosa quase tive um troço. Um caminho se abriu e, ao mesmo tempo, perdi o chão. Porque era exatamente aquilo o que eu queria fazer. E já tinha alguém fazendo.

Imagina que hoje você pode ter essa importância para profissionais que estão surgindo? É uma responsabilidade?

Não acho uma responsabilidade. Nem acredito muito quando dizem que eu sou uma influência. Uma vez me chamaram para publicar em um *fanzine*, uns garotos, e eles me imploraram: "Adão, por favor, aceita, para nós você é uma referência". Depois pensei: "Referência=velho", hehehe.

Sua esposa, a Laura, começou a desenhar por sua causa. Não foi isso?

Ela já desenhava antes. Mas a sequência das tiras veio por minha causa. Nossa convivência. Eu acho que ela desenha bem. Mas ela não gosta. Por isso a gente parou com a parceria.

Robert Crumb, em parceria com sua mulher, Aline Kominsky, produziu quadrinhos autobiográficos que foram publicados na revista *New Yorker*. Você e Laura pretendem fazer algo do tipo?

De vez em quando a gente conversa sobre uma volta. Espontaneamente surgem umas piadas no dia a dia. Mas o negócio não foi mais pra frente. Então não temos nenhum projeto sobre isso.

Ao lado de Laerte e Glauco, Angeli formou o trio *Los 3 Amigos*, ao qual você foi incorporado como quarto elemento. O que isso significou para você? Foi a Laerte quem te convidou para entrar?

Foi a Laerte que me convidou. Mas acho que isso foi conversado entre todos eles. Acho que eles já estavam um pouco cansados dos personagens. Aí eu entrei nessa fase. O mais legal disso tudo é que a gente virou amigo mesmo. De sair juntos e tudo o mais. Isso é o mais bacana para mim. É claro que aprendi muito sobre quadrinhos de humor trabalhando com eles.

Uma das características mais interessantes de seu trabalho é o fato de não se levar muito a sério. É difícil fazer isso? É preciso lutar contra a vaidade?

A vida é importante demais para ser levada a sério. Li essa frase hoje mesmo em algum lugar. Rir é o que nos resta, mesmo quando estamos sofrendo. E não tem graça rir só dos outros. Tem que rir de si mesmo.

Você usa palavrões nas suas tiras. O palavrão está incorporado ao vocabulário nacional, mas há um certo pudor em publicar e até mesmo ler certas palavras. Houve alguma resistência neste sentido?

Por sorte, a *Folha de S.Paulo* foi o primeiro jornal a aceitar palavrões. Já reclamaram, geralmente quando é algo forçado. Quando a piada é boa e o palavrão procede, já é.

Você sempre teve liberdade em seu trabalho ou em algum momento foi censurado?

Sempre tive liberdade. Mas já tive que adaptar uma ou outra coisa. Mas eu sempre soube lidar com os meios e tenho um certo jogo de cintura, acho. Não vou desenhar um frasco de perfume pra Natura com um personagem de pau duro, hehehe.

Atualmente você mora na Argentina. O fato de estar distante, mas publicando seu trabalho nos jornais daqui, te beneficia ou prejudica?

Até agora tenho me saído bem. A internet aproximou o mundo, os países. E eu estou a duas horas de voo do Brasil. Então me sinto tranquilo. É como se eu estivesse no Brasil.

Como faz para acompanhar as notícias que envolvem o país, ou prefere não saber delas?

Através da internet. Vejo o mesmo que todo mundo vê. Ao mesmo tempo. Incrível, não? Algumas notícias prefiro nem saber. Não dá pra acompanhar tanta enxurrada de merda.

Essa distância permite uma análise mais profunda do que é o Brasil? Se sim, o que é o Brasil?

O Brasil é selvagem. O Brasil é o país do futuro. Só que esse futuro nunca chega. Já perdemos várias oportunidades. A classe política do Brasil não está interessada em fazer bem o seu trabalho. Na Argentina tampouco. Uma pena para a América Latina.

A Argentina é um país politizado e com altos índices de leitura. Os cartunistas daí têm uma pegada mais política do que os nossos aqui?

Um pouco. Eles têm uma tradição de quadrinhos muito mais avançada do que a nossa. Pelo menos tinham. Nossa pegada é mais selvagem. Nossa nova geração está matando a pau. Mas a Argentina já foi bem melhor. É um país menos selvagem do que o Brasil. Mas eles ainda chegam lá, hehehe.

É possível ser um grande cartunista se não for um leitor voraz?

Lembro de uma entrevista do Henfil que marcou minha adolescência. Ele dizia que o cartunista não tem só que aprender a desenhar. Tem que ler muito. E nessa época eu li muito. Depois esqueci quase tudo.

Hoje, nas ruas, as pessoas andam olhando para o celular. Chegam a trombar umas nas outras, ficam presas na tela pequena, impossibili-

tando o contato exterior, focadas no seu universo particular. Qual a importância de sair na rua e olhar as pessoas em sua volta?

Estamos vivendo tempos diferentes. Sempre será assim. Daqui a dez anos será diferente. Não dá pra prever. A tecnologia deu muitas facilidades. De uma já falamos: possibilitou que eu more em um país e trabalhe para outro. Mas eu me sinto feliz de ter vivido em uma época em que as pessoas se encontravam nas ruas e nos bares. Eu nem tinha telefone fixo, veja só... Sim, eu acho que na minha profissão tem de ser curioso, xereta, voyeur. Tem de observar o outro, espiar o que ele está fazendo. Ver suas expressões, movimentos, feições.

***La Vie en Rose*, que trata com deboche de situações do cotidiano, vem destas observações ao seu redor?**

La Vie en Rose é a prova de que muito do meu humor é humor de texto. Se você pinçar a maioria das tiras dessa série, vai ver que elas funcionam sem o desenho. Por isso eu estou preparando um livro com frases e contos. Não sei quando estará pronto. Entre 3 e 5 anos, por aí. Acho que todo o meu humor é observação do cotidiano. Não só em *La Vie en Rose*.

Homem-Legenda, personagem que sempre aparece dizendo aquilo que as pessoas realmente querem dizer quando dizem algo totalmente diferente, também vem destas observações?

Também. O Homem-Legenda não é um personagem de ficção. Dá pra identificar ele o tempo inteiro. Acho que é mais onipresente que Deus.

Os jornais da Argentina dão mais espaço para cartunistas do que os jornais no Brasil?

Acho que é igual. Não vejo diferença.

Você desenha para publicações argentinas. Como conseguiu êxito no mercado aí?

Eu publiquei algumas vezes na revista *Fierro*, uma icônica revista de quadrinhos daqui. Mas parece que ela acabou. Confesso que ainda não tive tempo de levar meu portfólio para jornais ou editoras. Por falta de tempo mesmo. Trabalho bastante para o Brasil.

Teve que fazer alguma adaptação para deixar seu trabalho ao gosto argentino?

Para publicar na *Fierro*, escolhi coisas que achei que fossem mais "universais". Tem muita coisa minha que dá pra publicar no Brasil, Argentina, Europa e EUA.

Já aposentou o nanquim, lápis, borracha, aquarela, ou mesmo com a tecnologia não abre mão deste método de produção?

Há uns anos voltei a pintar com aquarela, abandonando esse processo de Photoshop. Confesso que não me arrependo. A tecnologia é ótima para ajustes e envio.

Em Porto Alegre, no início dos anos 1990, você editou com Gilmar Rodrigues a revista *DunDum*. Por que ela gerava tanta polêmica?

Porque ela tinha apoio da Prefeitura de Porto Alegre. Na época era o governo do Olívio Dutra, do PT. As pessoas queriam uma satisfação: "Por que uma órgão público patrocina uma revista 'pornográfica'"? Hehehe. Na realidade, foi um apoio pequeno. Ganhamos o papel para imprimir a revista. O objetivo era político mesmo. Atacar o PT.

Por que a *Big Bang Bang* teve somente quatro números lançados?

Porque as vendas não estavam sendo muito boas. E a edição e impressão de uma revista dá muito trabalho e sai muito caro.

Aline, sua mais conhecida personagem, surgiu quando você morava em São Paulo. Ela é resultado da sua vida na cidade ou é resultado de tudo que já tinha visto antes?

É resultado de tudo. São Paulo, Porto Alegre, Paris, Cachoeira do Sul. Foi por acaso que tive a ideia em São Paulo. Mas ela poderia ser paulistana, sem problemas. Eu estava apaixonado pela cidade naquele momento. Era 1994, por aí.

Aline virou série com duas temporadas na TV Globo, em 2011. Você gostou da adaptação?

Gostei de algumas coisas. Acho que faltou um pouco de fidelidade. Mas achei uma ótima iniciativa fazer uma série com esse tema: triângulo amoroso entre uma mulher e dois homens. Foi uma ousadia. Dizem que por isso que foi abortada.

Além de ter ganho muito dinheiro com a adaptação, você deve ter ficado muito orgulhoso de ter um trabalho, uma criação sua, veiculada na maior emissora do país. Foi difícil te "aturar" nesta época ou você ficou na boa?

Não ganhei muito dinheiro, infelizmente. Foi uma negociação muito difícil. Para piorar, na época eu morava longe, na Patagônia. E mesmo tendo uma advogada para negociar no Brasil, era muito complicado. Confesso que quase não assinei o contrato. Fiquei apreensivo no início, antes de ver o resultado. Mas depois relaxei. É uma adaptação. Não é mais um trabalho só seu. Existem outros projetos rolando em audiovisual com a Aline. Acredito que nesses eu vou ter mais poder de decisão. E serão mais fiéis aos meus quadrinhos.

Você começou a publicar em 1984 no *Jornal do Povo*, em Cachoeira do Sul. Era época que você estava na faculdade. Tem ainda estes desenhos? Pretende lançar uma antologia com trabalhos desta época? O que desenhava naqueles tempos?

Eram desenhos muito ruins, hehehe. Tenho vergonha. Sobraram poucos. Lembro de algumas piadas, mas tenho vergonha de comentar: "um peixinho redondo que vivia em um aquário quadrado e um peixinho quadrado que vivia em um aquário redondo. Eles eram infelizes porque não cabiam no seu mundo. Aí ficaram felizes ao trocar de aquário..." Basta, hehehe.

TV *Colosso*, programa infantil exibido na TV Globo, tinha você, Laerte, Angeli, Glauco e muitos outros. Não é comum ter tanto cartunista na produção de um programa. Como foi trabalhar com todos eles?

Coincidiu com minha mudança pra São Paulo. Foram lindos momentos. E era um salário fixo, o que me permitiu um ótimo começo de vida na cidade. Aluguei um sobrado na Vila Madalena, veja só. Se bem que os aluguéis eram bem baratos na época. Foi aí que comecei a ter mais contato com Laerte, Glauco, Fernando Gonsales, Newton Foot. Não tenho muito o que reclamar dessa época.

Quais as principais recordações que possui da *TV Colosso*? Escrever para criança requer muito mais cuidado?

No início foi muito difícil. Nunca tinha feito aquele tipo de trabalho. Depois de dois meses peguei o jeito e o trabalho passou a fluir gostoso. A gente não tinha muito cuidado pra escrever pra crianças. Isso que era o mais legal.

Depois você foi redator do humorístico *Casseta & Planeta*, também na TV Globo, um humor que combina mais com o seu. Ou estou enganado?

Sim. Mas durou pouco tempo. Não consegui me adaptar. O fato de morar em São Paulo e o resto da redação ser no Rio de Janeiro complicava as coisas.

A criação da dupla de caubóis gays *Rocky & Hudson* foi para provocar os gaúchos? Você gosta de comprar briga?

Sim. No início foi para provocar os gaúchos frequentadores dos CTGs (Centro de Tradições Gaúchas). Mas depois resolvi fazer algo mais universal. O caubói todo mundo entende, né?

Os *haters* costumam falar com você?

Nem tanto. Mas já tive alguns encontros. Mas o "block" funciona bem nesses casos.

Publicar diariamente, como você faz na *Folha de S.Paulo*, é um processo industrial. Você se considera um operário ou um artista?

Me considero quadrinista, artista, humorista. Jornalista, às vezes. Um operário a serviço do humor, hehehe.

Tem dia que você não tem nada a dizer?

Sim. Acontece. Para isso existe uma gaveta de ideias.

Qual é o seu maior medo: se tornar repetitivo ou não ter mais inspiração?

As duas coisas. Juntas.

MARCELLO QUINTANILHA

"NÃO SEPARO DESENHO E PALAVRA"

Na série com grandes quadrinistas brasileiros, Spaca entrevista Marcello Quintanilha. "Não tenho inclinação a planejar. Simplesmente sento lá fora e espero o meteoro me encontrar"

No começo da sua carreira você assinava seus desenhos como Marcello Gaú, por acreditar que as histórias em quadrinhos não poderiam servir como profissão. Você era pessimista ou realista?

Na época não havia nada que indicasse que os quadrinhos constituiriam minha principal ocupação, como veio a ocorrer anos depois; então, na minha forma de pensar, o mais natural seria tê-los como uma atividade paralela ao mundo jurídico, digamos assim, e o pseudônimo marcava a distinção entre as duas áreas.

Com o passar do tempo, os quadrinhos adquiriram cada vez mais espaço como função principal e o pseudônimo deixou de ter significado?

Quanto a não achar que os quadrinhos pudessem ser uma profissão, era exatamente a forma como pensava na época, é exatamente a forma como penso hoje e provavelmente será a forma como venha a pensar amanhã, porque nunca me identifiquei com a dinâmica do profissionalismo, nem o considero um paradigma necessariamente positivo, na medida em que frequentemente podemos nos eximir de inúmeras responsabilidades em nome da impessoalidade contida na ideia do profissionalismo e, em relação ao trabalho que faço, sou o único responsável por toda e qualquer decisão que venha a tomar, de modo que o vejo como algo muito mais profundo do que meramente profissional.

Mesmo tendo publicado seu primeiro quadrinho ainda adolescente, o que não é fácil, achava mesmo que não iria lograr êxito nesta área?

O fato de não considerar o quadrinho como uma profissão nada tem a ver com algum conceito de êxito. Nem ser regularmente remunerado para a execução de uma determinada atividade artística representa a legitimação automática dessa atividade como uma proposta em si.

Artistas como Miley Cyrus ou Justin Bieber podem obter régios dividendos por suas performances; o resultado final disso, no entanto, representa a antítese do êxito na minha opinião.

Não sei definir exatamente o que é êxito no campo da arte, nem sei se as coisas podem ser tratadas nessa esfera, mas ao longo dos anos tenho conseguido realizar meu trabalho exatamente da forma como acho que deve ser realizado e me sinto particularmente satisfeito por me comunicar com as pessoas de um modo tão honesto.

Pensou em fazer outra coisa da vida? Se sim, o quê?

Sempre estive envolvido com quadrinhos e ilustração e, uma vez que comecei a publicar muito cedo, as coisas naturalmente tomaram essa direção, de modo que não houve sequer tempo para uma revisão de caminhos, pelo menos até o momento.

Qual a avaliação que faz dos seus desenhos de artes marciais produzidos para a revista *Mestre Kim*, da Bloch Editores?

Foi magnífico porque pude verificar o resultado do trabalho empregado na elaboração das páginas imediatamente após sua produção.

Ou seja, o quadrinho é uma linguagem cuja finalização se determina no momento de sua veiculação; logo, uma página original finalizada, em papel, não é igual à mesma página impressa ou digitalizada, que é, em última análise, o aspecto da obra que efetivamente chegará ao público.

Eu produzia uma média de duas histórias ao mês, impressas logo no mês seguinte, e ter a oportunidade de acompanhar a impressão do material de modo tão imediato foi fundamental para que eu aprendesse a levar em conta a melhor forma de que os originais viessem a ser reproduzidos.

Antes de trabalhar para a Conrad você trabalhou como animador para uma escola de inglês durante sete anos e usava o tempo livre para desenvolver seus projetos pessoais. Alguém de lá te descobriu ou você foi atrás?

Simplesmente respondi a um anúncio de jornal e, uma vez lá, integrei uma das equipes de animação que estavam sendo montadas pela empresa para a realização de projetos institucionais e publicitários.

Esse tempo livre foi fundamental para você encontrar seu estilo ou só encontrou depois?

Não, porque não somente o tempo livre se destina à plasmação de uma linguagem pessoal; todos os aspectos das relações cognitivas convergem para esse fim, se a isso se pode chamar de "fim", claro.

Quais as suas principais recordações deste período de trabalho na Conrad, quanto tempo ficou na editora?

Foi maravilhoso em todos os aspectos porque, além de aprender um ofício e conviver com pessoas com as quais até hoje mantenho laços de amizade, tive a oportunidade de percorrer pessoalmente muitos dos espaços descritos nos romances de escritores como Machado de Assis ou Lima Barreto, o que me marcou profundamente.

O mero fato de me dirigir ao emprego diariamente representava sempre uma nova experiência e muito do que se consolidou como mais característico, gráfica e tematicamente, no meu trabalho é consequência justamente dessa época.

Chegou a fazer algum curso para apurar seu traço?

Sempre tive imensas dificuldades com qualquer tipo de aprendizado técnico e mesmo a escola regular foi um verdadeiro calvário para mim e nada daquilo que posteriormente se tornou parte da minha obra ou, consequentemente, da minha vida foi provido pelo sistema educativo.

Sua primeira graphic novel foi publicada em 1999. *Fealdade de Fabiano Gorila* era uma história baseada na vida de seu pai, que foi jogador de futebol pelo time Canto do Rio na década de 1950. Como foi seu método de produção deste trabalho, foi pelo que seu pai te contou ou fez pesquisa de campo, em acervos, etc.?

Trabalhei em todas essas vertentes.

Como foi pra você desenhar futebol, que não é um esporte que te move? Era mais para fazer uma homenagem ao seu pai?

A pergunta contém a afirmação de que o futebol não é um esporte que me move, o que se trata, naturalmente, de um dado errôneo. Embora não nutra paixão por nenhuma equipe em atividade atualmente, esse esporte sempre esteve presente em maior ou menor medida e as primeiras noções do meu conhecimento sobre anatomia e, principalmente, movimento decorrem da observação sistemática das fotografias dos jogos de futebol impressas nos jornais dos anos 70 e 80, diante das quais eu passava horas e horas, tentando apreender ao máximo a mágica lógica da captura do instante preciso de um movimento, sem qualquer tipo de intencionalidade por parte das figuras ali representadas. Expressões humanas que me fascinavam pela plasticidade muitas vezes antagônica à ação que executavam.

No que se refere a apoiar uma equipe em particular, ou torcer por uma equipe, se você prefere, preciso dizer que o único clube de futebol com o qual tive afinidade foi o Manufatora F.C., que deixou de existir em 1983, oriundo do meu antigo bairro em Niterói.

Nunca me identifiquei com nenhum outro time e nem vejo sentido na ideia de adotar um outro clube que substituísse o anterior como objeto de devoção — realmente acho que não se pode cair mais baixo.

Tampouco vejo sentido no comportamento, aliás, bastante disseminado, de que alguém se decante por um time cujo histórico de resultados seja eminentemente positivo, no interesse de integrar-se à parcela "vencedora" de uma comunidade (a menos que esse time seja o Barcelona, obviamente, única ocasião em que essa atitude é justificável).

Flamengo, Fluminense e seus co-irmãos nunca significaram nada para mim como torcedor, mas sim como parte de uma história que se mescla à formação de uma identidade nacional em seus aspectos mais essenciais e a biografia particular de cada clube sempre me interessou muito.

Fealdade de Fabiano Gorila não significa nenhum tipo de homenagem propriamente dita, mas sim a récita de um episódio que representa a relação do ser humano com o imponderável, o que me estimula em grande medida como autor.

O restante da família não cobrou uma HQ própria?

...

Como e em que circunstância conheceu François Boucq?

Meu primeiro contato com seu desenho foi através do álbum *A mulher do mágico*, publicado em Portugal pela Meribérica/Liber e que chegou ao Brasil por meio de alguns pontos de importação. O trabalho de Boucq foi fundamental na construção daquilo que eu pretendia expressar como quadrinista, no que se refere a resgatar a importância da composição cênica, ou seja, a (re) introdução de uma iconografia eminentemente brasileira, através da revalorização de seus componentes mais comezinhos.

François Boucq era um dos mais proeminentes representantes de uma vertente que se dispõe a tratar cada um dos elementos da cena como um personagem em si mesmo, possuidor de uma história particular e, sobretudo, uma razão de ser e existir, de nenhuma forma associada à arbitrariedade do traço ou exercendo um papel gratuito no conjunto da imagem e sempre fui absorvido por autores capazes de operar sob esses critérios.

Eu o conheci pessoalmente em 1998 ou 1999, durante a primeira fase do FIQ, de Belo Horizonte, e nos tornamos amigos. Ele apresentou meu trabalho para sua editora na França, que me pôs em contato com Jorge Zentner, quem, por sua vez, me apresentou o projeto de *Sept balles pour Oxford*. Trabalhamos longamente no desenvolvimento desse projeto em companhia de Montecarlo, o outro roteirista e, posteriormente, decidimos lançá-lo pelas Editions du Lombard.

Ele transformou sua vida?

Os caminhos que minha vida tomou, em todos os âmbitos, desde que comecei a publicar na década de 80, derivam de uma constante aprendizagem a respeito da linguagem e do universo dos quadrinhos, o que não considero uma transformação, na acepção do termo, por se tratar da matéria que define o cotidiano do ofício em si mesmo e a obra de François Boucq foi um componente fundamental nessa dinâmica.

Depois desse encontro com François Boucq seus desenhos foram parar em editoras europeias: você publicou *La promesse* ("A promessa"), primeiro volume da série *Sept balles pour Oxford* ("Sete balas

71

para Oxford"), pela editora belga Le Lombard, com roteiro do argentino Jorge Zentner *e do espanhol* **Montecarlo. Foi neste momento que decidiu sair do país?**

Sim, porque o contexto do mercado europeu de quadrinhos — o franco-belga em particular — e suas relações com o público sempre foi de grande relevância para mim e tinha interesse em viver essa prática em primeira pessoa. Não havia um plano para um assentamento definitivo. Ainda não há.

Sua editora, a Lombard, por décadas publicou as histórias do personagem Tintin, do cartunista Hergé. O que isso representa para você?

É fascinante por estar próximo à tradição da mais expressiva identidade do quadrinho franco-belga.

O que Hergé representa para a Bélgica?

Sem dúvida trata-se de uma de suas principais referências culturais.

Ele é uma das suas referências? Quais são?

Hergé é uma referência para qualquer pessoa interessada em quadrinhos. Mas, mais do que Hergé, toda a tradição da "ligne claire", através dos traços de artistas como Floc'h, Chaland, Swarte e, principalmente, E. P. Jacobs, autor da série *Blake et Mortimer*, sempre foram referentes incontornáveis, especialmente por uma característica intrínseca a esse estilo, expressa no desdobramento mecânico do desenvolvimento da ação, inter-relacionando personagens e cenários.

Arrebatador.

Você tem mais mestres/referências em literatura ou em desenho?

Sim, quadrinistas como John Buscema, Roy Crane, Paul Gulacy, Jesus Blasco, Robert Gigi, Dino Battaglia sempre farão parte do meu panteão sagrado.

Escritores como Machado de Assis, Clarice Lispector, Lima Barreto, Mário Filho, Raul Pompéia; não só pelo que escreveram, mas pela forma como foram capazes de fazê-lo, equacionando suas vidas em função de sua produção.

Seus quadrinhos são literatura stricto sensu e a impressão que se dá é que, se não tivessem desenhos, a narrativa fluiria do mesmo jeito. Concorda com isso?

Não, sob nenhuma hipótese, nem posso corroborar a afirmação contida na pergunta de que minha proposta se constitua ou objetive qualquer coisa que não seja a comunicação através da linguagem do quadrinho em sua totalidade.

Ao longo do tempo nos habituamos tristemente à associação do efeito produzido por uma experiência positiva da leitura de uma HQ a uma ressonância cinematográfica ou literária, o que é negligenciar o propósito em si mesmo da transação existente na leitura de quadrinhos, ignorando o fato de que esse tipo de efeito se deve não à mimetização de uma lógica cinematográfica ou literária, mas, na verdade, à própria assimilação da dinâmica quadrinística no mais alto grau.

Do mesmo modo, admitir que o alçamento da linguagem do quadrinho a um determinado status quo de excelência se faça através de sua transmutação em outra linguagem — o que equivale a dizer que se o quadrinho alcança determinado grau de qualidade ele imediatamente deixa de ser quadrinho por ultrapassar o conceito que o define como meio — é algo que considero absolutamente inadequado.

Seus desenhos são acessórios?

Nada que se refira à corporificação do quadrinho é acessório, porque converge para a construção de uma mesma estrutura codificada, na qual também se incluem balões, letreiramento, sarjetas, etc.

A palavra é mais importante que o desenho?

Da forma como vejo, sequer sou capaz de reconhecer a palavra como um código à parte do desenho; ou seja, não identifico a linguagem do quadrinho como a junção do código desenho com o código texto, no sentido de que ambos constituem o mesmo elemento para mim, assim como, repito, todos os itens que fazem parte de sua composição.

Hoje você mora em Barcelona, publica ilustrações nos jornais espanhóis *El País e Vanguardia*. Nada mal para quem não acreditava em si mesmo, não é? Indo para o campo hipotético: se estivesse morando no Brasil, e não na Espanha, como estaria a sua vida em todos os aspectos, pior ou melhor?

É impossível saber como estaria minha vida caso estivesse morando no Brasil e minha incapacidade para especular sobre esse tipo de conjectura me leva de volta ao princípio da pergunta.

Sim, durante alguns anos colaborei com *La Vanguardia* e *El País*. Atualmente me dedico exclusivamente aos quadrinhos.

Tenho certa dificuldade em dispor a questão a partir da noção de confiança em si mesmo, porque ela se atrela a uma contextualização bem pouco familiar para mim.

Quem é o cara em Barcelona, você ou Lionel Messi?

Buenaventura Durruti.

O Brasil dá esperança para quem é cartunista?

É difícil pensar em um leque de oportunidades no que se refere a quadrinhos como os meus em qualquer caso — tanto no Brasil como no exterior —, cuja concepção esteve sempre à margem das identidades editoriais e mercadológicas vigentes em cada época e, por conta disso, me sinto orgulhoso de chegar ao público da forma como tem ocorrido.

Tampouco me submeto à ideia de que outros países ofereçam um tipo de paraíso no qual pessoas que trabalham em áreas pouco ortodoxas gozem necessariamente de mais respeitabilidade do que no Brasil.

Cada país tem suas especificidades nesse campo, e com o Brasil não é diferente.

Como é a cena na Espanha? Os jornais e revistas dão mais espaço que aqui no Brasil ou é tudo igual?

A perda de espaço dos quadrinhos nos jornais é um fenômeno global, aparentemente, e há algumas décadas as revistas entraram em decadência igualmente em todo mundo. Portanto, esse panorama se apresenta de forma similar, não somente entre Brasil e Espanha, mas de forma generalizada, diria eu.

E de desenhistas na Europa, o que tem a falar?

Admiro inúmeros desenhistas como David Prudhomme ou Blutch; ambos, sob muitos ângulos, resgatam procedimentos ancestrais da concepção da imagem em quadrinhos que considero tremendamente significativos.

Também sou grande admirador de Max Cabanes e Rubén Pellejero, por sua capacidade de utilizar as cores sob critérios de luz e não sob os que imprimiriam elas próprias sobre cada uma das unidades da cena, criando uma atmosfera na qual nenhum dos elementos tem uma cor definida, mas sim a que é determinada pela iluminação de cada plano.

·12

Mesmo distante você publica coisas aqui. Por quê?

O fato de ter o Brasil como ponto de partida para a realização do trabalho não traz nem nunca trouxe implícita a prerrogativa do fator presencial.

Mais objetivamente, o Brasil que represento nas minhas histórias não é o Brasil que está diante de mim, nem considero que produzir a partir do ponto de vista do "observador" de uma determinada realidade seja algo essencialmente positivo, porque esse procedimento implica um inevitável distanciamento entre quem observa e aquilo que é observado e eu nunca trabalhei a partir da distância.

Portanto, o Brasil presente nas minhas histórias não é o Brasil que está "diante" de mim, mas sim o Brasil que está comigo, na expressão de uma série de coisas e valores que me formaram como ser humano.

Se você consegue estabelecer esse tipo de relação com o trabalho que realiza, a questão presencial deixa de ter qualquer significado.

***Talco de vidro*, sua mais recente graphic novel, é toda cheia de referências biográficas. Fazê-la foi uma forma de manter vivas as raízes ou é mais fácil utilizar sua memória afetiva para produzir um novo trabalho?**

Nem uma coisa nem outra; não tenho qualquer tipo de preocupação nem em um nem em outro sentido. As histórias existem por si e elas mesmas determinam de modo objetivo sua geografia. Assim, não me sinto arraigado a nada, nem estabeleço parâmetros que condicionem o que represento a um recurso técnico transmutado em apelo afetivo.

Um a um, fale destes trabalhos:

Sábado dos meus amores (2009, Conrad)

Uma compilação de histórias curtas. Uma das principais finalidades é reintroduzir uma série de referências relativas a uma iconografia eminentemente brasileira; historicamente alijada do processo de produção de quadrinhos no Brasil por diversas e complexas razões; lançando mão também de um processo de mimetização do grafismo litográfico, relativo à identidade visual da imprensa do século XIX.

Meu destaque neste álbum se refere à HQ "Dorso", publicada originalmente na revista *General Visão*, da Editora Conrad em 1996 ou 97. Trata-se de um atestado de conduta diante da existência através da alegoria da autoflagelação, reivindicada pelo personagem principal como um direito para viver sua vida da forma que melhor lhe aprouver, mesmo que isso signifique arruiná-la por completo.

Almas públicas (2011, Conrad)

Nova compilação de histórias curtas. As cores aplicadas em diversas histórias deste álbum, como em "De Pinho" ou "Clarimundo de Melo", assumiram um protagonismo que viria a suplantar boa parte da referenciação litográfica e que determinou a maneira como o trabalho seria realizado daquele ponto em diante.

"De Pinho" é uma história que trata do embate entre aspiração, realidade e ambição, expresso no cotidiano de um jogador de futebol de um time da terceira divisão do campeonato baiano.

"Clarimundo de Melo" tem a característica de tratar da relação do ser humano com uma série de valores que condicionam suas atitudes a partir de uma ótica religiosa. Ou por outra, as relações que estabelecemos com o que consideramos divino e os pequenos tratos que promulgamos cotidianamente com a divindade em nome de pequenas realizações cotidianas.

Contém também "Chão bento", livremente inspirada na vida do sambista Silas de Oliveira (1916–1972).

O álbum inclui as histórias "Fealdade de Fabiano Gorila", "Três minutos de linhas" e "Granadilha", desta vez em seu formato original, anteriormente reformatadas para o álbum *Fealdade de Fabiano Gorila*, de 1999.

O Ateneu (2012, Ática)

Uma adaptação para os quadrinhos do livro *O Ateneu*, de Raul Pompéia, um dos grandes clássicos da literatura brasileira e um dos meus livros favoritos, por exprimir uma realidade filtrada pelo rancor, o que considero tremendamente instigante. Cada vez que lia suas páginas, uma e outra vez, ia acrescentando elementos à minha particular visão do ambiente retratado no livro.

Tungstênio (2014, Veneta)

Tungstênio expõe o resultado das escolhas feitas por quatro personagens principais em diversos momentos de suas vidas, assim como a fragilidade das relações interpessoais, ao mesmo tempo em que explora a fortaleza contida em sua redenção.

O álbum decorre de uma primeira visita à cidade de Salvador, ainda em 2003, como parte da pesquisa para o álbum *Salvador* para a série *Cidades Ilustradas*, editada pela Casa 21. Minha identificação com a cidade foi imediata, a tal ponto que voltei a ela em diversas outras histórias nos anos que se seguiram.

Sua adaptação para o cinema, sob direção de Heitor Dhalia, está prevista para o segundo semestre de 2017.

Hinário Nacional (2016, Veneta)

Nova compilação de histórias que tratam especialmente da violência em seus diversos aspectos, não somente a violência física, mas também a psicológica; não somente a violência que impomos a outra pessoa, mas também a que impomos a nós mesmos.

Trata também da característica à qual podemos nos submeter, com mais frequência do que supomos, de assumirmos o papel de vítimas voluntárias dessa violência.

Voltar ao Brasil ou se estabelecer definitivamente na Europa?

Todas as portas estão abertas.

Acredita que o fato de morar na Espanha te atrapalhe para receber convites para publicar nos jornais daqui?

Não, não acredito.

Em 2010 assinei uma tira semanal no jornal *O Estado de S.Paulo*, da qual tenho particular orgulho pelo fato de ter conseguido desenvolver o projeto, tanto estética como tematicamente, de modo honesto e, sobretudo, contundente.

Você está distante do nosso noticiário ou acompanha com frequência nossa triste realidade?

Acompanho o máximo que posso e a efervescência em torno da palestra sobre o sistema nos coloca diante de um panorama inédito no histórico do debate público no Brasil.

A internet subverteu de modo irreversível a forma como alcançamos a informação e a possibilidade de que absolutamente qualquer pessoa possa ter voz no panorama da discussão política é uma perspectiva tremendamente excitante, no sentido de que nunca tivemos maior possibilidade de delinear o escopo de tendências e valores que constituem a sociedade brasileira como agora.

Por que razão você é um dos poucos brasileiros que alcançaram projeção internacional no gênero sem desenhar super-heróis?

Difícil responder a essa pergunta, na medida em que tudo que consegui fazer se estabeleceu dentro de condições organizadas por mim mesmo para sua execução.

Aliado a isso, acho que pude trabalhar com editores cuja proposta se define por uma contundência que não se estabelece pelas regras do mercado, o que foi fundamental para a veiculação do meu trabalho.

Se a Marvel ou DC Comics te convidassem para desenhar um super-herói, você toparia?

Embora não seja especialista no universo dos super-heróis e nem no das grandes editoras, todas as portas estão abertas e não me sinto cerceado por nenhum tipo de autoimposição. A diversidade de gêneros dentro de um meio de expressão também é uma demonstração de sua vitalidade.

No entanto, considero no mínimo curioso que o gênero dos super-heróis seja visto como parâmetro de conduta para alguma coisa, conduzindo a um caráter quase dicotômico do debate em torno da linguagem dos quadrinhos, o que, na minha maneira de ver, empobrece tremendamente essa discussão.

O que seu trabalho tem de especial?

"Uma extraordinária ordinariedade".

***A invasão do sagaz homem fumaça* (2000), capa do disco do Planet Hemp; e animações para o filme espanhol *Chico & Rita* (2010), música e cinema. O que um produtor precisa fazer para te seduzir a aceitar trabalhos nestas ou em outras áreas?**

Me interesso por distintos meios de modo muito intenso. A animação e a ilustração de imprensa foram os mais presentes ao longo do tempo.

Minha motivação tem a ver com o que me deixa confortável e também me sinto à vontade trabalhando em meios alheios ao quadrinho.

A animação é uma ideia que pretende desenvolver?

Não há nenhuma pretensão, nenhuma ideia em andamento no momento.

O que planeja para o futuro, o que pretende publicar?

Não tenho inclinação a planejar absolutamente nada. Simplesmente me sento lá fora e espero o meteoro me encontrar.

No Brasil, sucesso é ofensa pessoal, segundo Tom Jobim. Acha que está ofendendo alguém?

Não sei o que depreender da palavra sucesso, nem acho particularmente produtivo pensar as coisas por esse prisma. Aparentemente, mais e mais pessoas têm apreciado meu trabalho, o que considero magnífico.

Do meu ponto de vista, chegar ao fim do dia com um mínimo de dignidade já é um objetivo suficientemente difícil de ser alcançado nos dias que correm.

JAGUAR

“MINHA TÉCNICA É A FALTA DE TÉCNICA”

UM DOS GRANDES NOMES DO *PASQUIM*, JAGUAR É O ENTREVISTADO DA SEMANA POR RAFAEL SPACA NA SÉRIE COM GRANDES CARTUNISTAS BRASILEIROS

Ser considerado o cartunista mais escrachado do país é um título que lhe agrada?

Escrachado? Nisso, não chego nem perto do Allan Sieber ou do Adão Iturrusgarai, meu terrorista basco de estimação. Mas não tenho nada contra, acho até legal que pensem isso de mim.

E ser considerado por boa parte dos cartunistas como uma referência, um dos mestres? Isso é motivo de alegria para um cara que ia mal nas escolas de desenho ou é um fardo?

Se alguém me considera um mestre, vai ter problemas.

Te pedem muitos conselhos? O senhor costuma aconselhar jovens profissionais? Se sim, pode revelar um?

Se o jovem profissional me chamar de senhor, eu o aconselharei a catar coquinho.

No começo de sua carreira, paralelamente ao trabalho de cartunista, você foi durante dezessete anos escriturário do Banco do Brasil, emprego que abandonou em 1971. A vida parece que sempre foi fácil pra você, mas estava enganado, não é?

E eu tinha um horário ideal para boêmio: começava às 3 da tarde. Além do mais, trabalhava ao lado do Sérgio Porto, o Stanislaw Ponte Preta; fui o ilustrador de todos seus livros. Quando ele se demitiu, ainda fiquei algum tempo — era um emprego bem pago, ao contrário de hoje. Mas quando comecei a trabalhar no *Pasquim*, dei o fora também. Quando o pessoal começava a chegar na redação, eu tinha que assinar o ponto no BB.

O que é fácil no Brasil?

Nada. Agora, até ser corrupto é complicado.

Seu traço é quase primitivo, o estilo irônico, em que traços vigorosos e irregulares servem à representação dos personagens, sem um apuro excessivo no acabamento. Essa é a definição? Se sim, como desenvolveu sua técnica?

Digamos que a minha técnica é a falta de técnica.

Você se considera um bom cronista de situações, mais até do que cartunista?

Se comparado com o Verissimo, sou um péssimo cronista. Se comparado com Steinberg ou Millôr, sou um péssimo cartunista.

Chegou a dizer que não sabe desenhar. Não é falsa modéstia?

James Thurber desenhava mal e foi um grande cartunista.

Desenhar se aprende na escola?

Sim. Mas cartum, não. Como no samba de Noel, também não se aprende no colégio.

Qual considera a sua maior criação: a Banda de Ipanema ou *O Pasquim*?

A Banda de Ipanema é criação do Albino Pinheiro. Eu era um dos caras ao lado. Mesma coisa com o *Pasquim*, do Tarso de Castro. Tipo Zelig, do Woody Allen.

Você iniciou sua carreira em 1952 na revista *Manchete*, depois nas revistas *Senhor, Revista da Semana, Civilização Brasileira*, no semanário de humor *Pif-Paf* e nos jornais *Tribuna da Imprensa* e *Última Hora*, pra citar alguns. Aquela era a época de ouro para o cartum nacional ou o espaço foi melhorando com o avanço do tempo?

Como dizia Dom Rossé Cavaca, grande humorista injustamente esquecido: "Bons tempos, aqueles. Como a gente ganhava pouco".

Sua influência é Saul Steinberg, mas Robert Crumb é quem predomina entre os cartunistas brasileiros da nova geração. O que eles estão perdendo em não conhecer a obra de Saul Steinberg?

Não sei se estão perdendo, mas certamente não estão ganhando.

É comum o uso de colagens e montagens nas suas histórias ou charges. De onde surgiu a ideia desse macete? Que benefício ele agrega à sua arte?

Arte é coisa fina, não tem nada a ver com o que eu faço.

O que mais te chateou nestes anos todos como cartunista: ser preso pela ditadura militar por uma brincadeira com o quadro do artista Pedro Américo ou ter sido demitido por e-mail pelo jornal *O Dia*?

Já disse e repito: adorei ser preso com a patota do Pasca durante dois meses na Vila Militar. Não fui torturado, passei o tempo todo de porre (subornava os guardas para me comprarem cachaça) e, quando saí da cadeia, as fãs do jornaleco queriam dar para os heróis da resistência. Já ser demitido por um CEO que não devia saber que o colaborador d'*O Dia* Sérgio de Magalhães Gomes Jaguaribe, 85 anos, era o Jaguar, essa foi de lascar.

Os cartunistas, de uma maneira geral, estão aproveitando bem essa crise política e econômica que assola o país, a Lava Jato, ou não estão fazendo o serviço direito?

Os meninos estão dando conta do recado muito bem.

Pra que serve a charge?

Pra chatear o chargeado. Pra dizer que o Rei está nu.

E tem pinto pequeno…

Situações como essa, de crise, são mais inspiradoras para cartunistas ou preferiria que tudo estivesse muito bem?

Se tudo estivesse bem, não haveria cartum. Ou seja: sempre haverá cartum.

O humor anda muito sério, inteligente e sofisticado? Ele tem que ser prosaico?

Sou do tempo em que cartum tinha que ser engraçado.

Tem acompanhado essa nova geração? Quem te estimula?

Quando comecei, modéstia à parte, era um dos cinco melhores do Brasil. Hoje, ficaria feliz de figurar entre os vinte melhores. Quanto ao estímulo, a esta altura da guerra, só fio desencapado.

Um livro ou uma partida de futebol pela televisão?

Futebol. Mas adorei o livro da Rita Lee.

Para um cartunista vale mais uma crítica ou um elogio?

O máximo, que jamais ocorrerá, seria um elogio do criticado.

JULIO SHIMAMOTO

"SOU TÍMIDO, NÃO HUMILDE"

EM SUA SÉRIE DE ENTREVISTAS, RAFAEL SPACA BATE UM LONGO PAPO COM JULIO SHIMAMOTO, O POLIVALENTE SAMURAI DOS QUADRINHOS BRASILEIROS.

Você nasceu em Borborema, no interior de São Paulo. Como era a sua vida na cidade?

Saí de Borborema aos três anos de idade em direção ao sertão distante, próximo da divisa de Mato Grosso. Retornei em 1949, sozinho, para cursar a terceira série do primário. Nas fazendas só ministravam as duas primeiras séries. Fiquei hospedado na casa da minha tia viúva Tanaka e sua filha Miyoko, que tocavam um estúdio fotográfico.

Foi um ano emblemático. Antes e depois das aulas eu as ajudava nos serviços caseiros — buscar leite e pão, fazer pequenas compras, acender fogão a lenha, lavar pratos, varrer o chão, etc. Mesmo assim sobrava-me muito tempo para desenhar, brincar e nadar com amigos no córrego que limitava o fundo do amplo quintal da casa, quase um minipomar com mangueiras, jambeiros, limoeiros e algumas hortaliças. Em contrapartida eu ganhava gibis, comprados do picotador de bilhetes de uniforme azul que saía vendendo revistas pelas ruas mal seu trem parava na estação. Além de gibis, ele oferecia revistas femininas como *Vida Doméstica*, *Fon-Fon*, *Alterosa* e *Seleções*, *A Careta*, *Eu Sei Tudo*, etc. Não havia banca na cidade. Nos fins de semana eu ia à matinê. Assisti muito faroeste, Tarzan, Batman, Arqueiro Verde, desenhos animados, *O Gordo e o Magro*, *Anjos da Cara Suja*... Foi o ano mais feliz da minha infância, embora longe dos meus pais e dos três irmãos menores.

No ano seguinte, mudei-me para Sampa para cursar a quarta série. Fiquei com papai na casa dos meus avós e do tio Hide, numa pequena chácara nos arredores de Vila Esperança. Meu pai tinha vindo seis meses antes, deixando o resto da família, temporariamente, na espaçosa casa da titia de Borborema. Ele trabalhava na loja de discos do cunhado Narahara, que também era dono de uma fábrica de móveis. Ali trabalhava tio Hide, marceneiro, onde começou jovem como aprendiz. Meu avô (padrasto de papai) plantava e vendia hortaliças. Quando meu pai economizou dinheiro suficiente, alugou uma casa por perto e reuniu a nossa família. Dezesseis meses depois, também a titia Tanaka e a minha prima Miyoko mudaram para São Paulo, passando o estúdio fotográfico de Borborema para o titio Oishi, que costumava nos visitar no interior com a sobrinha.

Parte de sua família é composta de samurais aristocratas do Japão. O que carrega, até hoje, dessa descendência na sua vida?

Certo grau de responsabilidade e um pouco de orgulho, fato que mamãe abominava. Ela própria também descendia de samurais — nascida Oishi, parente colateral de Oishi Kurano-suke, célebre samurai que liderou *A Vingança dos 47 Samurais*, saga histórica, tema de livros, vintenas de filmes, vários seriados e peças do teatro Kabuki. Mamãe me alertava para nunca me gabar da nossa linhagem para evitar ser discriminado por esnobismo, posto que a maioria dos imigrantes japoneses no Brasil pertencia à classe humilde de trabalhadores.

Essa ascendência moldou sua personalidade?

Com certeza. Ajudou-me a frear minha tendência à preguiça, forjar disciplina e ser competitivo.

Aos cinco anos você se mudou para Mato Grosso. Em que cidade ficou?

Cinco não. Em 1942, eu tinha três anos quando mudamos para a divisa de São Paulo–Mato Grosso, região banhada pelo Rio Tietê e Rio Paraná. Moramos em fazendas nos arredores de General Salgado, Nhandeara, Palmira, Magda, Vila Castilho, Brioso. Residimos nesta cidadezinha (hoje Gastão Vidigal) em 1946, berço do meu segundo irmão, Yoshimi. Papai administrou a grande serraria do local, que pertencia ao fazendeiro Kuriki, e ganhou boa comissão com as vendas de madeiras processadas. Com esse dinheiro ele adquiriu um sítio na região de Vila Castilho, em 1947, local em que mamãe deu à luz ao caçula, Alípio, e fui matriculado numa escola pela primeira vez.

Minha estreia no primário foi traumática, sofri discriminação e muita violência. A minha professora chamava-se Cecília, jovem loira e bonita, vinda de alguma outra cidade. Hospedava-se numa fazenda cujo dono era mandachuva local, tipo de prefeito biônico. Seu filho solteirão era quem trazia e levava a professorinha num velho Ford Bigode, que só pegava com trancos de manivela. O herdeiro do latifundiário mal disfarçava que estava embeiçado pela professora. Já fazia dois anos que a guerra tinha terminado, mas um grupo de alunos começaram a me hostilizar cantando: "*JAPÃO PERDEU A GUEEERRAAA! JAPÃO PERDEU A GUEEER-RAAA!*". A minha extrema timidez e falta de reação os encorajou ainda mais, e passaram à ofensa física: "*JAPÃO MANQUINHO! JAPÃO MANQUINHO!*". Eu usava botina corretiva no pé direito semiatrofiado, causado por princípio de paralisia infantil quando era bebê de colo. Dos xingamentos, passaram para a agressão física. Faziam-me vestir o casaco pelo avesso e rabiscavam com giz a minha bolsa escolar. Certo dia, empurraram-me com socos e tapas para o meio de um corredor polonês e, quando caí, atingiram-me com chutes.

Eu era franzino, então papai obrigou-me a fazer exercícios de levantamento de peso com a ajuda de um tronco roliço de madeira antes do jantar, ao retornar do trabalho. Após a sessão do condicionamento físico, ele se atracava comigo, ensinando-me arte marcial que aprendera na infância com o seu tio-avô, instrutor do quartel militar de Wakayama, no Japão. Um dia consegui derrubar papai (teria se deixado cair?). Nisso, disse-me: "Filho, o chão nivela tudo, não tem grande nem pequeno. Entendeu?". Respondi sem convicção: "Mas são muitos, uns cinco!". Papai: "Não importa! Pegue o grandão primeiro, o mais forte deles". No dia seguinte, me cercaram diante do portão da escola. Então fui para cima do Gilberto, que sempre usava um capacete de caçador americano. Diante da minha saraivada de socos, ficou desnorteado e passou a recuar com o rosto marcado por murros. Não precisei levá-lo ao chão. Seus próprios colegas começaram a apupá-lo: "*APANHOOOU-OU-OU!!! APANHOOOU-OU-OU!*".

Como já pressentia, na saída da aula, emboscaram-me numa estrada, longe da vila. O grupo de Gilberto saltou de trás de um arbusto para o meio da estrada de chão batido, barrando minha passagem. Fui para cima daquele que empunhava um galho seco e retorcido. Era João, sobrinho do fazendeiro vizinho de nosso sítio, amigo de papai. Tomei a arma com forte safanão, quando ouvi às costas o berro de um homem que se aproximou a cavalo: "*PAREM, CAMBADA DE MULEQUES, OU CONTO PRUS SEUS PAIS!!!*". Escapei de um massacre, mas desde esse episódio nunca mais mexeram comigo. Tornei-me um garoto briguento quando provocado. Até hoje reservo imensa gratidão em relação ao meu falecido pai.

A mudança para lá foi por causa do seu pai, que administrava fazendas?

Em 1938, papai era caixeiro-viajante e, quando passou por Borborema, visitou Shuiti Oishi, dono de uma mercearia. Aceitou seu convite de emprego, e pouco tempo depois casou com a irmã caçula dele, Chiyoko. Papai não era de parar muito tempo num lugar, mas desta vez resolveu partir só quando eu fizesse três anos. Parecia que ele tinha vocação para nômade, mas estava apenas buscando segurança e estabilidade. A constante troca de emprego irritava mamãe. Como costurava para fora e ensinava corte e costura, incomodava-a ter de refazer sua clientela a cada mudança. Papai estudara contabilidade e administração no Japão, mas isso não o impediu de tentar lavrar terras em três ocasiões, em glebas arrendadas até ter seu próprio sítio.

Acredito que neste período você não tinha acesso a livros e gibis. Acertei?

Em parte. Em 1944, morávamos na fazenda do Sr. Koga, que arrendara grandes glebas de Dr. João Reverendo, na comarca de General Salgado. Dr. João possuía um teco-teco amarelo, cujo ronco forte fazia-me precipitar para fora de casa para ver o monoplano inclinar-se para aterrissar e taxiar na extensa pastagem verde. Como administrador, papai costumava viajar para a cidade com certa regularidade, para ir ao banco ou recolher jornais e correspondências acumuladas no correio. De uma dessas viagens, trouxe-me três revistas: *Gibi*, *Globo Juvenil* e *O Guri*. Esses presentes me impactaram tanto que os incluo entre os mais importantes que recebi em minha vida.

Se por um lado expandiram os horizontes da minha imaginação, causaram-me grande repulsa e profunda indignação. A Segunda Guerra Mundial estava no auge, e os gibis produzidos nos EUA exibiam super-heróis americanos surrando alemães e japoneses, transfigurados em horrendos e cruéis vilões. Era a negação de tudo que eu costumara ouvir de papai sobre a bravura e a nobreza dos soldados nipônicos. Muitas dessas histórias eram desenhadas com vigorosas pinceladas dos bambas Jack Kirby e Sid Shores, que faziam desfilar pelas páginas Capitão América e Buck, Príncipe Namor, Tocha Humana e Centelha, Comando Yank, etc., fazendo-os agir feitos invencíveis paladinos do bem, da justiça e da liberdade. Apesar de guri de 5-6 anos, minha reação foi desenhar meus próprios gibis (sem os balões, é claro), sobre papéis de embrulho avulsos, invertendo tudo: japoneses derrotando americanos. Na contramão da maioria da gurizada brasileira, acho que vem desse período a minha indiferença para com os super-heróis. Desde então, embora sem frequência, nunca perdi contato com os quadrinhos.

No ano seguinte, em janeiro de 1945, a minha saudosa prima Miyoko (órfã de pai) veio de Borborema nos visitar com o tio Oishi e trouxe-me de presente um *Almanaque do Tico-Tico*, de capa dura e formato tabloide. Noutra visita, em 1946, ganhei outro belo *Almanaque do Tico-Tico*. Em 1948, conheci Yoshio Motohashi, vizinho e colega da segunda série da escolinha da Fazenda Kuriki. Ele e seu irmão tinham um caixote com uma coleção de mais de cem gibis, cada um com 98 páginas, sem contar a capa. Não sei como não morri de overdose lendo-os todos compulsivamente.

Você usava papel de embrulho por não ter acesso a papel em branco para desenvolver sua técnica. O que isso te beneficiou e te atrapalhou no desenvolvimento do seu ofício?

Fora da idade escolar, eu não tinha como dispor de papel branco, a não ser o de embrulho, espaços em branco de jornais ou chão de terra para riscar com gravetos. Acho que é por isso que hoje desenho sobre qualquer superfície: verso de papel xerocado, encarte de revistas, sacos plásticos, caixas de papelão, azulejos e cerâmicas brancos, etc. O uso de material diversificado só me beneficiou, permitindo-me desenvolver vários estilos e técnicas inusitadas. Já testei fuligem de vela em cerâmica para alcançar efeito xilográfico. Ilustrei em papel higiênico em busca de estilo específico. A técnica mais recente que desenvolvi foi com ferro de solda sobre papel térmico de fax.

Pensava em se tornar o que naquela época, um administrador de fazendas como seu pai?

Não. Eu ignorava o que papai fazia exatamente como administrador. Hoje sei que ele vistoriava as lavouras dos colonos, comprava e distribuía mantimentos, escoava a produção e ainda fazia o livro-caixa. Reparei que onde ele trabalhasse era muito respeitado e benquisto, tanto pelo patrão quanto pelos colonos, pela sua correção e justeza. Isso não significava que tudo estivesse tranquilo, e quadrinizei duas HQs com fatos em que ele correra risco de vida. Nunca andava armado, apesar do seu cargo de enorme responsabilidade.

Seu pai não admitia vê-lo desenhando?

Na fase inicial do ensino técnico, em 1952, as minhas notas estavam abaixo da média, e meu pai culpava os gibis. Costumava juntá-los e queimá-los no fundo do quintal. Pior que a maioria era emprestada dos amigos. Tive que achar um meio de escondê-los, pois não ia parar de lê-los. Escavei um buraco no terreno da chácara vizinha, próximo da nossa cerca, e nele escondi uma grande lata com gibis meus e emprestados. Uma chapa de compensado com galhos secos escondia a entrada e a protegia da chuva. Alguns colegas sabiam desse segredo e, certo dia, todo o acervo da minha improvisada gibiteca foi furtado.

Um episódio, ainda em Mato Grosso, moldou definitivamente a sua vida. Foi quando você viu um jagunço morto na fazenda em que morava. Pode explicar essa história?

Foi próximo da divisa São Paulo-Mato Grosso, na fazenda Koga, arrendada do latifundiário-aviador. Prefiro enviar-lhe a HQ em que narro esse episódio.

Por que esse morto influenciou seu trabalho como quadrinista?

Essa ocorrência macabra somada ao impacto daqueles meus três primeiros gibis que ganhei de papai e o *bullying* que sofri na primeira série foram responsáveis pela minha inclinação pelos temas de ação e violência. Esse latifundiário-aviador mantinha um grupo de jagunços contratados para a proteção de suas terras e de seus bens. Na verdade, ele e sua família residiam longe dali, em Monte Aprazível, idem o seu arrendatário, Sr. Koga, nosso empregador. Papai nos alertava para evitarmos contato com os jagunços. Devia temer por mamãe, ainda jovem e bonita. Certa vez, procurando frutas na mata, dei de cara com o chefe deles, de barba grisalha e caradura, de uns 50 anos, conhecido como Gabriedão. Baixo e atarracado, com enorme facão preso à cintura, era intimidador. Confesso que quase mijei na calça. Nessa região conflituosa, longe da lei e da justiça, a violência era recorrente.

O primeiro quadrinho que você leu foi *Mutt & Jeff*, publicado à época no jornal *O Estado de S.Paulo*. Quando se deparou com essa história, qual foi o seu sentimento? Foi ali que decidiu ser quadrinista?

Papai costumava ler *O Estado de S.Paulo* para seguir as notícias da Segunda Grande Guerra. Já disse antes que ele costumava viajar a cavalo para ir ao banco ou ao correio de General Salgado apanhar seus jornais. Eu ainda não sabia ler, mas costumava espiar as tiras de *Mutt & Jeff*.

O começo da sua trajetória profissional foi bem complicado. Recebeu várias negativas. Como lidava com o "não"?

Comecemos do princípio, minha fase pré-profissional. Entrei em 1952 para a Escola Técnica Getúlio Vargas, no bairro do Brás, em São Paulo. Papai determinou-me que seguisse a carreira de eletrotécnico, "profissão do futuro", apregoava. Mas a regra da escola obrigava todos os alunos iniciantes a passarem por teste vocacional no primeiro semestre. Fiz estágio em diferentes atividades: mecânica de automóvel, radiotécnico, marcenaria, entalhação, tornearia e ajustagem, fundição, tipografia e encadernação, eletrotécnica. Mas, quando chegou a vez da pintura comercial (para placas, painéis de estradas, faixas, cartazes, letreiros e pinturas das fachadas de lojas, carrocerias de veículos, etc.), estava pagando suspensão de uma semana por falta injustificável—enforquei aula para jogar futebol; e serralheria. O teste deu-me a pontuação máxima para essa profissão, e tive que "chorar" na diretoria para que me encaixassem para a atividade indicada por meu pai. Aceitaram, eu que nem tinha luz elétrica em casa!

Essa experiência multidisciplinar na adolescência não foi desperdiçada, muito pelo contrário: inconscientemente estarei valendo-me delas toda vez que for desenvolver técnicas novas para o meu trabalho gráfico.

Em 1953, tive que abandonar o curso de eletrotécnico. Mudamos para a cidade de Ferraz de Vasconcelos (SP) para trabalharmos na maior granja de galinhas da região. A intenção de papai era conhecer os segredos da avicultura. Foi uma grande furada. Trabalhávamos quase sem parar das seis da manhã até a meia-noite, de segunda a domingo, cuidando da ração, da água, limpando e voltando a limpar em cima e embaixo dos estrados recolhendo dejetos, que, depois de ensacados, eram guardados num galpão. Serviam de esterco para a horta de couves, parte da dieta dos ovíparos, que precisavam de cálcio. Eu tinha também que ajudar outros empregados na preparação da mistura de ração de grãos numa imensa trituradora importada. Essa experiência "escravista" durou exatos seis intermináveis meses. Papai jogou a toalha, desistindo de ser avicultor.

Em 1954, eu tinha 14 ou 15 anos quando mudamos para Vila Luzita, no município de Santo André, SP, e saí a procura de emprego. Entrei como estoquista no escritório da matriz das Lojas de Tecidos Buri, na cidade de São Paulo. Aceitavam menores naquela época, por economia. Meus irmãos ainda eram muito pequenos. Higino, o mais velho, mal tinha feito dez anos e frequentava a segunda série do primário. Mamãe costurava para fora, pedalando sua velha Singer até altas horas da madrugada. Papai tentou diversos empregos: vendedor de seguros, tradutor de folhetos e anúncios para a firma Cassio Muniz, dirigidos para a sua clientela japonesa do interior... fez estágio em atelier fotográfico, foi aprendiz de alfaiate. Faleceu em 1965, de câncer aos 54 anos, quando estava empregado como vigia na fábrica de antibióticos da Fontoura-Wyeth, em São Bernardo do Campo.

Por que depois de tantas negativas o Miguel Penteado te deu uma chance?

Em fins de 1956, decidi deixar meu emprego de subchefe da seção de estoquistas das Lojas Buri ao ser atraído por um anúncio do departamento de propaganda das Lojas Sears: *Precisa-se de desenhista auxiliar.* Fui contratado após um teste, mesmo sem experiência. Seis meses depois desentendi-me com Hilton, chefe do setor da redação, por mandar-me fazer serviços de rua com muita frequência, mal sobrando tempo para eu desenhar. O diretor Beltram Marks (ex-coronel das tropas americanas de ocupação no Japão) gostava de mim e não quis me demitir, então transferiu-me para outro setor, que nada tinha a ver com propaganda. Não gostei e pedi demissão no dia seguinte. Fiquei três meses tentando achar novo emprego no ramo de arte de propaganda, e decidi tentar a sorte nos quadrinhos.

Peguei na minha estante o livro *A Conquista do Acre*, relato sobre conflito territorial Brasil-Bolívia. Fiz uma adaptação enxuta e a quadrinizei. Depois de pronta, levei para a Editora Novo Mundo, de Miguel Falcone Penteado. Simpático, recebeu-me muito bem, apesar de parecer bastante assoberbado. Fez-me crítica isenta e severa: 1) não gostou do tratamento pejorativo dado aos bolivianos, por serem nossos irmãos latino-americanos; 2) deveria evitar fazer hachuras muito fechadas, que costumam borrar na impressão; e 3) precisaria estudar mais a anatomia das mãos, que tinham importância maior que a expressão facial por darem a sensação de ação em desenho impresso.

O papo foi demorado, e fez considerações sobre a importância dos estereótipos para "mocinhos" e "bandidos" nos quadrinhos ou no cinema. As figuras masculinas deviam ser marcantes, angulosas. Já as mulheres, deveriam fugir do padrão "família" (nossa mãe ou nossas irmãs). Percebendo meu ar de desânimo, disse, encorajador: "Embora nada do que me mostrou seja aproveitável, não desista! Percebe-se em seus desenhos muita garra e intensa teimosia. Faça disso o combustível para superar as suas limitações. Treine bastante e volte dentro de um mês com novas amostras de trabalhos. Quanto ao problema das mãos, use espelho para treinar. Combinado?"

Era tudo o que eu queria ouvir. Retornei no mês seguinte e elogiou-me pela evolução. Ofereceu-me quatro contracapas para substituir *Acredite se Quiser*, do famoso Ripley's. Senti calafrio e euforia ao mesmo tempo. Propôs-me criar HQs de curiosidades abordando fatos brasileiros e temas da mitologia clássica. Antes de ir para casa, passei numa feira de livros no Centro e comprei uma coleção de cinco volumes sobre curiosidades editada pela Vecchi, bem baratinha, e papai tinha um grande dicionário ilustrado de português da Bertrand. Produzi oito HQs, todas aprovadas sem restrições e publicadas em quatro revistas, por dois meses. Foram as primeiras HQs remuneradas da minha carreira. Descobri depois que ele as tinha encomendado apenas para me incentivar, pois em seguida pediu-me para fazer uma HQ de terror.

Criei e desenhei *Satanásia.* No momento em que ele a analisava, chegou Jayme Cortez, que trabalhava na Editora La Selva, distante uma quadra dali, no bairro do Brás. Quando Miguel lhe mostrou o meu trabalho, o famoso mestre português convidou-me a ir visitá-lo no estúdio da La Selva.

O que você fez na *La Selva*?

Cortez ofereceu-me quadrinho infantil com personagens de circo e TV: *Arrelia e Pimentinha* e *Carequinha e Fred.* No início eu lhe mostrava primeiro os esboços para possíveis correções, para finalizar depois, pois me faltava familiaridade com o estilo infantil, ao contrário de outros colaboradores: Queiróz, Isomar ou o bamba Messias de Mello.

Como surgiu a oportunidade de transferência para a editora Continental?

Foi em 1959, o convite foi coletivo, não individual, feito por Miguel Penteado e Jayme Cortez, fundadores da Editora Continental com outros sócios: Claudio de Souza, Helí Otávio de Lacerda, José Sidekerkis, Arthur de Oliveira e Victor Chiodi. Pouco depois seria rebatizada de Editora Outubro, sediada no Bairro da Mooca, SP, só para publicar quadrinhos de autores nacionais de vários gêneros: terror, infantil, faroeste, amor, heróis brasileiros replicados da TV (Capitão 7, Capitão Estrela, Vigilante Rodoviário).

A editora Continental era mal administrada?

De certa forma, diria que sim. Excesso de sócios com poderes equivalentes, apesar de oriundos de diferentes segmentos profissionais, compostos de ilustrador, letrista, gráfico, administrador, roteirista e produtor. Com a tiragem das revistas em constante crescimento e faturamento avassalador, o megassucesso lhes subiu à cabeça, e muitos começaram a relaxar e fazer gastanças, provocando a cizânia entre sócios. Havia os que trabalhavam muito e outros nem tanto. Estes, após o almoço das sextas-feiras, costumavam viajar para o rico balneário de Guarujá acompanhados de suas amantes. O complexo gráfico lotado com dezenas de funcionários estava sob a responsabilidade de Miguel Penteado, por isso era comum encontrá-lo em meio às máquinas até tarde da noite, incluindo sábados. Eu sabia de sua irritação em relação aos sócios displicentes porque desabafou comigo: "Qualquer hora largo essa merda e quero ver como se arranjam, cambada de folgados!"

Você foi um dos fundadores da Adesp—Associação de Desenhistas de São Paulo —, que lutava pelos direitos dos artistas nacionais. Isso acabou te prejudicando, e as editoras passaram a te boicotar. Por quê?

Os editores eram contra a consolidação da Adesp por medo de perderem o controle sobre desenhistas e roteiristas em relação à contratação e remuneração de serviços. Não queriam nenhuma mudança no sistema verticalizado, e iniciaram um boicote ao nosso movimento, acenando para determinados desenhistas e roteiristas com ofertas irrecusáveis, enquanto boicotavam aqueles mais comprometidos com a Adesp, como no meu caso e do Saidenberg. Nós dois marcávamos presença no estúdio-sede localizado no 19º andar do Edifício Martinelli, da manhã à noite, desenhando e atendendo os associados que compareciam. A sabotagem foi bem-sucedida, fazendo com que a Adesp desintegrasse com pouco meses de existência. Aprendemos, dolorosamente, que dificilmente um ideal conseguiria levar vantagem contra o imediatismo e a atração exercida pelo dinheiro.

O sistema de trabalho, naquela época, era escravagista?

Diria que não, apenas mal pago. A culpa era do material importado que chegava a preço de banana, depois de revendido nos quatro cantos do mundo, centenas, milhares de vezes. Para que pagar mais por um produto local podendo importar de fora material mais em conta, incluindo despesa de tradução? Vi um folheto promocional do *Recruta Zero* com dez centímetros de largura por um metro de comprimento, com a lista de mais de mil nomes de jornais e periódicos de quatro continentes onde ele era publicado.

Você teve problemas com a ditadura militar? Sei que foi fichado como comunista e subversivo...

Fui preso em 1970 em São Paulo pela Oban, órgão de repressão política do 2º Exército, acusado de apoio logístico ao terror. Meu nome estava na lista de ajuda em dinheiro para o meu ex-patrão Carlos H. Knapp, publicitário, exilado na França e que passava por dificuldades. Fiquei preso por um tempo no QG da Rua Tutóia, e depois fui transferido para os porões do DOPS, próximo da Estação Sorocabana, onde nos anos 60 trabalharam no departamento de retrato falado os quadrinistas Gedeone Malagola, Bento, Waldyr Igayara e Lyrio Aragão Dias (ambos nossos sócios do estúdio, que abrigara a Adesp).

Mauricio de Sousa, em um dos momentos mais delicados da sua vida, lhe estendeu a mão e o convidou a criar uma tira na *Folha de S.Paulo*. Fale deste episódio.

Quase no fim de 1962, o senhorio estava vendendo a casa alugada por nossa família em Vila Luzita, em Santo André. Meu pai lhe propôs dar de entrada o dinheiro que ganhei com o álbum *História do Rio Grande do Sul*, que tinha acabado de fazer para a CETPA—Cooperativa e Editora de Trabalho de Porto Alegre —, e fechou a compra prometendo quitar o resto em prestações. Senti grande pressão para procurar logo um trabalho. Miguel Penteado indicou-me o Sr. Manoel, da Editora do Brasil, especializada em livros didáticos. Procurei Mauricio também, que me indicou para um novo projeto em quadrinhos semanal, *Coisas do Futebol*, da *Folha da Tarde*. As portas das revistas em quadrinhos continuavam fechadas para mim. Mas no ano seguinte, apesar de já não existir Adesp, alguns jornais que prestigiaram o movimento pelos quadrinhos nacionais decidiram abrir espaço para o material nacional. Os primeiros foram o *Última Hora*, de Samuel Wainer, o popular *A Hora* e, por fim, a *Folha de S.Paulo*, que abriu licitação para o projeto de um tabloide infantil dominical com quadrinhos e outras atrações. Mauricio e Barbosa Lessa Produções Artísticas se inscreveram na disputa. Eu e, por minha indicação, Paulo Hamasaki ajudamos Mauricio no seu projeto executando a boneca do tabloide em jornada direta de 24 horas na sua casa, em Mogi das Cruzes, consumindo litros de café. Depois Mauricio contratou Hamasaki como seu chefe de estúdio.

Não cobrei nada de Mauricio e voltei para casa, para descansar. Mal retornei a Santo André, quando ia tomar banho, alguém começou a bater palmas no portão. Um rapaz carregando um grande rolo de cartolina se apresentou: era Décio Bar, assessor de Barbosa Lessa, concorrente de Mauricio. Para a minha surpresa, veio com a proposta de fazer o mesmo que fizemos para o Mauricio e com todo o material necessário para facilitar, pois o prazo era "para ontem"—precisava entregar às 8h da manhã seguinte. Pedi um preço exorbitante com taxa de urgência embutida e, para a minha surpresa, ele topou e até mostrou alívio. Outra noite em claro, e na manhã chuvosa do dia seguinte tive que pegar táxi para chegar em tempo ao escritório deles, na Praça da Bandeira. Mamãe usava fogão a carvão, e comprei-lhe um a querosene, e ainda sobrou um troco que repassei para o Mauricio, que esperava pelo pagamento em atraso da *Folha de S.Paulo*. Ganhou o projeto de Mauricio, com ênfase no infantil, enquanto Barbosa investira no juvenil.

Foi aí que surgiu o clássico *O Gaúcho*?

Sim, a *Folha* achou estratégico incluir uma HQ juvenil para manter leitores em fase de transição da infância para a adolescência. Eu e Mauricio decidimos que o personagem deveria ser brasileiro, um cangaceiro ou gaúcho. Mauricio sugeriu cangaceiro. Até o batizou: *Petronilho, o Cangaceiro*, inspirado no nome de sua mãe, Dona Petronilha. Optei por gaúcho, já tinha farto material de pesquisa acumulado para a quadrinização do álbum *A História do Rio Grande do Sul*. Batizei a série de *O Gaúcho*, simplesmente, apesar de o herói chamar-se Fidêncio, com biótipo atlético e cara de mestiço, filho de índia guarani com gaúcho. Me preparei para escrever o roteiro lendo vários livros regionais gaúchos: *O Tempo e o Vento*, *Ana Terra*, *Um Certo Capitão Rodrigo*, *O Ataque* (Érico Veríssimo); *Os Guaxos* (Barbosa Lessa), *No Galpão* (Darcy Azambuja); *Contos Gauchescos*, *Histórias de Romualdo*, *Lendas do Sul*, *Terra Gaúcha* (Simões Lopes Netto); *Os Farrapos* (Walter Spalding). Também adquiri um dicionário *Tupi-Guarani–Português*.

Não acha que *O Gaúcho* merece uma edição em livro? Isso está nos seus planos?

A Editora Criativo me propôs republicá-lo no formato de álbum, oportunamente.

O desenho do Capitão 7 é uma criação sua?

O desenho, sim. Cortêz me escolheu para produzir o primeiro número, com a recomendação de que o rosto fosse semelhante ao do Flash Gordon clássico, criado por Alex Raymond. Não o queria nada parecido com o gente-boa Ayres Campos, ex-lutador de catch que interpretava o Capitão 7 na televisão. O *7* era alusivo ao Canal 7, que exibia o herói.

Em 1972 você foi trabalhar na agência de publicidade Caio Domingues e Associados, no Rio de Janeiro. Foi nessa época que mais ganhou dinheiro?

Fui para o Rio com pequena diferença a mais no salário. Queria mesmo era apagar a traumática lembrança da Oban e DOPS, que estava afetando minha tranquilidade mental. Atormentava-me a insistente sensação de estar sendo seguido e vigiado pelos tiras da ditadura onde quer que eu estivesse em Sampa. Na Caio, fui trabalhar com Carlos Eduardo Meyer, considerado na época um dos cinco melhores redatores publicitários do país por Roberto Duailibi, fundador da DPZ. Colecionamos juntos muitos prêmios com anúncios, matérias promocionais e comerciais (incluindo ouro e prata da Clio Awards de Cannes). Clio, musa da História e da Criatividade na mitologia grega. Casei-me neste ano.

Se arrepende de ter pedido demissão da agência? Acha que poderia estar melhor se tivesse ficado lá?

No fundo, eu nunca apreciei trabalhar com a publicidade, embora ela tenha me dado grande estabilidade financeira, possibilitando a aquisição de casa própria, pagar o estudo dos meus filhos, manter dois carros (para mim e para a minha esposa). Mas a vontade de fazer quadrinhos era tão compulsiva que decidi jogar o meu emprego para o alto em 1974 e me arriscar na atividade de quadrinista, reconhecidamente instável.

Você voltou aos quadrinhos passando pelas editoras Bloch, Vecchi e Grafipar. Como foi o trabalho nestas três editoras?

Senti-me totalmente livre de grilhões estressantes da publicidade, de ter que matar um leão por dia. O quadrinho me devolveu a autonomia e a vontade de expandir meus limites, ajudando-me a fortalecer minha autoestima. Mas veio a crise do petróleo de 1979, afetando a economia mundial de forma prolongada. No início dos anos 80, a Grafipar e a Vecchi enfrentaram grandes dificuldades financeiras e fecharam suas portas. Em 1983, com meus filhos em fase escolar, retornei à publicidade sem dificuldade, pois ainda se lembravam de mim nesse meio, e trabalhei em mais três agências: Salles-Interamericana, Denison Propaganda e J. Walter Thompson. Em 1990, quando houve reestruturação nessa agência, eu estava entre os demitidos e retornei à rotina de freelancer como ilustrador, storyboardman e quadrinista.

Como está sua vida hoje?

Com quatro filhos criados, 78 anos de idade, uma pequena aposentadoria, consciência tranquila apesar do relativo desencanto pelos quadrinhos. Ainda mantenho acesa a chama de sair em busca de algo novo que me desafie, para seguir aprendendo. Atualmente estou envolvido num grande projeto de desenho animado da escritora e ambientalista Anne Rachel Sampaio, e sigo colaborando em eventuais publicações independentes.

Qual é a dinâmica de seu dia de trabalho? Que horas entra e sai do seu estúdio, que fica em sua casa?

Desperto às seis, seis e meia pressionado pela bexiga cheia, alimento as três gatas, faço ginástica de meia hora sem pesos, depois tomo meu café lendo o jornal. Às dez, dez e meia subo ao estúdio em cima da nossa garagem, leio e respondo e-mails. Ao meio-dia, meio-dia e meia, desço para almoçar e ligo a TV para assistir ao noticiário. Às 14h retorno ao estúdio e vou para a prancheta, desço às 19h para desjejum (não janto), às 20h volto à prancheta e fico até às 23h, 23h30. Zapeio na TV cerca de trinta, quarenta minutos, então tomo meu banho e vou para a cama.

Existe a chance de serem encontradas histórias inéditas no estúdio? O que ele esconde?

Nenhuma, escondem os seguintes projetos: *Sertão, Estórias, Samurai sem Rosto, Sombras II, Musashi III…*

Você já colaborou para diversas revistas como *Made in Quadrinhos* e *Mystérion*, *Sombras*, *Musashi I e II*, *Madame Satã*, *Volúpia*, *Claustrofobia*, entre outras. O que te faz aceitar essas colaborações?

Para a *Made*, a HQ *Introjeção* foi desenhada sobre cerâmica, era totalmente minha; idem para *Sombras*, *Kiai* (sob pseudônimos) e *Musashi I e II*. *Volúpia* era coletânea de HQs eróticas de vários roteiristas, inicialmente publicadas nas revistas da extinta Editora Grafipar. *Madame Satã* foi escrito por Luís A. Aguiar, com a intenção de publicar na Europa através da agência belga Commu, o que acabou não acontecendo. *Claustrofobia* foi um projeto desafiador do jornalista e escritor Gonçalo Jr., autor de *A Guerra dos Gibis*: HQs sem texto, completamente mudas.

Fiz *Kiai* e *Musashi I e II* movido pelo meu grande fascínio por bushidô, código filosófico do guerreiro nipônico, balizado por zen-budismo e xintoísmo, dogma religioso baseado nas forças da natureza.

Já *Sombras* foi um caso à parte. Em 1997 tive que extrair um rim com tumor maligno nos limites de uma metástase e escapei por pouco. Durante o longo período de convalescença, pensei bastante sobre a fragilidade e impermanência da vida, e achei que precisava desligar o piloto automático e sair da zona de conforto em que se refugiara a minha carreira. Decidi que precisava renascer, reformular-me visceralmente, e que necessitava fazer um trabalho marcante que comprovasse essa mutação. Decidi desenhar *Sombras* sobre cartolina preta com tinta branca, rompendo com o hábito engessado de desenhar sobre fundo branco com nanquim ou tinta preta. Exigiu-me muita determinação e energia jamais empregada antes. Não ria: comparo a experiência com a ida de joelhos do Rio à Aparecida do Norte para pagar uma promessa.

Você foi considerado o autor da primeira história de samurai publicada fora do Japão. Por que, antes de você, ninguém tinha feito antes?

Há equívoco nessa afirmação, pois a Ebal publicou na *Epopéia* de janeiro de 1957 e dezembro de 1958 *Os 47 Samurais* e *O Bravo Samurai*, respectivamente, importadas da Itália. No Brasil fui o primeiro a desenhar samurai, em 1959: *Os Fantasmas do Rincão Maldito*. O *Judoca*, da Ebal, foi lançado em 1969, inspirado em *Judo Master* da Charton e DC Comics. Não fizeram HQs de samurais antes porque ainda não havia a banalização dos temas marciais orientais, que só ocorreria nos anos 70 com a invasão mundial dos filmes de kung fu vindos de Hong Kong, estrelados pelo lendário Bruce Lee.

Histórias de samurais podem fazer sucesso aqui nos trópicos?

Sem dúvida. Até Hollywood e a Marvel entraram nessa onda de artes marciais. Lembre-se do Kato de *Lanterna Verde* de 1966; do seriado *Mestre Kung Fu*, com David Carradinc; *American Ninja; Shogun*, com Richard Chamberlain; Tom Cruise em *O Último Samurai;* outros estrelados por Keanu Reeves: *Matrix*, *The Master of Taichi*, *47 Ronins* (*47 Samurais*); o recente *O Silêncio*, de Martin Scorsese; HQs das *Tartarugas Ninja; Ronin*, de Frank Miller; *Usagi Yojimbo*, de Stan Sakai; *Mestre do Kung Fu*, da Bloch; o anime *Afro-Samurai*; o mangá *Samurai X*; os gekigás *Lobo Solitário*, *Vaga-Bond*, *The Blade of Immortals*, etc.

Explique seu método para deformar desenhos em cima de uma bexiga de festa.

Divido a bexiga em duas partes e desenho sobre elas. Prendo-as sobre a superfície de um artefato especial que inventei e me permite repuxar o desenho para os lados que eu quiser, e depois xeroco a imagem distorcida e monto a cópia sobre o gabarito de página de HQ. Esse artefato permite-me fazer dezenas ou centenas de variações de um desenho. Me utilizava desse recurso antes de 2007, quando ainda não usava computador. Nesse mesmo período desenvolvi um compasso para traçar oval e até pensei em patenteá-lo. O computador tornou-o obsoleto.

Te incomoda mais ser chamado de mestre por quem te conhece ou ser praticamente um desconhecido para a maioria da população brasileira?

Atualmente não me constranjo em ser chamado de mestre e não dou a mínima ao fato de ser desconhecido pela maioria de brasileiros. Quem quiser ficar famoso deve tentar política, cinema, teatro, futebol, música. Ou ser bandidão.

O mercado brasileiro estimula a formação e aparecimento de roteiristas e desenhistas de HQ?

Na Coreia do Sul, há iniciativa governamental junto às universidades para a formação de quadrinistas, na tentativa de reverter os 90% do mercado interno dominado pelos mangás japoneses—li que há cerca 80 cursos universitários sobre *manhwas*, formando 2 mil estudantes por ano. Mesmo sem incentivo "chapa-branca" como na Coreia do Sul, muitos jovens brasileiros sonham tornar-se desenhistas ou roteiristas de quadrinhos, seja como autodidatas ou matriculando-se em pequenos estúdios--escolas espalhados em várias cidades e capitais do país. Acredito que contribuem para isso os festivais e convenções de quadrinhos realizados em todos os cantos do Brasil, com presença de grandes estrelas nacionais e estrangeiras convidadas pelos patrocinadores dos eventos. Isso não existia nos anos 60.

O que te prejudicou: viver no Brasil e não no Japão, ou até mesmo nos Estados Unidos, sendo você um quadrinista?

Não tenho vocação para cosmopolita, e nunca quis ir para o exterior, nem a passeio. Nasci caipira, continuo caipira e morrerei caipira.

Por que foge dos holofotes? Timidez ou humildade?

Como disse, sou capiau e não gosto de me expor. Acho que isso tem forte relação com preconceito e bullying que sofri no início da fase escolar. Isso me tornou tímido, mas não humilde.

Ao longo da sua trajetória, o senhor fez HQs eróticas, de terror, de samurai, etc. Não é um especialista em determinado gênero. Isso é falta de foco?

Rárárá! Há um termo muito usado hoje em dia, "generalista". É o que sou, pois, num mercado limitado como o nosso, corre risco quem é monovalente.

Ao mesmo tempo em que é um ermitão, recomenda a todos não pensarem como provincianos, e sim como cosmopolitas. Explique isso.

Parece contraditório, não é? Quando recomendo isso, estou me referindo à abertura da mente para o novo, ter capacidade de perceber e entender a evolução ou a transformação que ocorre muito além de sua proximidade, globalizando a sua visão para além das fronteiras.

Venceu na vida porque é um inconformado?

Hum, o que é vencer na vida? É conquistar a liberdade de fazer o que você gosta do seu jeito, sem imposição de ninguém. Para isso, é preciso ser exigente consigo próprio, ser inconformista e proativo.

BIRA DANTAS

"FAÇO O QUE ACHO CORRETO"

NA SÉRIE DE ENTREVISTAS COM GRANDES QUADRINISTAS BRASILEIROS, RAFAEL SPACA FALA DE DESENHO E MILITÂNCIA POLÍTICA COM BIRA DANTAS

Quando você descobriu que desenhar era uma paixão?

Minha mãe diz que eu comecei a desenhar nas paredes de casa (com os meus 5 anos, em 1968) e, antes que decorasse a sala inteira, resolveram me dar folhas de papel. Eu lembro mesmo dos meus 8, 9 anos, quando copiava personagens do *Globinho*, suplemento em quadrinhos de *O Globo*, que meu pai comprava aos domingos. Eu adorava aquilo: Asterix, Tarzan, Flash Gordon, Recruta Zero, Hagar. E adorava animações da Marvel e seriados na TV. Passava tardes assistindo e desenhando. Aos 11, comecei a criar meus super-heróis e a fazer gibis. Guardei uma boa parte disso.

E quando você que descobriu que a paixão era um talento seu e que poderia trabalhar seriamente nisso?

Com uns 15 anos, fiz um trabalho de inglês pra minha prima Goya. Era uma adaptação em quadrinhos de um conto do livro *The Silver Elephant*. Minha prima tirou 10. No mês seguinte, dois colegas dela pediram pra eu fazer. Mudei o estilo e fiz três adaptações. E ganhei por dois freelas. O professor sabia que não eram os alunos que desenhavam tudo aquilo, mas continuava dando nota pra eles. No fim do ano, fiz umas oito adaptações e achei que podia viver de desenho. Em 1977 publiquei HQs por duas vezes na seção *Futuro artista* da *Folhinha de S.Paulo*, editada pela jornalista Eunice Veiga. Liguei pra ela e marcamos uma visita ao estúdio Mauricio de Sousa, com minha mãe e a prima Goya. Mauricio foi muito simpático, me apresentou o seu diretor de arte, Jayme Cortez, e me ofereceu um estágio à distância. Conhecer o Cortez e ganhar o seu *Zodiako* e *A Técnica do Desenho* mudaram minha vida.

Quando começou a desenhar, achava que conseguiria viver com desenho?

Um belo dia de 1979, minha mãe abre o jornal e vê um anúncio de estágio para desenhistas com ou sem experiência. E gritou: "Sem experiência é você, filho!". Lá fui eu conhecer o estúdio do Ely Barbosa na av. Indianópolis, zona sul de São Paulo. Era do outro lado da cidade; eu morava no Tatuapé, na zona leste. Foi uma experiência única. Eu era um cara de 17 anos, doido pra trabalhar com quadrinhos, só tinha desenhado

super-heróis até então. O Ely Barbosa produzia animações para o Baú do Silvio Santos, gibis *Festival Hanna-Barbera* pra Rio Gráfica (atual editora Globo), *Os Trapalhões* (editora Bloch) e o programa *Turma Tutti-Frutti* pra TV. No estúdio, fui acompanhando a produção de roteiros, desenho, arte final, letreiramento, guia de cores pintados com ecoline e pintura de capas com guache. Mas logo em seguida virei assistente do Mestre Eduardo Vetillo, que desenhava Hanna-Barbera, *Os Trapalhões*, Disney, Chet e Spectreman.

E hoje, já consagrado, é possível dizer que consegue viver desenhando? Se sim, é fácil?

Sim, é possível. Eu trabalho pra quatro sindicatos e duas agências, fazendo charges, tiras e ilustrações. Mas não é fácil. E nesse momento de crise, com os preços subindo (apesar da imprensa continuar alegando que existe "deflação" no governo temeroso), o cinto apertou, e a necessidade de buscar outros freelas ou atividades, como dar aulas e cantar na banda Tio's Rex, pode ser uma saída.

Teve a oportunidade de se aperfeiçoar em alguma escola ou faculdade?

Eu fiz curso de Editoração de HQs na ECA-USP e Design Gráfico na Arquitech, em Campinas. Sou jornalista, sem curso superior.

Como o desenho era visto na sua família?

De uma forma muito positiva. Sempre me deram a maior força. Aos 11 anos, minha mãe mostrava meus gibis pra todo mundo, e acabei tendo boas conversas sobre arte, a vida no sertão nordestino, cinema e outras culturas. Com meus 13 anos, passava horas debruçado, lendo gibis, fascículos de *Brasil História, Costumes e Lendas*, *Mitologia Grega*, *Fauna da Salvat* e *Enciclopaedia Britannica.* Eles achavam normal. Clovis, meu irmão mais velho, tinha me matriculado num curso de inglês (ele achava que era importante saber uma segunda língua) aos 13 anos e, aos 18, me deu uma prancheta com banquinho e luminária. Foi quando comecei a desenhar *Os Trapalhões.*

Em 1979 você estagiou no Estúdio Ely Barbosa, onde foi assistente do desenhista Eduardo Vetillo e passou a desenhar para a revista *Os Trapalhões*. Ali foi sua primeira oportunidade profissional?

Sim. O Vetillo já era um artista completo, que dominava o lápis, o bico de pena, a pintura em guache, ecoline, os quadrinhos, as ilustrações, desenho acadêmico e o cartunesco. E nessa etapa, eu recebia um valor por página que eu passava a limpo. O Vetillo fazia o desenho num gabarito A3 de papel sulfite, e eu copiava numa folha de papel Schoeller na mesa de luz, fazendo as correções que ele indicava. Esse trabalho de um ano me abriu as portas pra virar desenhista dos *Trapalhões* e alavancar minha carreira.

Os anos 70 e 80 foram o período de ouro das HQs nacionais? Se sim, por quê?

A resposta é longa. Acho que a Era de Ouro foi dos anos 50 a 70, quando Jayme Cortez e Miguel Penteado fundaram a Editora Continental com revistas 100% nacionais, que geraram emprego para muitos quadrinhistas daquela época. Todas revistas tinham uma tarja verde-amarela na capa "Escrita e desenhada no Brasil". Fundaram a Adesp (Associação dos Desenhistas do Estado de São Paulo) e a ABD (Associação Brasileira de Desenhistas), produziram dezenas de quadrinhos de *Terror em Combate*, grande sucesso entre os leitores brasileiros, as vendas eram gigantescas. Em 1957 chegou às bancas pela RGE a revista *Jerônimo, o Herói do Sertão*, com desenhos do Edmundo Rodrigues. A revista fez tanto sucesso que durou 93 edições (até 1966). Em 1959, Mauricio de Sousa lançou a *Turma da Mônica* e seu sucesso editorial nunca foi suplantado por ninguém (nem Disney, nem os super-heróis Marvel e DC, nem *TEX*, nem todos eles juntos). Dessa época também são notórias as revistas do super-herói brasileiro *Capitão 7* (Aires Brito, Jayme Cortez, Getulio Delphim, Shimamoto, Juarez Odilon, Osvaldo Talo, Sérgio Lima, Jitahi, Gedeone Malagola, Helena Fonseca e Hélio Porto), *O Anjo* (Flavio Colin) e *Fidêncio, o Gaúcho* (Julio Shimamoto). São marcantes também as revistas de humor como *Fuzarca e Torresmo*, *Arrelia e Pimentinha*, *Mazzaropi*, *Oscarito* e *Grande Otelo*, *Carequinha Fred e Cacareco* (com Jayme Cortez, Shimamoto, Sérgio Lima e João Baptista Queiroz). Em 1964, com o Golpe militar, a *Turma do Pererê* do Ziraldo é censurada e cancelada pela Abril.

Outras editoras também marcaram esta época como Cruzeiro, Rio Gráfica, Ebal, Outubro, La Selva, Penteado, GEP, Prelúdio, Taika, Abril e Edrel. Esta última iria continuar com um novo nome: Grafipar.

A Era de Prata aconteceu em meados de 70. Edmundo Rodrigues, que tinha publicado seu *Jerônimo*, se tornou editor da Bloch, publicando os super-heróis importados da Marvel, revistas de Terror, *Os Trapalhões* e *Spectreman* com desenhistas brasileiros (como os veteranos Eduardo Vetillo, Watson Portela, Bonini, João Baptista Queiroz, Kimura, Borges e Sérgio Lima, com os quais tive o prazer de trabalhar).

De 1978 a 1983, Faruk El-Khatib e Claudio Seto (que foi da Edrel) fundaram a Grafipar, também perseguidos pela ditadura militar que usurpou o poder em 1964. Seto publicou quadrinhistas como Bonini, Franco de Rosa (que depois viraria editor na Press Editorial, Nova Sampa e Mythos), Gustavo Machado, Watson Portela, Flávio Colin, Carlos Chagas, Nelson Padrella, Ataíde Braz, Júlio Emílio Braz, Mozart Couto e o poeta Paulo Leminski e produziram centenas de revistas até serem derrotados pela crise econômica. *O Pasquim* teve grande importância ao publicar cartunistas que mudariam os quadrinhos novamente, influenciando a nova geração que publicaria revistas underground (fanzines *Balão*, *Boca*, *Papagaio* com nomes como Paulo e Chico Caruso, Laerte, Luiz Gê, Gualberto, Flávio Del Carlo, Dagomir Marquezi e Marcatti). Henfil publicou seu *Fradim* pela Codecri e Edgar Vasques publicou seu *Rango* pela L&PM. A revista *Spektro* (Vecchi), editada pelo Ota, teve Watson, Shima, Elmano e muitos outros, e chegou a vender mais de 40 mil exemplares por mês (de 1977 a 82).

Nos anos 80 tivemos *Fofura*, *Patrícia* e *O Gordo* (Ely Barbosa, editora Abril), *Mestres do Terror* e *Calafrio* (Editora D-Arte com Zalla, Colonnese e muitos outros), Press Editorial (Paulo Paiva, Franco de Rosa e Gualberto lançaram *Maciota*, *Radar*, *Monga* e muitas outras revistas), *Sítio do Picapau Amarelo* (RGE; Gustavo Machado, Murilo Marques Moutinho, César Lobo), *Bundha* (Newton Foot), *Níquel Náusea* (Fernando Gonsales e Spacca), *Tralha* (Marcatti, Baraldi, Mutarelli e eu), *Porrada* (editora Vidente) e a Circo Editorial, que apareceu em 1985 (lançando Glauco, Laerte, Angeli e Luiz Gê) e foi, a meu ver, o fim da Era de Prata.

Em 1988, a Abril lançou *Os Trapalhões* numa versão infantil (editada por Primaggio Mantovi, com César Sandoval, Marcelo Cassaro, Watson Portela, Bonini, Gustavo Machado, Paulo Borges e muitos outros) e *Senninha* (Rogério Martins). Tivemos ainda os gibis do *Sergio Mallandro*, *Faustão*, *Xuxa*, *Angélica*, *Leandro e Leonardo*. Nos anos 90 tivemos uma redução de quadrinhos brasileiros em bancas. Ainda assim, em 1998 surge a Opera Graphica, que lança muitos álbuns de quadrinhistas brasileiros (Zalla, Colonnese, Shima, Seabra, Marcatti) e o selo Graphic Talents. *Smilingüido*, *Menino Maluquinho*, *Patrícia* e a série especial da Abril marcaram o fim dessa Era. Quem continua firme e forte é o MSP com *Turma da Mônica Jovem*, *Mônica*, *Cascão*, *Chico Bento* e a série de graphic novels por outros autores.

Como conseguiu o estágio Ely Barbosa? Apresentou alguns trabalhos para o estúdio?

Sim. Levei as páginas que tinha produzido pro estágio no Mauricio de Sousa, meus quadrinhos de super-heróis e a adaptação de *O Guarani* que tinha feito pra escola, num traço acadêmico.

Qual era a sensação de trabalhar em um estúdio de criação? Como era o ambiente lá?

Como eu disse, eu me sentia no paraíso. Passava no estúdio do Ely Barbosa duas vezes por semana pra pegar roteiros pra desenhar. Conversava com o pessoal da arte, encontrava outros freelancers que passavam por lá. Via os livreiros-andantes que levavam livros de arte pra vender (mas eu nunca tinha grana, só dava pros gibis de banca mesmo). O Ely era um

cara muito boa-praça. Sarrista, me chamava de "vermelho" por eu ser petista. Tinha um acervo de Quadrinhos e Arte que liberava pra gente estudar. Ele era muito voltado pro merchandising dos personagens e tinha sempre gente famosa lá (Matilde Mastrangi, Éder Jofre, Marthus Mathias — dublador do Fred Flintstone nos desenhos — e Otávio Mesquita). Mas o legal mesmo era encontrar Mingo, Genival, Pontes, Cidão, Sérgio Vallezin, Cleyton Caffeu, Vetillo, João Batista Queiroz, Sérgio Lima, Bonini, Watson Portela, José Lanzellotti, Vila, Arthur Garcia, Wanderley Feliciano e Orlando Costa por lá. O estúdio fervilhava de ideias.

Hoje existem poucos estúdios, Mauricio de Sousa é uma exceção. O que um desenhista perde e ganha em trabalhar em um estúdio?

A gente perdia em identificação, já que a gente não podia assinar as HQs. Perde também em traço, pois o estilo a seguir é pré-determinado. Mas o estúdio Ely Barbosa tinha um jogo de cintura, oferecendo uma liberdade de estilos que nunca vi nos outros estúdios, onde você tem que seguir à risca o *model sheet*. Lá, o Ely liberava pra cada um mostrar seu traço.

Porém, trabalhar em "linha de montagem" agiliza o processo de produção (como já havia demonstrado o estadunidense Ford). Eu fazia entre

40 e 50 páginas a lápis por mês. Vetillo fazia mais de 100. Eu nunca consegui produzir isso depois. Quando desenhei *Memórias de um Sargento de Milícias* (com roteiro da Índigo e cores do Maurilio DNA e Caio) fizemos 56 páginas em 2 meses. E foi uma produção recorde em rapidez.

Voltando aos estúdios: a gente não participava do processo de arte final e, às vezes, quando se pegava o gibi impresso, o traço não era bem o nosso. Eu cheguei a escrever roteiros, numa época que vários saíram do estúdio. O roteirista que mais produzia era Vallezin, caseiro do Ely, uma espécie de faz-tudo. Ele era tão criativo e piadista que o Ely o incentivou a escrever roteiros, o que ele passou a fazer com eficiência e rapidez. Foi pro SBT e escreve quadros de humor até hoje.

Em 1982 você foi contratado como chargista pelo Sindicato dos Químicos de São Paulo. Como surgiu o convite? O que fazia lá?

Eu era chargista-militante nas horas vagas, apoiava várias oposições sindicais e ia muito no Sindicato dos Bancários de São Paulo, onde conheci o chargista Éton e o jornalista Valdeci Verdelho, com quem fiz os boletins de campanha da Oposição dos Químicos. Eles ganharam a eleição, contrataram o Valdeci pra montar um departamento de imprensa, o Joaquim Carvalho como produtor gráfico e eu como chargista. Entrei ganhando o piso de jornalista (triplo do que eu ganhava como freela nos *Trapalhões*), trabalhando cinco horas por dia (metade da minha jornada como quadrinista) e tendo tempo de pesquisar os assuntos pra satirizar. Eu chegava no Sindicato dos Químicos às 14h, lia os jornais do dia, discutia a pauta e ia pra prancheta. Ficava até as 19h, quando saía pros Cineclubes do Bexiga, Oscarito, Cinema Belas Artes, Centro Cultural Vergueiro, Gibiteca Henfil, Bar Avenida e Madame Satã.

Foi nesse período que você trabalhou no Estúdio Briquet fazendo animação? Como foi o trabalho lá?

Trabalhando apenas cinco horas por dia, eu tinha muito tempo vago e já tinha falado com o Spacca da minha vontade de trabalhar com desenho animado. Ele era animador no estúdio do Briquet (que tinha clientes como Cepacol, Danone, Maritel e muitos outros) e me falava muito de lá. Mas quem me indicou pra ser intervalador (quem faz todas as cenas intermediárias de uma animação) foi o Cleiton Caffeu, com quem eu tinha trabalhado no estúdio do Ely. Ele adorava o Mort Drucker da *MAD* e fazia *caricas* de todo mundo no estúdio. Ele e Vetillo foram responsáveis por eu gostar tanto de caricaturas. O Briquet me ofereceu um estágio. Depois de duas semanas, peguei o jeito e estava apto a trabalhar na equipe. Tirei férias no sindicato e trabalhei um mês intenso. Das 9h às 21h, fim de semana incluso. Em um mês produzimos três curtas (*Ursinhos da Maritel, Bond Boca e o sobrinho, Flintstones pra Danone*). No estúdio, além do mestre-ilustrador Briquet, Spacca e Caffeu, nomes como Caldeirão, Sandro Cleuzo, Luiz Canton Junior, Gustavo Machado, Alexandre Calheiros e o Gaúcho. O Briquet tinha um sistema de xerox em acetato, o que barateava o custo. Ele não precisava fazer fotolito das animações em papel. E não precisava fazer arte final, já que o traço grosso a lápis era fotocopiado escuro e deixava o desenho solto, mas com traço firme. Isso tudo era pintado no verso do acetato, ganhava a dublagem depois. Trabalhei feito um cão e ganhei metade do salário de jornalista. O Briquet me convidou a continuar lá, mas disse que eu tinha dois problemas: conversava muito e tinha outros interesses, como charge e quadrinhos (ele esqueceu da baixa remuneração do intervalador). Pra ele, o animador tem que se dedicar exclusivamente à animação. Agradeci pela experiência, declinei do convite e novamente optei pelo trabalho como chargista.

Foi a partir desta experiência que você começou a produzir charges em panfletos, boletins e jornais de sindicatos e da CUT?

Na verdade, foi anterior. Os boletins faziam parte da minha vida desde 1980. Essa militância gráfica começa paralela à minha entrada no gibi dos *Trapalhões*. Na exposição *Mestres Daqui*, inaugurada no ateliê Folha em Campinas, é possível ver este meu início na charge, com o traço ainda incipiente e bem "quadrinhos".

Nesses sindicatos você tinha liberdade editorial ou era pautado para fazer os desenhos?

No primeiro ano de *Sindiluta* (boletim diário do Sindicato dos Químicos), minhas charges ilustravam as matérias, portanto era pautado. Neste começo eu tinha um pouco de dificuldade pra entender os meandros da economia, detalhes da CLT e das relações entre sindicato, categoria e empresários. No segundo ano, ganhei um espaço de charge editorial, na parte de cima do boletim, ao lado do logotipo. E sempre tive total liberdade na escolha dos temas e nunca tive uma charge censurada ou "derrubada".

É interessante lembrar que quando os militares deram o Golpe em 1964 e tornaram os partidos de esquerda ilegais, prenderam, torturaram e mataram milhares de suspeitos de "subversão" e atacaram TODAS as esferas onde houvesse algum foco de oposição ao regime. Proibiram todo tipo de reunião e até grupo de oração foi considerado subversivo.

Centenas de sindicatos tiveram intervenção militar (como Bancários, Gráficos, Químicos de SP). Suas diretorias—eleitas democraticamente por suas categorias profissionais—foram depostas, os diretores (PTB, PCB, PCdoB) foram presos e torturados. Em seus lugares, os militares implantaram homens ligados ao regime: policiais, burocratas, tecnocratas, pessoas que nada tinham a ver com a categoria, seus anseios ou lutas. Estes interventores chamados de pelegos (termo gaúcho pra manta de pelo que fica entre a sela e o corpo do cavalo, pra amaciar) passaram a ter contato direto com as empresas (inclusive passando informações para serem fichados no DOPS e outros órgãos de repressão), cortando qualquer vínculo com os trabalhadores, que não importavam! Em meados dos anos 70, as lideranças sobreviventes tentaram voltar aos seus cargos, mas as empresas (como Banco do Brasil, Volkswagen, Correios, Mercedes Benz) alegavam que eles "abandonaram" os postos de trabalho e foram demitidos por justa causa. Neste momento os oposicionistas se dividiram: as lideranças do PCB alegavam que deviam retomar estes sindicatos aliando-se aos pelegos para, aos poucos, ganharem espaço interno. Fizeram isto no Sindicato dos Metalúrgicos e Eletricitários de São Paulo. Os combativos (que formariam o PT, PDT, PCdoB) queriam fazer trabalho de base, com boletins por empresa e, na eleição, bater de frente com os pelegos. Chapa contra chapa. Começou no Brasil inteiro um movimento pela retomada destes sindicatos. Foi aí que entrei com minha arte militante.

Os pelegos recebiam vultuosas propinas dos empresários para evitar greves ou movimentos de oposição sindical. Muitos dissídios eram decididos em churrascarias como a antiga Laço de Ouro, em Sampa. E tinham apoio para fraudar as eleições, mudando urnas, corrompendo mesários de apuração. Eu vi e vivi tudo isso. E os pelegos começaram a ser expulsos no Brasil todo. A primeira coisa que este novo sindicalismo trouxe foi a comunicação sindical direta com a base.

Esse sindicalismo combativo (que viria a fundar a CUT em 1985) era contra o imposto sindical (que encastelou os pelegos durante tanto tempo) e fazia a devolução desta taxa aos trabalhadores. O Sinergia de Campinas há mais de uma década conseguiu a suspensão do desconto compulsório por considerar que o trabalhador deve apoiar o sindicato de forma consciente.

Por que o sindicalismo sempre te interessou?

Minha militância vem de 1979, o período do final da ditadura militar. Os sindicatos do campo e da cidade, associações de bairros, Movimento contra a Carestia, Pastoral Operária e da Juventude eram nossos espaços de luta. O Brasil vivia o bipartidarismo da Arena (partido dos apoiadores do regime totalitário) e MDB (oposição). A dita "abertura lenta e gradual", iniciada em 1974, desemboca na liberdade de criação de partidos em 1980. Mas neste mesmo ano os militares ainda vinham praticando intervenções em sindicatos combativos, prisões de lideranças e atos terroristas, como o envio de dezenas de bombas (atentado ao Rio–Centro no show do 1º de Maio, hotel de Brizola, comícios do PMDB, jornais *Em Tempo*, *Tribuna Operária*, da Imprensa, Gráfica Americana e várias bancas de jornais que vendiam os jornais independentes *O Pasquim*, *Movimento*, *Opinião*, entre outros). Os sindicatos pelegos (bem relacionados com as empresas) não apareciam nas portas de fábricas e lançavam apenas um jornal anual com o resultado do dissídio coletivo, tinham policiais como assessores pra fraudar eleições e entregar lideranças de oposição, demitidas sumariamente. Montar uma chapa de oposição era difícil na época. Enquanto eu desenhava o gibi dos *Trapalhões*, eu acompanhava estes combatentes diários das atrocidades de um regime ditatorial. Eu admirava, apoiava e doava meu trabalho como contribuição pra luta. Foi assim que conheci o cartunista Éton.

Como disse, naquela época eram poucos sindicatos combativos. Meu primo Paulo Dantas era diretor de um desses poucos, o Sindicato dos Bancários. Como ele viu que eu me interessava por charges e caricaturas me deu sua coleção de *O Pasquim*, *Movimento* e *Opinião* para eu pesquisar as charges. Assim conheci chargistas como Henfil, Ziraldo, Fortuna, Jaguar, Laerte, Paulo Caruso, Maringoni, Fausto, Luiz Gê, Ohi, Jayme Leão, Magnani.

O Paulo me levou pra conhecer o Éton (Edson Dias) em 1981 e foi o primeiro chargista que conheci em carne e osso. Ele comentou meu trabalho e deu dicas preciosas sobre estilo, referências e de como montar um acervo de caricaturas, charges, fotos e ilustrações catalogadas e coladas em folhas de papel sulfite. Ele era excelente no lápis, nanquim e na capoeira. Ótimo caricaturista, dominava o bico de pena, fazendo perspectivas complexas para ambientar suas charges. Mantinha um arquivo com referências fotográficas de quase tudo e lia muito. Lembro de sua mochila cheia de cópias de artigos de jornal, matérias de conjuntura política e econômica que ele lia no trem, indo pra casa, em Osasco. Fazia dezenas de trabalhos ao mesmo tempo, freelas para outros sindicatos (Marceneiros, Condutores, Federação Nacional do Transporte, Oboré, revista *Alô Mundo e Gazeta de Pinheiros*) e ainda se dedicava à pintura a óleo. Antes, quando trabalhava nos Correios, foi preso por sua militância de esquerda (ficou na cela do DOPS onde torturaram e mataram o jornalista Vlado) e demitido em uma greve da categoria. Era fã do *Pasquim* e do Henfil e já fazia suas charges e quadrinhos. Desempregado, dedicou-se ao cartum sindical até recentemente, quando ganhou processo contra os Correios e voltou a trabalhar como carteiro.

Como está a Associação dos Quadrinhistas e Caricaturistas de São Paulo? As condições hoje são melhores do que antes?

Bem, foi este mesmo Éton quem me falou da AQC e das reuniões no Sindicato dos Jornalistas, em Sampa. Em 1984, a diretoria era composta pelos quadrinhistas, chargistas e fanzineiros: Gualberto, Jal, Franco de Rosa, Maringoni, Laerte, Paulo Caruso, Worney de Almeida, Eduardo Vetillo, Jayme Cortez, Conceição Cahú, Spacca, Marcatti, Guida, Mikio, Floreal, Mastrotti, Calazans e eu. As reuniões discutiam questões da categoria e implementavam projetos como a revista *Cometa Humor* (do cometa Halley), *Cartilha do Direito Autoral* (Flávio Calazans) e o *Catálogo da AQC*. O Troféu Angelo Agostini era a marca da associação e a participação na Campanha das Diretas Já, com o gigante boneco de Teotônio Vilela, foi estampada nas capas de jornais e revistas do Brasil. Chegamos a ter assembleias com mais de 100 pessoas. Vivíamos a Era de Prata dos Quadrinhos.

Mas em 1988, quando mudei pra Campinas, a AQC estava esvaziada. Neste ano, Gual e Jal saíram e criaram o Troféu HQMIX. O Worney (WAZ, editor do Zine *Quadrix*) carregou o Troféu Angelo Agostini por mais de uma década praticamente sozinho: fazia a cédula de votação, enviava pra quadrinhistas e fãs no Brasil todo, distribuía nas lojas de quadrinhos, recolhia os votos, fazia a apuração, organizava a festa (colocando dinheiro do bolso), convidava debatedores, apresentadores de filmes e animações e apresentava a premiação. Ele era o típico jogador de futebol que sofria a falta, batia a falta, fazia o meio de campo, atacava e chutava a gol. Ou seja, salvo a ajuda dos filhos e de alguns colegas que dividiam as despesas, como o cartunista Marcio Baraldi, Worney estava sozinho no deserto sem entregar os pontos. Mas a bandeira de manter o Troféu AA todo ano, ele nunca largou, bem como manter a votação aberta, livre e democrática (mas ainda com votos em papel). Em 2005, o AA aconteceu no FestComix no prédio da Gazeta, eu e o Baraldi fomos votados como melhores cartunistas. Foi nessa época que voltei a ajudar na promoção do evento e a participar mais efetivamente da AQC, ajudando a promover a votação nas listas de cartunistas no Orkut e grupos de internet. Em 2007, a premiação aconteceu no Senac Lapa; em 2008, no Senac Scipião. Nesses eventos a presença do público era pequena, mas estava começando a crescer.

Em 2010 (quando inauguramos o blog e a votação por e-mail) e 2011, o evento foi sediado no Instituto Cervantes. Aí tivemos o reforço gigantesco de Alexandre Silva e Marcos Venceslau. Estes dois trouxeram um senso de organização e novas ideias na formatação do Troféu. Foi neste ano que o Worney abriu mão de organizar e apresentar o prêmio. Ele queria se dedicar apenas às edições impressas da AQC, como a revista *Picles* (*Presidenta Dilma e Fim do Mundo*), fanzine *O Sótão* e algumas exposições como no Dia da Mulher e Dia das Mães. Em 2012, fomos pro Memorial da América Latina, onde estamos até hoje. E depois do Marcos Venceslau e Alexandre Silva, tivemos o reforço do Nivaldo Wesley, Álvaro Costa, Gazy Andraus, Eduardo Vetillo e Paulo Batista. E o Worney ficou mais tranquilo pra chegar lá e curtir o evento, lançando suas publicações. Mas ouvi muitas críticas neste período: que a AQC aceitava campanhas de internet, tinha um sistema de votação falho, aceitava votos de qualquer um, não premiava os "melhores" da HQ nacional. O que eu sempre argumentei: a nossa votação é aberta, ampla e democrática. Se tem uma forma melhor de se fazer um prêmio, que façam outro prêmio. É saudável. O HQMIX tem um corpo de jurados da área que escolhe os premiados. O Prêmio Bigorna era decidido apenas pelos organizadores. A Academia Brasileira de HQ faz a votação online no blog. Antes fazíamos listas gigantes de lançamentos, mas sempre faltava alguém que reclamava. Achamos que o melhor era publicar os lançamentos que nos enviavam e deixar o eleitor pesquisar e escolher livremente seus votos. A organização da Festa do Dia do Quadrinho Nacional tem se esmerado em melhorar e propiciar um belo encontro entre profissionais e fãs, grandes lançamentos (como a megassérie *SketchBook Custom* e Tributo a Rodolfo Zalla da Criativo e AQC), exposições de HQs do mundo todo e ótimos debates. E nos últimos anos o Troféu AA voltou a ter seu valor reconhecido. Quanto ao mercado de quadrinhos, ele mudou, se ampliou, unindo Oiapoque ao Chuí, mas se elitizou com álbuns caros—de pequenas tiragens — vendidos apenas em livrarias.

***QuadrECA*, *Pântano*, *Tralha*, *Porrada*, *Megazine*, *Bundas*, *Retrato do Brasil*, *Folha da Tarde* de SP, *Diário do Povo* de Campinas, etc. Como se dão essas colaborações: você as procura ou é procurado para um trabalho específico?**

Eu sempre fui indicado pra estes trabalhos, sinal de que tenho bons amigos espalhados por aí! Foram amigos que me convidaram. Na *Folha da Tarde*, o Gualberto me disse que o Franco de Rosa tinha pensado em mim pra substituir o Novaes nas férias. A primeira vez em que me ofereci foi no *Retrato do Brasil* (jornal diário que lançou uma coleção de fascículos com o mesmo nome): me avisaram que eles estavam procurando chargista e fui lá com pasta debaixo do braço. O Elifas Andreato escolheu

dois entre os candidatos: o Fernandes pra caricaturas e eu para as charges. A segunda vez: quando eu queria mudar pra Campinas e liguei no Sindicato dos Eletricitários—eu já fazia charges pra eles como freelancer—e perguntei se eles não queriam me contratar. E eles aceitaram! Tive a sorte de sempre trabalhar com o que gosto.

Você nasceu em São Paulo, mas desde 1988 decidiu morar em Campinas. Por quê?

Eu estava cansado de São Paulo. Muito trânsito engarrafado, o trabalho no Sindiluta estava patinando. Tinha acabado um relacionamento. Resolvi mudar de ares e, como eu já fazia charges e tinha amigos aqui na cidade, achei que seria mais fácil. Nem tive férias quando saí do Sindicato dos Químicos em São Paulo. Uma semana depois estava aqui. Cheguei trabalhando 10 horas por dia. Cinco no Sindicato, cinco na campanha do PT. Fazia charges, quadrinhos e *paste-up* de boletins pra todos candidatos. Era uma loucura. E eu adorava.

Hoje não é necessário viver numa grande metrópole para sobreviver neste mercado tão acirrado como o de cartunista e chargista?

Não. Vi vários cartunistas, caricaturistas e quadrinhistas voltarem pra suas cidades de origem. E continuaram colaborando com suas publicações em São Paulo, sem problema algum. Já têm seus nomes e carreiras consolidados. Mesmo para os iniciantes isso é possível. Mas precisa ter um bom relacionamento com os leitores via internet. Muitas tiras e charges saíram da web e viraram livros ou colunas em revistas e jornais.

Além do desenho, você toca gaita. É aí que surge seu momento de maior abstração?

Não diria isso. Acho que abstração eu consigo pelos quadrinhos *nonsense* que gosto de ler e fazer, os cartuns—com sua linguagem universal — e as caricaturas. Estas coisas são o oposto das charges—o mundo real, cheio de traições à cidadania e golpes à democracia—e me dão um respiro. A gaita e o canto, que exercito na banda Tio's Rex, são uma outra praia, mas bem concreta. Afinação, melodia, fraseados musicais, repertório, entrosamento no palco, desempenho, isto tudo é bem pé no chão!

Alguns amigos dizem, brincando, que você toca melhor gaita do que desenha. Concorda?

Huauhhahahuahaa. Claro que não! Sou bem limitado na gaita. Aprendi de ouvido e, pra tocar bem, conhecer as escalas e improvisar como os grandes mestres, eu precisaria fazer aula com o Paulo Gazela, um dos melhores da região. Tenho vontade de me dedicar a isso, como de voltar a ter aulas de canto.

Você fez diversas caricaturas com grandes mestres do blues, do jazz e do rock. Pretende reunir esse material em um livro?

Tenho vontade. Adoro blues (a grande maioria das caricaturas) e rock. Gosto de jazz, mas conheço pouco. Em quase 30 anos, produzi mais de 200 caricaturas, alguns pôsteres coletivos e exposições em BH e Campinas. Meu sonho era publicar um livrão com todas, mas como já me disseram: o público é reduzido e talvez virasse um elefante branco. Mas quem sabe? A Conrad lançou *Blues* do R. Crumb. Talvez a editora Veneta se interesse!

Fale também da criação das tiras do Tatuman. Como surgiu a ideia?

Eu o criei em 2008 e tinha o nome de Homem-Tatu. Em 2010, o Djota Carvalho (jornalista e quadrinhista, criador do *Só dando Gizada*) me indicou pro *Correio Popular*, fiz 10 tiras a toque de caixa. Avisei que, ao contrário das tiras atuais (com piadas diárias independentes), seria uma história continuada, como no início dos quadrinhos. Quando o jornal aprovou a tira, minha filha Thaís vetou o nome e sugeriu "Tatuman", pra ter mais estilo de super-herói. Tatuman é um anti-herói sem poderes, medroso, ensimesmado, meio complexado, um típico brasileiro duro, destes que a gente encontra pelas esquinas ou até dentro de casa. Me inspirei nos azarados Kick-Ass e Homem-Aranha.

Foi uma grande diversão nos três anos em que o publiquei no *Correio Popular* de Campinas. Durante um tempo, a Thaís, com seus 11 anos, fez a colorização no Photoshop e reclamou que não tinha muitas piadas e as pessoas não entendiam histórias que continuavam. *Tatuman* foi um exercício de metalinguagem e de roteiros que eu começava sem saber como ia acabar, só ia fazendo. Tinha inimigos doidos como Reflexu's, o Anta, Cachorro do Mato, Onça e Caboclo. Fez crossovers com os personagens Tex, El Eternauta, Dick Tracy, o Toupeira, Jerônimo, Nhô Quim, Turma do Pererê, Jeca-tatu, Xiru Gautério, Escorpião de Prata, Benjamin Peppe e outros. Vou lançar algumas das aventuras num livro da nova coleção da Criativo Editora.

Você adaptou para os quadrinhos obras literárias como *Memórias de um Sargento de Milícias*, *Dom Quixote* e *O Ateneu*. Como é o seu processo de trabalho em obras como essa?

Nas três eu li a obra original, mas o processo mudou em cada adaptação. A HQ *Memórias de um Sargento de Milícias* (Manuel Antônio de Almeida) teve texto adaptado por Índigo, desenhos meus, cores e balões de Maurilio DNA e Caio. *O Ateneu* (Raul Pompéia) teve texto de Ronaldo Antonelli, desenhos, cores e balões meus. Já *Dom Quixote* (Miguel de Cervantes) eu escrevi, desenhei, pintei e fiz os balões.

Em *Memórias de um Sargento de Milícias*, eu procurei muitas referências na internet, mas foi no livro de aquarelas do alemão Eduard Hildebrandt (que esteve no Brasil em 1844) que eu achei boa parte do visual que eu usaria na HQ. Ele havia morado no Rio e pintado uma parte dos locais citados pelo autor. Debret também me ajudou. Para criar os cenários e desenhar os personagens de Cervantes, o pintor espanhol Francisco de Goya foi fundamental. Uma revista da *National Geographic* e adaptações da Ebal e La Selva, que o colecionador João Antonio Buhrer me emprestou, também ajudaram. Em *O Ateneu*, as ilustrações do próprio Raul Pompéia foram de grande valia.

Pensa em trabalhar mais com adaptações?

Sim. Eu comecei *A Ilíada* pra Escala Educacional e só não continuei porque a editora suspendeu os projetos de HQ. Mas penso em retomar o projeto por conta própria, se a editora não o bancar.

Você produziu um documentário a respeito de Angelo Agostini e organizou um livro homenagem a ele. Qual a importância dele nos quadrinhos?

Há muito tempo sou fascinado pela obra pioneira, corajosa e guerreira de Angelo Agostini. Em 2010, montamos uma exposição de caricaturas na Escola Pandora. A ideia era popularizar o seu rosto e seus personagens. Esta exposição foi montada também na Unicamp e, no ano seguinte, ampliada, seguiu para o Instituto Cervantes, em São Paulo. No entanto, o criador da primeira HQ brasileira e causador do 30 de Janeiro como Dia do Quadrinho Nacional merecia mais. Agostini não foi apenas o criador da primeira HQ no Brasil (*As Aventuras de Nhô-Quim*, 30/01/1869), ele foi um dos responsáveis pela implantação da imprensa no Brasil, um dos primeiros chargistas na época do imperador D. Pedro II e, junto com Luiz Gama, um dos maiores combatentes da escravidão, da corrupção e da política elitista. Não foi pouca coisa.

O ítalo-brasileiro Angelo Agostini começou a publicar suas charges no Brasil em 1864, quando fundou o jornal ilustrado *Diabo Coxo*, durante a Guerra do Paraguai. Fundou depois o *Cabrião*, que teve sua sede depredada e faliu em 1867. Saiu de São Paulo perseguido pelo conservadorismo dos barões do café e instalou-se no Rio, mais afeito às mudanças. Publicou charges em *O Mosquito*, *Vida Fluminense*, *Revista Illustrada*, *Don Quixote*, *O Malho* e *Gazeta de Notícias*. Era um chargista muito popular em 1889, quando a República foi proclamada no Brasil. Ainda o era em 1905, quando criaram o *Tico-Tico* e ele foi chamado pra fazer o logotipo, quadrinhos e ilustrações para o jornal. Morreu um ano depois, sendo sucedido por J. Carlos, Luis Sá, Alfredo e Oswaldo Storni, Max Yantok, Edmundo Rodrigues e Carlos Arthur Thiré.

Em 2014, a AQC completaria 30 anos e resolvi fazer este média-metragem com o Artie Oliveira. Eu cuidei do roteiro, storyboard e direção, e ele da câmera, trucagens, codireção e edição final. O filme é dublado e legendado em francês e inglês. Teve as seguintes apresentações: Escola de Arte Pandora, Biblioteca Municipal de Campinas, Memorial da América Latina, Festival de BD na Argélia, TV Câmara de Campinas, 6ª Usina de Quadrinhos e 30ª Feira do Livro de Canoas, Fnac Campinas e Dia do Quadrinho Nacional de Ribeirão Preto. O documentário entrevista "experts" em Agostini e pode servir como fonte de pesquisa para os interessados, mas foi feito de forma palatável para o público em geral. Buscamos resgatar a história desse mestre praticamente desconhecido do grande público atual. Entrevistamos várias pessoas numa banca de jornal, no centro de Campinas. Queríamos saber o quanto as pessoas comuns sabiam de Angelo Agostini e do Dia do Quadrinho Nacional. Só uma pessoa sabia de quem se tratava. Agostini foi esquecido porque a imprensa e o povo deixaram de falar dele. Hoje, Ziraldo e Mauricio de Sousa são muito populares, reconhecidos pelas pessoas nas ruas. E daqui a 100 anos? Mas sou otimista. Há 30 anos pouco se falava do Dia do Quadrinho Nacional na imprensa. Nos últimos 10 anos, a TV tem abordado o tema, mas a maioria da população ainda desconhece o assunto.

Montamos também uma exposição com 30 cartuns sobre Agostini e os 30 anos da AQC na Escola Pandora e no Memorial da América Latina.

Considerando que nossa memória é fugidia, pretende realizar algo parecido com algum outro nome do quadrinho nacional?

Com certeza. J. Carlos—que ganhou recente exposição no Centro Cultural dos Correios — é um nome a ser homenageado. João Baptista Queiroz, José Lanzellotti e Edmundo Rodrigues são nomes a serem lembrados e ovacionados, como o foi Rodolfo Zalla recentemente.

Como está seu trabalho como professor da Pandora Escola de Arte? O que tem transmitido para as pessoas?

Eu encerrei minhas turmas e agora estou em processo de reinício. Fiz uma oficina muito interessante no meio de abril. A caricatura deve ser vista não apenas como o rosto distorcido. Tudo é caricatura. Até um retrato é caricatura, basta ver Goya, Picasso, Modigliani e Monet. Cartum é caricatura. E quadrinhos também o são. A caricatura satiriza ou dramatiza pessoas e situações. A caricatura é riquíssima como forma de se retratar a sociedade moderna e de se entender a sociedade antiga. Tento respeitar o que cada um tem e tirar de cada aluno o que tem de melhor. E é incrível ver gente que diz não desenhar nada, desenhando!

Você já produziu charges como a do ex-governador de São Paulo Mário Covas vestido de Exterminador do Futuro. Já teve problemas com políticos em razão das suas críticas?

Nunca tinha tido, até recentemente. Este Covas foi um cartaz enorme que o Sindicato dos Trabalhadores da Unicamp encomendou em 1995 e foi espalhado pela cidade inteira. Mas as coisas mudaram... para pior. Tenho visto muitos chargistas temerosos com as atitudes extrapoladas que o MPF-Curitiba teve com o jornalista e blogueiro Eduardo Guimarães, levado coercitivamente para depor, sem poder dar telefonema nem pro advogado. Vivemos tempos de exceção, em que manifestantes são bombardeados, espancados e levados presos sem levantar sequer a mão contra os policiais (não me refiro a *black blocs*); estudantes são tratados como bandidos, com provas "plantadas" em suas mochilas e armas da polícia são encontradas nas mãos de criminosos; internautas são presos por criticarem a PF ou o STF (onde temos um juiz acusado de plágio no seu livro *Direitos Humanos Fundamentais* e que defende a linha dura para os manifestantes). Vemos a Constituição ser desrespeitada dia a dia por juízes e temos de ficar quietos?

Em 2014 você chegou a sofrer tentativa de censura por parte do governador Geraldo Alckmin e do senador José Serra, em virtude de trabalho ironizando o chamado "Metrogate de São Paulo". O que aconteceu ali?

Sim. Eu e Latuff fizemos charges sobre o tema publicadas no site do PT-SP. Em 2013, os tucanos indignados moveram uma ação judicial exigindo a retirada das charges da internet. Os dois "probos" autores da ação alegaram que "os desenhos ofenderam a honra dos políticos, pois ligavam diretamente Serra e Alckmin aos crimes de corrupção passiva e peculato". A dupla de espertões pedia R$ 10 mil cada de indenização por danos morais (mais uma piada pronta). O juiz Valdir da Silva Queiroz Junior, da 9ª vara cível de São Paulo, afirmou que "não cabe ao site que reproduz as charges ser responsabilizado pelo conteúdo delas, uma vez que os autores são conhecidos e seria deles a responsabilidade pelo conteúdo, e que a remoção compulsória configuraria censura artística, proibida de forma absoluta pela Constituição Federal". Julgou improcedente a ação dos tucanos e fixou pagamento de R$ 1.000 a cada um para custos e os honorários gastos na ação. A decisão foi tomada em primeira instância, os advogados tucanos entraram com recurso, mas o resultado é ignorado. Talvez as delações da Odebrecht contra "O Careca" e "O Santo" os tenha deixado mais calminhos. Mas eu não fiquei. Ver dois "ditos democratas" defenderem a censura é o cúmulo da hipocrisia. É como o prefeito Doria cobrir grafites com tinta cinza e dizer que é pra deixar a cidade mais bonita.

O senador Álvaro Dias (na época no PSDB) utilizou uma charge sua para falar do assalto à Petrobras. Que fim deu essa história?

Álvaro Dias ainda era do PSDB nesse tempo. Sempre atacou o PT, a CUT e os movimentos sociais. A equipe do site dele pegou uma charge que eu havia feito pra Federação dos Petroleiros, tirou minha assinatura, a adulterou e publicou. Alertado pela FUP, eu escrevi no blog dele:

CHARGE MINHA NO PSDB NÃO!

Sou o chargista Bira Dantas. O site do senador Álvaro Dias publicou minha charge indevidamente, sem me consultar e ainda cortando uma parte da mesma. Além de ferir a lei dos Direitos Autorais, os editores do site adulteraram minha charge. Gostaria de pedir que a retirassem do site, pois não quero ver meu trabalho comprometido com este mandato e muito menos com o sentido desvirtuado da matéria. Minhas charges são publicadas no movimento sindical há 33 anos, na CUT desde sua fundação, para o Sindipetro desde 1995 e para a FUP. Eu nunca apoiei movimentos ligados ao PSDB ou DEM. Pelo contrário, tenho me dedicado a denunciá-los e tenho um nome a zelar. Não quero me misturar com quem (como o sen. Álvaro Dias) usou o jatinho do doleiro Alberto Youssef, que está preso agora. PT saudações!

Ao que Álvaro Dias respondeu em 11 de abril de 2014:

"Retirarei sem problema algum. Minha assessoria ilustrou a matéria usando a imagem. Peço desculpas."

Eles tentaram dizer que a imagem estava na internet já adulterada, mas assim que fui alertado procurei na web por outras postagens daquela charge e o único resultado era o do site do senador. Como ele tirou a charge e pediu desculpas, acabei deixando quieto, mas oito anos antes ele estava bem mais agressivo.

Sente-se "vigiado" pelo PSDB?

De certa forma. Em 2006 publicava muitas charges no blog *Amigos do Presidente Lula* (imaginem os temas) e recebi a seguinte ameaça:

"Senhor Bira, cabe a mim alertar que Vs. está cometendo ato de difamação. Cabe ainda um alerta que usarei os recursos que a lei me permite para processar este antro que se diz blog que nada mais é que um bando de corruptos sem escrúpulos. Álvaro Dias, Senador da República"

O blog publicou o seguinte post:

RESPOSTA DO CHARGISTA BIRA AO SENADOR

Pois é, senador Álvaro Dias, as investigações mostrarão os verdadeiros corruptos desta nação. E tenho certeza que a grande e esmagadora maioria não virá do PT, mas de partidos que vossa excelência costuma chamar há muito tempo de "aliados". Acabei de assistir ao JN da Globo, mostraram denúncias contra Geraldo Alckmin, contra políticos do PFL e contra o PMDB carioca que apoia Garotinho. Estou vendo mesmo quem está atolado na lama. O chargista, ao mostrar ou criticar um fato, não comete ato de difamação. Ele cumpre com seu papel político. Se eu não quisesse cumprir o meu, mudaria de profissão ou ofereceria minhas charges aos pefelentos e tucanalhada. E isso, meu senhor, pode ter TOTAL e ABSOLUTA certeza que eu não farei NUNCA. Aliás, nunca fui corrupto, nem sem escrúpulos. Só deixei de pagar algumas contas na data, mas paguei com multa e juros depois. Passar bem. Bira Dantas, chargista, cidadão e colaborador totalmente gratuito do blog.

Seu alinhamento político não te traz problemas?

O tempo todo. As redes sociais têm o lado positivo de democratizar a informação, mostrar a arte de cada um e encurtar distâncias. Mas as pessoas expõem o que têm de pior. Isso é ruim. Mas tenho que dividir o mundo real do mundo virtual. No mundo real eu faço charges, toco gaita, gosto de cozinhar e cantar no karaokê, dou aula, falo com os vizinhos, passo no sindicato, converso com as pessoas, dou entrevistas, faço shows, ajudo a organizar o Troféu Angelo Agostini. No mundo virtual eu era um petralha sujo que devia levar dedo no nariz. Mesmo quando Lula era "o cara", eu era criticado por meu posicionamento aberto e franco. No mundo virtual eu não deixava uma provocação sem resposta. Participo desde 1999 de grupos de discussão de chargistas e quadrinhistas na internet. Ouvia de muita gente que "chargista não tem lado", "tem que atirar em todo mundo", "não existe humor a favor" e "o que importa é tirar o PT do poder". Um ex-amigo e ex-petista me disse que eu não sabia fazer charges: "Onde já se viu fazer charge defendendo o Lula? Charge é pra descer o pau!". Eu queria entender por que certas pessoas acham que têm direito de dizer como as outras devem se portar. Eu tenho o direito de fazer as charges que acho corretas. E se tem gente que me paga por elas, melhor ainda. Mas tinha gente que ficava indignada porque eu compartilhava matérias denunciando factoides plantados pela imprensa. Me mandavam mensagens dizendo que eu era trouxa, que o Lula tinha sim um triplex no Guarujá, que dava festas homéricas na fazenda milionária do Lulinha (cuja foto era a ESALQ-Piracicaba) e que a Friboi era de sua propriedade. Resolvi isto deletando parentes, conhecidos e desconhecidos que me importunavam todos os dias.

É possível acreditar em políticos e partidos em plena Lava Jato, que a cada dia nos revela o quanto o mundo político é sujo?

A Lava Jato nos revela que o mundo empresarial é sujo e que os políticos (empresários e fazendeiros em sua grande maioria) levam esta prática pra dentro do Legislativo, do Executivo e do Judiciário. Veja, a delação da Odebrecht nos diz que eles se preparavam pra ganhar as licitações, combinavam a propina com os diretores de estatais (que as repassavam pra candidatos a vereador, deputado, senador, prefeito e governador). E se, num erro de percurso, outra empresa ganhasse, eles molhavam a mão de juízes e procuradores para impugnar a empresa ganhadora e eles assumirem. O que vemos neste país é a dilapidação do patrimônio público desde que éramos colônia de Portugal, a degradação dos serviços de saúde, educação e cultura. E aí vem colocar a culpa nos políticos? Quem são os políticos? Empresários. E a grande maioria usa Caixa 2 e propina pra ganhar contratos. E alguns empresários dizem: "Se eu não fizer isto eu não sobrevivo no mercado, entende?". Mas o que me choca na Lava Jato, além dos vazamentos seletivos, linha dura e coerção até que o corrupto resolva entregar algo contra o PT "mesmo que seja apenas convicção", é a total falta de respeito pelos ritos e procedimentos técnicos da Justiça.

Está lá no site Consultor Jurídico:

"O Tribunal Regional Federal da 4ª Região decidiu, nesta quinta-feira (22/9), que a operação 'Lava Jato' não precisa seguir as regras dos processos comuns. Advogados apontam que as investigações ignoram os limites da lei ao, por exemplo, permitir grampos em escritório de advocacia, divulgação de interceptações telefônicas envolvendo a presidente da República e a 'importação' de provas da Suíça sem a autorização necessária. Mas, para a Corte Especial do TRF-4, os processos 'trazem problemas inéditos e exigem soluções inéditas'."

Isto é Estado de Exceção. Numa situação dessas não precisa provar nada. Se o juiz que investiga, acusa e julga (isto é inconstitucional) acha que a convicção é suficiente pra condenar uma pessoa, acabou. A instância superior acatou e você não tem pra onde apelar. Nem pro bispo. Só pro papa! Tivemos um processo de impeachment presidencial sem sustentação jurídica e, exceto pelos defensores da presidenta Dilma, nenhuma instituição se levantou contra isso. Nem o STF. E depois do golpe efetivado, o ministro Lewandowski, professor de Direito na USP, afirmou:

"Esse impeachment, todos assistiram e devem ter a sua opinião sobre ele. Mas encerra exatamente um ciclo, daqueles aos quais eu me referia, a cada 25, 30 anos no Brasil, nós temos um tropeço na nossa democracia. Lamen-

tável. Os universitários talvez possam garantir um futuro melhor. Quem sabe vocês, jovens, conseguem mudar o rumo da história."

Ele presidiu o processo no Senado e não abriu a boca!

Boa parte da sua produção é voltada para a temática política e social, com problemas sociais como o desemprego, etc. Estamos, não é de hoje, atravessando um período ruim, com esses problemas que você aborda persistindo na nossa realidade. Você fez algum trabalho criticando a gestão petista no cenário nacional?

Antes eu me dava ao luxo de criticar os erros do PT. Na prefeitura de Jacó Bittar, em Campinas, fazia charges no *Diário do Povo* e critiquei sua postura na greve dos servidores, seu racha com o vice Toninho e sua aproximação com Orestes Quércia (o que fez com que saísse do PT e fosse pro PDT). Também cutuquei o governo Lula. Fiz charges mostrando Zé Dirceu e o caso Waldomiro, a postura do Palocci em relação à política econômica, Berzoini arrochando os aposentados, Lula e o "toma lá, dá cá" com o PMDB. Comecei a ver minhas charges publicadas sem autorização em blogs globais como Noblat e Ancelmo Gois, de "liberais" como Marcelo Tas e mesmo de direita e anti-PT. Eles nunca publicaram minhas charges contra o PSDB. Pensei em pedir que as excluíssem, mas a comunicação era truncada e resolvi do jeito mais simples: não as fazer mais. Tem muito chargista descendo o sarrafo no PT, não precisam de mim pra isso. E eu não quero me misturar com movimentos fascistas como Vem Pra Rua, Brasil Livre. Desta gente (que segue o pato da Fiesp, usando camiseta amarela), quero muita distância. De novo me decepcionei ao ver o PT se aliar com os partidos que deram gol-

pe na presidenta Dilma, para compor mesa na Câmara e no Senado. Sei que faz parte do jogo. Mas com golpista eu não sento em mesa. Fiz charge criticando a bancada do PT na Alesp que destituiu o deputado Rillo, forte opositor ao governador Alckmin, e aprovou as contas do tucano. Eu teria feito uma charge criticando o desemprego, resultado da política de recessão do Levy, no segundo mandato da Dilma, mas não quis me arriscar a fazer coro com coxinhas.

Está decepcionado com o PT?

Sim e não. Tenho 54 anos. Vi muita coisa acontecer aqui: fim do governo militar; Tancredo trair o movimento das Diretas Já e se eleger pelo voto indireto com o Sarney de vice; Collor, apoiado pela mídia, mentir na TV, ganhar a eleição e sequestrar a poupança do povo; impeachment de presidente-marajá; Itamar assumir e implantar o Plano Real, FHC roubar a autoria e se eleger com isso (que tinha muitos acertos), afirmar que ia resolver a vida de todos e o desemprego só aumentava, e as privatizações queimando estatais a preço de banana. Quando o PT chegou ao governo federal, o país mudou pra melhor. Tivemos inclusão social, melhorias incomparáveis na saúde e educação (que vergonha, hein, FHC?). A BBC Brasil, que não tem nada de petista, fez matéria intitulada *O legado dos 13 anos do PT no poder em seis indicadores internacionais*:

1. Ranking das maiores economias: Em 2002, o Brasil ocupava a 13ª posição no ranking global de economias medido pelo PIB em dólar, segundo dados do Banco Mundial e FMI. Chegou a ser o 6º em 2011, desbancando a Grã-Bretanha, mas voltou a cair. Hoje, é a 9ª maior economia do mundo de acordo com esse indicador.

2. IDH e combate à pobreza: O Índice de Desenvolvimento Humano era de 0,649 no início dos anos 2000, chegou a 0,755 hoje, o que indica uma melhora. O Bolsa Família é retratado como modelo de programa social bem-sucedido: 5 milhões de brasileiros deixaram a extrema pobreza. E por volta de 2009 o programa havia reduzido a taxa de pobreza em 8 pontos percentuais, com aumento da escolaridade no país e avanços no combate à miséria. Especialistas consultados pela BBC Brasil veem nas políticas sociais o maior legado positivo dos 13 anos do PT no poder no Brasil.

3. Gini—Desigualdade: O coeficiente Gini do Brasil, nos cálculos do Banco Mundial, passou de 58,6, em 2002, para 52,9, em 2013 (último dado disponível). Em 2014, um relatório da ONU sobre o tema também registrou uma queda significativa da desigualdade no Brasil na última década, com o Gini passando, nos cálculos das Nações Unidas, de 54,2 para 45,9.

4. Percepção de corrupção: Em 2002, o Brasil ocupava a 45ª posição do ranking de percepção da corrupção da Transparência Internacional (TI), que incluía análises de 102 países. Em 2015, passamos para o 76º lugar entre 168 países.

5. PISA—Educação: No relatório de 2013, com dados de 65 países (alguns ricos, como Japão, Suíça e Alemanha), o Brasil ocupou a posição 55 no ranking de leitura, 58 no de matemática e 59 no de ciências. Ou seja, comparativamente avançou em relação a 2000.

6. Ambiente para negócios: É outra área em que os especialistas veem certa estagnação com o saldo dos 13 anos do governo petista, com deterioração na gestão Dilma.

Mas esperava que o Partido que fundei e ajudei a construir tivesse princípios mais ortodoxos no que se refere a alianças e intolerância com a corrupção (neste quesito, Dilma foi muito mais firme do que Lula, o que lhe custou o mandato). Sempre defendi que o PT só se aliasse com partidos de esquerda, mas Lula nunca teria sido presidente do país. O seu vice e principal aliado junto ao empresariado foi José Alencar, do Partido Liberal (que era anti-PT nos tempos do malufista Afif Domingos). Se não fosse a bancada vendida do PMDB, Lula não teria governado. Mesmo assim, eu ainda fazia charges criticando os pontos que considerava falhos e alguns amigos fizeram parcerias em algumas (como o Heringer e Mauro Alvim). Concordávamos que alguns apoios eram deploráveis, como Collor, Sarney, Maluf (hoje sei que estes apoios eram pró-forma, estes senhores apoiaram e apoiam o PSDB, mas estavam numa aliança "circunstancial"). Em 2004, quando estourou o escândalo com Waldomiro Diniz, assessor de José Dirceu, na Casa Civil, eu fiquei possesso. Ele não tinha o direito de colocar tudo a perder, logo quando Lula começava a fazer as coisas que tinha se proposto. Nesse momento teve uma debandada do PT. Até eu escrevi carta de desfiliação, publiquei no Orkut, mas quando vi a direita comemorando o que pra eles seria o fim do partido resolvi ficar. Lula estava acertando a mão, depois de dois anos em que não aprovava nada no Congresso. Ele queria acertar. E sabia que o país só melhoraria com emprego, empresas crescendo, melhores salários, distribuição de renda e políticas sociais. Você não combate crise com recessão (coisa que o Levy tentou fazer com o aval errado da Dilma). E vem o Zé e faz aquilo. Outra coisa absurda foi o empréstimo que custou a prisão de Genoíno. Apesar das minhas críticas ao PT, a minha única certeza era não querer fazer parte daquele coro de antipetistas (velhos e novos) que tentavam jogar tudo na mesma vala, fazendo a alegria da direita sórdida. Mas, quanto ao partido, joguei a toalha. Não me refiliei e não participo mais das convenções do partido, apesar de achar que o PT é uma referência em administração pública (efetivou as melhores políticas sociais, educacionais e de saúde pública) e continuar a apoiar seus candidatos.

Se ficar comprovado, mostrando fatos, que realmente o ex-presidente Lula é responsável por tudo o que é acusado, você faria uma charge dele retratando-o como condenado?

Sim, se for realmente COMPROVADO e não apenas por convicção ou delações negociadas pra libertar os corruptores, como o MPF-Curitiba costuma fazer. O caso do triplex vem bem a calhar: a família do Lula não passou um fim de semana sequer no tal triplex (que ele com o salário de presidente poderia tranquilamente comprar), a PF já declarou que a OAS é dona do apartamento e o juiz Moro continua batendo na mesma tecla, e aceitou (ou combinou) a história que Odebrecht enviou 13 milhões em espécie pro Lula numa mochila. Na boa, se esta for a prova que vai condenar Lula, eu farei a charge sim, contra o juiz que enterrou as provas de corrupção no Banestado no Paraná, atropelou a democracia e a verdade. FHC comprou um apartamento que vale 11 milhões de euros na avenida Foch, em Paris, e ninguém se espanta e nem vira matéria de jornal ou TV.

RAFAEL COUTINHO

"TALENTO NATURAL NÃO EXISTE"

NA SÉRIE COM GRANDES QUADRINISTAS, RAFAEL SPACA E RAFAEL COUTINHO FAZEM DUPLA NO NOME E NO PAPO SOBRE LAERTE, FAMÍLIA, POLÍTICA E TRABALHO

Você é filho da Laerte, uma bandeira do traço nacional. Mas conseguiu desenvolver um traço próprio e hoje é um dos maiores expoentes do traço no país, ganhou vida própria. Foi difícil chegar até aqui?

Foi, sempre é. Não acho que minha vida foi mais difícil que a de ninguém; trabalho com o que amo, sempre tive total liberdade pra escolher e desenvolver projetos que quis, e sempre busquei por eles. Mas estou rodeado de gente que me ajuda, tenho muita sorte. É um meio muito afetuoso o dos quadrinhos, todo mundo numa luta intensa, buscando por saídas de forma independente, autônoma. Me encontrei aqui, e sinto que encontrei meu público também. Não nego o fato de que, por ser filho da Laerte, consegui abrir portas que não estariam à disposição de qualquer um, mas realmente não trabalho em um meio de abastados. É contra a corrente, sempre. Mas percebi também que não me fazia nada bem me vitimizar e aceitar as derrotas passivamente, tampouco aceitar as limitações do meio editorial e gráfico/plástico. Dava pra escrever um livro sobre os projetos que não deram certo, porque foram muitos. Mas passei a questionar a própria ideia de sucesso, de guerra a ser vencida, e entender essa carreira que escolhi como um caminho coletivo em constante construção. Os livros também, como projetos que preciso concluir independente do que possam gerar posteriormente. Não trabalho com quadrinho para as massas, não vou ficar rico com isso, e acho que entendi isso vendo meu pai trabalhar. Por isso mesmo é que a coisa é tão encantadora, uma mistura de *Dom Quixote* com *Matrix*. O potencial da linguagem e do meio é infinito, eu só precisava internalizar a coisa do trabalho, trabalho, trabalho. Mas vale dizer também que não sou tão bem resolvido assim. É um jogo pra ser jogado ponto a ponto.

Que peso tem carregar o Coutinho no sobrenome?

O Coutinho não pesa, porque meu pai sempre foi a "Laerte" apenas. Mas minha família desse lado é bem talentosa, temos expoentes em diversos meios, minha vó é um caso a ser estudado. Minha mãe, Merli, é uma figura que sempre mirou bem alto, teve uma vida muito intensa como médica. Acho que entre mim e meu irmão sempre houve essa exigência autoinflingida, mas nunca fomos cobrados pra sermos os melhores nem nada do tipo. Nasci e fui criado em uma estrutura familiar meio múltipla, onde minha madrasta, Miriam (mãe da minha irmã), teve um papel forte também. Vivia muito fora de casa, na casa de amigos, e nos mudamos muito também de cidade.

Não sei resumir essa experiência, mas foi uma educação "à esquerda", de uma forma geral. Até um certo momento, a maior parte dos meus amigos e amigas era de classe mais baixa. Essas coisas (eu acho) me deram uma noção mais clara da bobagem de um nome. Sou um classe média alta no Brasil, estudei artes, pude viajar e conhecer o mundo, sem abusos. Então acho que sobrenome é isso, né? Privilégios. Daí que realmente levo uma vida em busca de uma certa "correção" nesse jogo. São os assuntos que mais me interessam como autor, sinto que devo devolver, dando aulas, refletindo, me incomodo com essa discrepância de realidades na nossa sociedade. Mas estou longe de achar esse equilíbrio, se é que há. No fim das contas, sei que sou um burguês bem alimentado, homem e branco, não posso ser hipócrita.

Mas sim, ser filho da Laerte teve um peso sim. Por vezes ruim, em outros melhor. Hoje em dia somos muito parceiros, sempre fomos. Ela sempre esteve lá nos momentos-chave da minha formação, do jeito dela. Sem alterar muito meu ecossistema, mas ali, mais presente do que como figura formadora de grandes frases e orientações contundentes. O que hoje em dia sou muito grato e realmente acho a melhor forma de acompanhar os filhos. E, como disse, quadrinhos não passa na Globo, não o do meio do qual fazemos parte.

Há muitos pontos de contato com o grande público, momentos onde projetos e ideias repercutem, histórias que criam esse efeito tectônico que toca mais pessoas. Mas realmente não busco pelo glamour da coisa, busco por esse equilíbrio entre liberdade criativa total e bons trabalhos encomendados que dialoguem com esse corpo de trabalho que criei. E claro, pagar minhas contas.

Mas vejo nosso meio como um eterno garimpo pelo ouro. Ouro sendo a repercussão de um trabalho, o reconhecimento em um determinado momento pelo esforço empreendido. E não há como negar que todos nós, de certa forma, cochichamos nos bastidores sobre a possibilidade de um livro virar série ou o fulano que ganhou um grande prêmio na Europa. Acho que isso também é parte do garimpo, almejar por esse holofote acompanhado de conforto e grana. Enfim. ARTE, como sempre foi e será.

E nesse cenário construí um papel bem ativo e gosto muito de poder contribuir; é algo que me satisfaz profundamente. E sei que construí essa dimensão política/fomentadora da cena na minha carreira em parte por ser filho da Laerte. Percebi que era possível abrir caminhos dessa forma e fui abrindo, sozinho ou junto com ela. Alguns deles pelo meu desejo de fazer algo, outros pelo desejo dela em fazer isso e aquilo, outros por fazermos juntos projetos em que acreditávamos, e outros tantos porque realmente queremos fazer e criar com mais gente, para mais gente. Nos beneficiamos com isso também, não é filantropia. Hoje em dia, conheço todo mundo do meio, então consigo com mais facilidade me consultar com colegas e construir ideias que considero plataformas para parte do meio crescer, projetos acontecerem.

Fale a respeito da sua mãe e do tipo de influência que ela teve na sua vida.

Minha mãe é uma mulher muito forte e intensa. Somos muito próximos, mas precisamos manter uma certa distância pra não arrancarmos a pele um do outro. Ela agora tem diminuído um pouco o ritmo, mas sempre foi o perfil "três empregos, dois filhos, politizada e culta, fala seis línguas", um perfil de mulher que acho que apareceu muito nos 60/70, e que nos 80 montaram essa coisa com carreira muito forte. Nunca parava em um lugar por muito tempo, já morou em mais de dez países, apaixonada por medicina, política e as relações humanas. Uma mulher que assumiu o papel do pai numa família com sete irmãos e mais um tanto de primos que orbitavam em volta deles, e sempre foi uma pessoa que vai pra cima, que peita, que questiona.

Confesso que tenho muita dificuldade de resumir minha mãe, mas entendo claramente que tenho questões freudianas profundas pra resolver nessa relação intensa que temos. Admiro muito ela, é meu maior exemplo de feminismo no mundo—imagino que todo mundo diga isso da própria mãe, mas ela é realmente um caso à parte (acho até que ela extrapola essa discussão; é realmente um raro exemplo pra qualquer gênero de emancipação e independência). Temos nossos arranca-rabos e dificuldades, mas sei que minha exigência com o que faço vem em grande parte por ter crescido vendo essa mulher viver, além de ter aprendido com ela a ser atento a todos aspectos da vida, do Brasil, do povo, um tipo de sensibilidade que ela tem com as pessoas que é bem raro. Discutir política e gente com a minha mãe é um negócio louco, ela é muito apaixonada, se exalta, discursa por horas, defende sua visão com muita paixão, além de ser muito safa, vivida, nada passa barato pra ela. Quantas foram nossas conversas, por vezes acaloradas, bem intensas. Mas gostaria muito que ela não fosse tão exigente consigo mesma.

E no desenho, no Brasil e no exterior, quem faz a sua cabeça?

Puxa, tem muita gente. Todo dia conheço dois ou três que me confundem tudo. No Brasil, sou fã incondicional de uns dez: Pedro Franz, Diego Gerlach, Rafael Sica, Denny Chang, Paula Puiupo, Laura Lannes, Gabriel Góes. Há uma geração nova com uma compreensão muito incrível da linguagem. O pessoal da Dente, em Brasília (Heron Prado, Lucas Gehre, Gabi LoveLove6), Adonis, Thales Lira, mas a coisa está tão viva que todo dia realmente descubro novos autores que me interessam. No exterior, tenho ficado muito impressionado com as publicações da Fremok, editora franco-belga voltada para um tipo de quadrinho mais próximo das artes plásticas. Mas ainda sou fã de alguns autores menos experimentais, como Jaime Hernandez, Taiyo Matsumoto, Cyril Pedrosa, Alison Bechdel. Adoro os desenhos do Grampá, adoro a mistura do trabalho da Dominique Goblet.

Tudo começou aos 16 anos, desenhando o storyboard do filme *Bicho de 7 Cabeças* (2001), da diretora Laís Bodanzky. Como surgiu o convite?

Um professor de geografia, o Marcelo, era amigo da Laís. Me perguntou se eu não topava, conheci ela e topei. Ela me ofereceu 150 reais na época, meu primeiro freela. Lembro que me senti muito independente e depois disso nunca mais parei de trabalhar—mas durante anos os empregos não estariam relacionados com artes; era mais garçom, vendedor, atendente, essas coisas. Os desenhos ficaram péssimos... confesso que não sei se aquilo serviu pra algo na produção do filme ou se era uma etapa a ser concluída para algum edital ou coisa do tipo. E eu não tinha a dimensão do projeto, só tinha achado a história ótima e queria testar, desenhar uma centena de cenas, era a primeira vez que eu fazia aquilo. E claro, me senti muito envaidecido, eu estava no segundo colegial, só pensava em jogar bola.

Antes disso você já rabiscava?

Sim, sempre desenhei. Na escola, desenhar bem acabava sendo não só uma forma de expressão, mas também um jeito de angariar amigos e impressionar professores. Era como se eu falasse chinês. Como viajamos muito depois do divórcio dos meus pais, chegar e desenhar facilitava pra que eu e meu irmão nos enturmássemos rápido. Passei em muitas matérias e salvei a pele de muito amigo/a com desenhos de moléculas tridimensionais e a biosfera em fatias de Terra flutuantes.

Storyboard e quadrinhos são quase a mesma coisa?

Não. São completamente diferentes. Storyboards são brincadeira de criança perto de quadrinhos.

A fase de fanzines veio quando? O que produzia?

Veio na Sociedade Radioativa. Antes disso eu já brincava com a ideia, mas de uma forma meio dispersa. Fiz uma série de histórias de uma página em uma publicação dentro de envelopes, se chamava *Número*. Fiz uma outra edição quando fui pruma viagem pro exterior aos 18 também, mas a parte mais ativa foi na Sociedade. Era um grupo grande de pessoas que se encontravam no bar pra discutir os rumos do quadrinho em SP, e eu peguei o bonde andando. Eles já estavam na ativa havia anos e a revista já tinha um perfil editorial bem claro: boêmio/vagabundo/underground. Era claramente um pessoal a fim de fazer algo nos moldes das coisas da *Circo*, só que 20 anos depois, baseando-se nas coisas que a gente vivia na época, pensava. Namoros, casos, trepadas, falta de sentido, cultura de bar, bandas de rock e punk de amigos, poesia, etc. Foi um período muito bom, a primeira vez em que ponderei fazer aquilo de uma forma mais séria. Éramos todos muito pretensiosos, mas era uma arrogância juvenil muito necessária pra gente, muito vital.

Comecei a fazer minha primeira história longa naquela época, a *Bingo*, além de flertar com o formato de grid fechado em 3X4, o que mantive durante muito tempo e ainda gosto muito. Histórias meio *nonsense*, com um tipo de humor meio irresponsável e poético. Enfim, acho que comecei a encontrar minha voz como autor ali, testando coisas, me assumindo aos poucos como "quadrinista" de uma forma ainda tímida.

Pretende publicar uma antologia da série *Beijo Adolescente*?

Sim. Serão 9 volumes. Mas 2017 tirei pra balanço, preciso de um tempo sem desenvolver história longa.

Antes de ingressar de cabeça nos desenhos, você desenvolveu um trabalho no cinema, especialmente com curta-metragem. Por quê?

Fiz muita coisa antes de cair de cabeça em quadrinhos, e cinema veio um tanto depois. Trabalhei como animador muitos anos, pintei quadros, trabalhei com galeria, saí, tive um coletivo de arte experimental chamado Base-V. Tive uma loja com sócios, a Cachalote. Cinema foi um flerte, em grande parte por ter conhecido o Peppe Siffredi, diretor de cinema e publicidade. Ficamos muito amigos e passamos a fazer um monte de coisas juntos. Escrevemos um longa chamado *Spread*, dirigimos juntos o *Fogo Fácil*. Antes disso, o Peppe me chamou pra animar partes do curta dele e do Marcelo Mesquita, o *Ao Vivo*, e foi ali que comecei a entrar mais nisso.

Você logrou êxito no cinema? Pensa em voltar a filmar?

Não logrei grande êxito, foram experiências pontuais muito importantes pra mim, mas pequenas. Voltaria sim, gosto muito do potencial da linguagem, consigo me enxergar entrando novamente. Mas não posso mais entrar como eu entrava, na cara e na coragem, arriscando tudo, porque tenho filhotes e outra vida agora. Mas sim, adoraria tentar de novo.

Cinema não dá mais dinheiro do que desenho?

Depende do cinema e do desenho.

É possível pagar as contas desenhando no Brasil?

Sim. Mas é uma profissão que exige do autor um leque de atividades relacionadas bem amplo. Trabalhar com artes gráficas hoje em dia não é mais como era antes, onde o desenhista sentava na prancheta e fim. Dar aula, freelar com ilustração e design são coisas meio que básicas hoje em dia, ninguém mais no meio tenta fazer só quadrinhos. Mas acho que isso é desse tempo novo, onde o profissional liberal se tornou esse ser interdisciplinar com múltiplos desejos artísticos. Mas sim, é possível prosperar na área. Difícil e demorado, mas possível.

E vale dizer aqui que essa é uma relação a ser definida pelos seres humanos desse planeta de uma forma muito individual. Quanto dinheiro você precisa pra viver, o que esperar do trabalho nessa busca por realização pessoal, tudo isso em uma era em que ser "independente" e "ir atrás dos seus sonhos" são slogans de propaganda de hidratante. Construir uma carreira de artista gráfico no Brasil requer muita disciplina e empenho, aguentar um primeiro arco de uns dez anos muito magros. E sim, depois PODE melhorar. Tenho amigos que são ricos desenhando. Outros que não conseguem sobreviver. Existem os fluxos do mercado, os investimentos do estado em cultura e a própria capacidade do artista em gerir sua carreira, se tornar uma *start-up* de si mesmo. Nem todo mundo tem esse perfil. Se você realmente quer enriquecer, melhor apostar em publicidade, não quadrinhos autorais.

Essa geração que está ascendendo é mais generosa em número de talentos do que a do seu pai? É possível fazer algum tipo de comparação?

É, mas um pouco injusto. Somos muito mais gente no mundo, temos a internet pra nos fazer evidentes pro público, nos autopublicamos e temos 40 anos de tecnologia ao nosso lado (ela e a geração dela também; vale dizer que somos todos parte desse ecossistema). Em uma mensagem, você mandou seu portfólio inteiro pruma editora na Bulgária. *Scanners*, impressoras digitais, Photoshop, redes sociais, financiamentos coletivos, tudo em casa, essas coisas mudaram tudo.

Você cursou artes plásticas na Unesp, além de alguns cursos de pintura e escultura fora do país. Esse curso te serviu tanto para fazer cinema quanto quadrinhos?

Serviu pra me situar. Não sabia nada de artes antes da Unesp. Mesmo com suas deficiências, foi onde comecei a me enxergar como artista, onde construí minha identidade, onde tive meu primeiro contato com a coisa toda. E onde fiz profundas amizades que pautaram minha produção e meu posicionamento nos anos seguintes.

Estudar é importante ou o que vale mesmo é o talento natural?

Estudar é sempre importante. Não consigo nem entender esse papo de talento natural. Estamos sempre estudando, mesmo que não seja pelos meios acadêmicos. Talento natural é coisa da carochinha. Existem pessoas com facilidades pra línguas, outras pra eletrônica, até mesmo quem tenha facilidade com trabalhos manuais. Mas talento natural não existe. Existe trabalho, repertório, expansão de vocabulário pra quem quer seguir nas artes. Existe história da arte, existe sensibilidade. Talento natural pra mim é aquele garoto ou garota que, sem nenhum estímulo da sociedade, desenvolveu algo no meio de condições extremas. Mas a partir dali ele precisará de mais, como todos nós. Falar em talento natural é buscar desculpa pra enfraquecer o estado e as políticas públicas, e dizer que a solução da falência do mercado e das instituições ligadas à cultura é a "economia criativa", como se bastasse ficar olhando uma bactéria se multiplicar na lama pra que toda a vida na Terra se autorregulasse e a natureza estivesse salva. Não existe dom, o que existe é estímulo e ambiente pra que a linguagem se desenvolva na pessoa através de trabalho e dedicação, mesmo que o sujeito pare por anos e retome de um outro pé mais na frente. Já estamos a 100 anos-luz da arte conceitual, esse papo é do século retrasado. Ficar usando o Basquiat e o Bispo do Rosário pra construir esse tipo de raciocínio é roubar no jogo. Há gênios que de forma intuitiva constroem raciocínios muito complexos, mas há um acúmulo de informação ali, de empenho, de horas de trabalho, que é intransponível. E é ridículo construir um raciocínio como esse usando um gênio da raça como exemplo, passa a ideia pra milhares de pessoas de que esse jogo é fácil, que basta nascer como Michael Jordan.

Arte é construção.

Você conseguiria ensinar um leigo a desenhar? É possível transmitir isso?

Claro, ensino muita gente sem repertório, que parou lá atrás na infância. É o que mais gosto de fazer quando dou aula. Parei de dar curso pra quem já desenha. São ferramentas, você só tem que apresentar as possibilidades de uma forma livre, democrática, sem os cânones, sem bonito e feito, certo e errado. Aí vai.

Sua primeira grande publicação foi no álbum *Muchacha* (2010), quando trabalhou junto com seu pai. A parceria foi boa? Repetiria?

Não foi a primeira, eu já tinha feito bastante coisa. O próprio *Cachalote* saiu antes. E sim, foi ótima. Adoro o livro, acho uma das coisas mais impressionantes que já li. Sou muito fã do meu pai, acho que ela ainda mantém um raciocínio muito novo, muito fresco. Uma capacidade de sintetizar ações e emoções aliada ao desenho maduro, onde ela consegue relaxar e tencionar essa musculatura do controle e da precisão como poucos.

Repetiria quando ela quisesse.

Você voltou a trabalhar em coautoria, mas desta vez com o escritor Daniel Galera na graphic novel *Cachalote*. Como surgiu a ideia?

Nos conhecemos quando o Galera morava em SP, apresentados por um amigo em comum, o Grampá. Frequentávamos um bar chamado Mercearia São Pedro, e ambos queriam fazer algo com o outro. No mesmo dia em que ficamos amigos, decidimos que faríamos um livro juntos. Mas daí em diante foram dois anos difíceis de resumir, porque fomos ficando amigos no decorrer do processo criativo. Trocamos muitas referências, filmes, discos, muitas conversas sobre a vida e nossas vontades. Foi aos poucos que fomos entendendo onde nossos universos criativos se encontravam, e o enredo foi se amplificando, virando múltiplas histórias. Foi a parceria mais intensa que vivi de criação. O Galera é realmente incrível; muito disciplinado, muito mergulhado desde cedo na ideia de ser romancista. Ele já tinha um corpo de trabalho bem volumoso quando o conheci e eu já tinha lido grande parte.

Aí fomos criando dinâmicas aos poucos: mandávamos e-mails com partes de histórias um pro outro, cada um ia adicionando um ou outro aspecto nas histórias. Havia histórias que eram mais dele, outras mais minhas, mas nunca houve uma separação sobre até onde o outro podia entrar. Mas realmente tenho dificuldade de lembrar os detalhes, foram dois anos e meio muito cheios.

Teve também a feliz coincidência da Companhia das Letras estar querendo montar o selo de quadrinhos, e aí conhecemos o André Conti, na época um jovem editor de literatura muito ligado aos quadrinhos. Ficamos muito amigos, os três, e apresentamos o projeto para uma empresa chamada RT, do Rodrigo Teixeira, com a qual o Galera já havia trabalhado. O Rodrigo se interessou pelo projeto e comprou os direitos de adaptação pra audiovisual, e a partir daí trabalhamos com um pouco mais de respiro financeiro também. O Rodrigo foi um grande parceiro em outros projetos pra mim, como o *Mensur*.

Te atrai a ideia de trabalhar em parceria?

Muito. Sempre procuro, contrabalanceia bem com os projetos que faço sozinho. Acho que sou um sujeito muito social, social demais até, preciso muito dessas dinâmicas coletivas ou em dupla. Recentemente organizei parte delas num site chamado DUPLAS (*quatorzeduplas.tumblr.com*), com desenhos que fiz em dupla com um monte de gente. Gosto do desconforto e do aprendizado que vem de encarar alguém muito diferente de mim e tentar me metamorfosear em algo que acompanhe o ritmo e a poética do outro.

Alguns realizadores não gostam de dividir o protagonismo. Você não é vaidoso?

Sou, claro que sou. Dizer que não sou seria de uma vaidade ímpar. Todo mundo é vaidoso, mas acho que são tipos de vaidade, intensidades. Gosto de acreditar que busco me dissolver nesses processos e que sou consciente o suficiente da minha vaidade pra não deixar ela atrapalhar o que quero realizar ou entrar no meio das relações. Mas posso estar me enganando profundamente.

Me sinto vaidoso do que já fiz, tenho um orgulho quase estético da coisa (fiz muita bobagem também, mas, no geral, acho bom). E acho que lá em casa esse tipo de entendimento de orgulho pessoal e vaidade vinham muito com o pé no chão, em um registro mais controlado. Vinha envernizado dessa consciência política. De tentar enxergar o outro, sempre. É meio ridículo ser exibido, mas hoje em dia acho que tem um grau aí que é necessário. Um carinho no ego mesmo, pra você poder encarar de igual pra igual outros artistas e trabalhar e criar sem medo, sem ruído. A própria insegurança pode ser um recalque da vaidade.

Mas arrisco dizer que a vaidade do artista é a de brincar com o fogo dos deuses. É se sentir muito especial por encontrar algo mágico, sentir cada célula do corpo se agitar com uma ideia, um conceito, uma imagem. É um movimento de dança, um ângulo de câmera, uma linha de diálogo. Ver vida nos olhos de um personagem e o poder que aquilo traz. É perder totalmente a noção do ridículo que é estar sozinho no mundo, rindo à toa, apaixonado por algo absolutamente inútil. É bom demais quando chegamos nesse lugar, e a única saída é tentar de novo e de novo.

Uma faceta pouco conhecida da sua trajetória é a participação no coletivo Base-V. O que fazia lá?

Éramos iguais: artistas, estudantes de arte, buscando por caminhos fora do esquema das galerias, próximo da arte de rua, do design e ilustração, mas com um claro desejo de experimentar e testar os conteúdos e técnicas. Era um coletivo de arte, acho—eles ainda fazem coisas juntos, murais, exposições. Além das infinitas discussões sobre arte, sobre mercado, sobre vanguarda e retaguarda, sobre nossa própria produção no meio de tudo isso, fazíamos *mail art*, panfletos loucos e distribuíamos na rua, muita serigrafia, *web art*, pintura, muita pintura. Mas a ideia era sempre buscar por algo novo e diferente do que estávamos fazendo, entender o potencial dos projetos em função do que tinham de único e específico. Publicações estranhas, camisetas, lambe-lambe. Passei bons anos mergulhado ali, consumido por aquilo tudo. Assinávamos "Base-V" sempre, então essa coisa da autoralidade era toda entendida por outro ângulo. Acho que em algum momento em que as coisas já não estavam tão bem pra gente, comecei a fazer coisas do Rafa, quadrinhos, pinturas, e fui me distanciando aos poucos dessa identidade de grupo. Mas são artistas muito poderosos, poeticamente falando, hoje em dia; todos criaram identidades autônomas depois desse momento. Mas sempre achei incrível como conseguimos (e depois os três) criar algo tão forte e juntos, nos doarmos pra essa visão coletiva.

Você faz muita graphic novel, que são ótimas, mas não são acessíveis a uma boa parte da população. Pretende desenvolver trabalhos mais populares, para alcançar uma camada maior de público?

Acho que já fiz e faço bastante nesse sentido, mas não há um fim nisso, né? Leitura no Brasil é um negócio muito complicado, educação muito sucateada, são muitas frentes atrapalhando nesse meio de campo. Dou muita aula pra população sem grana, sempre tento me manter em algum tipo de sintonia com essa demanda, mas é uma doença no país.

Como disse, acho o fim da picada ficar me pintando de bom moço em prol das massas, porque sou claramente parte do problema. Mas tento, no meu microcosmos, jogar pro lado que acredito, nas várias situações que compõem minha vida. Essa reunião de ações que dizem se você tá ajudando ou atrapalhando não gera um número, um coeficiente que te faz sentir que tá tudo bem. Não tá e nunca vai estar, mas não dá pra desistir nunca. Mas quando dei aula em periferia não sentia um alívio de estar ajudando. Sentia que estávamos todos num problema gigantesco e sem solução, e que era preciso respirar fundo e travar uma relação mais longeva com isso do que aquele resultado imediato.

Então, respondendo sua pergunta de forma mais objetiva: sim, as graphic novels são muito caras e inacessíveis. Doei muito livro pra biblioteca, soltei pra download de graça todos os livros da minha editora por muitos anos, curei sites de conteúdo livre e de graça de quadrinhos, organizo um evento de graça no MIS, a DES.GRÁFICA, mantenho um canal aberto pra quem quiser mandar trabalhos e se inscrever na convocatória por projetos e realmente tento ensinar quadrinhos pra quem tem menos. Dou aulas pelo Sesc há muitos anos, e em todas essas circunstâncias essa pauta aparece, e espero muito que continue aparecendo: como deixar a coisa mais acessível. Mas estou num jogo muito grande,

QUADRÃO

RAFAEL COUTINHO

preciso continuar jogando. Preciso vender livros, esses livros precisam se bancar, compra de governo foi pro saco, mercado editorial está em crise e pedindo um cheque alto pra cobrir suas contas. E, em cima disso, tenho minhas necessidades burguesas de pai de dois meninos, tentando me segurar no meio da melhor forma que posso.

E há outras pautas importantes aí, como a de pouquíssimos negros nos quadrinhos, o machismo endêmico, o movimento feminista, a falta de organização da cena no confronto com o sistema público e os mecanismos de fomento, e claro, os conteúdos, os livros, as obras que precisam ser poderosas e urgentes. Todas elas nos exigem atenção e sensibilidade, nós profissionais do meio, e não pretendo achar desculpas pra elas; continuo atento, na medida que consigo, me engajando eventualmente de acordo com as oportunidades, encaixando as pautas. Não sou só um artista mais, sou um articulador, crio projetos coletivos há bastante tempo já. Sei que preciso ficar atento a mais coisas hoje em dia além do meu trabalho como autor, mas luto pra que ele não perca espaço demais pra essas articulações. Quero ser bom no que faço, quero que meu trabalho me represente na minha totalidade, quero conseguir ir sempre fundo, mas sei que exige empenho e treino constante. É como apneia pra mim.

Você publica suas obras na Companhia das Letras. Como é a sua relação com a editora? Eles te dão liberdade para criar?

Total. Temos uma ótima relação, conheço intimamente as pessoas ali, são profissionais muito dedicados e carinhosos, gente devota do livro. Embora sejam gigantes hoje em dia, mantém uma escala humana nas relações, tenho bons amigos ali. E nunca me exigiram exclusividade tampouco; entendem que é necessário pro autor se manter aberto pra outras editoras, se autopublicar, vender os livros da própria editora em eventos, etc. Sou muito feliz como autor da casa, até aqui.

Acredita que as graphic novels são as grandes responsáveis em vencer a resistência das grandes editoras em relação aos quadrinhos?

O formato abriu as portas para que os quadrinhos entrassem nas prateleiras das *megastores* de livros, e isso foi um movimento mundial. E sim, em certa medida, editoras de literatura passaram a olhar pro quadrinho de forma diferente. Editoras de quadrinhos entraram na dança também, mirando esse novo canal de revenda. Mas houve um hiato comprido de uns dez anos, desde a era Collor, e todo mercado se fechou. Essa nova retomada em meados dos 2000 também foi acompanhada do fim de uma relação longa entre o leitor de quadrinhos e as bancas de jornal, que está também relacionada às distribuidoras do país. Quem controla esse nicho são a Dinap, Panini e JBC. Mangá e herói. Mas acho também que houve uma mudança no perfil dos artistas e a ambição de toda uma geração.

Enfim, é uma conversa longa essa, e também não tenho todos os números dessas movimentações. Houve o "boom" da cena independente, as feiras e os eventos, e agora vivemos esse outro momento muito peculiar com o estouro da Comi-Con e, do lado dos independentes, o surgimento de uma forte cultura da publicação independente não relacionada aos quadrinhos.

O que sei é que, nessa nossa bagunça estrutural brasileira, somos um cenário forte no meio hoje em dia.

Há preconceito com quem lê e faz quadrinhos?

Há preconceito com tudo. Sempre haverá com quadrinhos, mas não é algo que me chame a atenção. Há ainda muita desinformação. O grande público ainda está muito afastado da linguagem, embora estejamos em franca expansão.

O que é mentira e verdade nisso: "quadrinhos são a nona arte!" e "quadrinhos são uma literatura menor!"?

Quadrinhos não devem nada a ninguém. É uma linguagem, como o teatro, como cinema, música. Ele não é um subproduto da literatura. Há quem diga que vem lá das cavernas, nos primeiros registros de imagem em sequência. Não me interesso muito por esse assunto e tenho a sensação de que não precisamos mais falar sobre isso, todos nós. Quadrinhos no Brasil têm mais de 100 anos de produção ativa, foram ferramenta na luta pela democracia, fizeram parte da vida íntima dos brasileiros por décadas, e me refiro ao quadrinho adulto, não a *Turma da Mônica*, que é um outro capítulo bem extenso.

Essa conversa deve ser abordada de duas formas diferentes: uma é a didática, onde quem responde deve buscar com calma educar as pessoas sobre o que está rolando, sobre a história do meio, sobre acontecimentos e informação que de certa forma são de uma elite com grana pra comprar e tempo pra ler um gibi chegando em casa depois do trabalho. E aí eu acho realmente necessário conversar com calma sobre isso, entender que o outro não tem nenhuma obrigação de saber quem foi Portinari ou o movimento concretista, ou quem foi Moebius e Henfil.

A outra abordagem é aquela onde quem pergunta é um sujeito com a cabeça lá nos anos 80, 90, e tem passado tempo demais em fóruns discutindo temas já sem ressonância no meio. É preciso um grande esforço pra simplesmente não ver 40 anos de produção mundial que respondem a essas indagações com muita facilidade.

Trabalhar em jornal está nos seus planos?

Eu colaboro na *Folha*, na *Ilustrada*. Em uma área chamada *Quadrão*, com o Luis Gê, meu pai, Angeli e o Ricardo Coimbra. Já fiz muita coisa pra jornal. É um meio enfraquecido, mas ainda assim muito presente na vida das pessoas.

Qual é o seu plano?

Em julho agora eu, Angeli, Carol Guaycuru, Laerte, Bruno Girello e André Conti finalmente colocaremos andando o Projeto Baiacu, uma residência de quadrinhos que se desdobra em uma revista/livro, um site com todo esse material da casa (fotos, vídeos, etc.) e uma versão digital da impressa, mais extensa. É uma experiência bem nova, com a qual trabalhamos há mais de quatro anos, e conta com o apoio do Sesc Ipiranga, do Sesc Digital, do Instituto Hilda Hilst (onde será a casa) e da editora Todavia, que fará a edição impressa e digital. Contaremos com dez artistas na casa e quatro de fora, além de espaço para novos talentos no site. Estamos muito empolgados com isso, vai ser muito bom ver finalmente a coisa em pé.

Tenho outras atividades no ano, dando aulas e lançando os livros. Lanço um outro livro agora, o *Modo Avião*, projeto em parceria com o músico Lucas Santtana e o escritor João Paulo Cuenca, uma extensão gráfico-visual do disco novo do Lucas. Ficou lindo e totalmente diferente do que fiz até aqui.

No fim do ano, coordeno mais uma edição da DES.GRÁFICA, no MIS, evento voltado para a experimentação nos quadrinhos, com feira e palestras. O projeto teve sua primeira edição ano passado, muita gente participou e veio de longe. Esse ano queremos melhorar o que rolou, trazer mais gente, expandir o conceito de experimentação no meio. Muito feliz e grato pelo MIS ter apostado conosco nisso, acredito que conseguiremos construir uma base importante pro quadrinho de uma forma geral ali.

Você fez muita animação. Quais as recordações dessa fase?

Muitas. Trabalhei com gente que me ensinou muito, como o Paulo Muppet e a Lu Eguti, da Birdo. Foram uns quatro anos bem animados, hehe. Mas percebi que não tenho o perfil do animador. É um trabalho muito monstruoso pra pouco reconhecimento. É preciso ter um tipo de amor a coisa muito grande, acho que os animadores são de uma seita paralela. Como os quadrinistas, talvez. Recentemente fiz os *concepts*, cenários e direção de arte com o Pedro Franz de uma animação chamada *TORRE*, produzida pelo Estúdio Teremim, e dirigida pela Nadia Mangolini e pelo Marcus Vinicius Vasconcelos, sobre a família do braço direito do Marighella, o Virgílio, e vai pra festivais esse ano. Animamos sobre os áudios das conversas que os diretores tiveram com os filhos dele, sobre o desaparecimento do pai e sobre a vida da mãe com quatro filhos, presa na Torre das Donzelas, e depois como fugitiva e exilada. Então, de certa forma, continuo me permitindo fazer projetos de animação.

Isso de ser uma coisa ou ser outra é complicado, né? Não tenho coragem de dizer que sou animador, porque parei de trabalhar ativamente com isso há mais de dez anos. A mesma coisa com pintura, que já tem pelo menos cinco anos que não pego. Mas me permito entrar na linguagem e no meio e fazer projetos. A única coisa hoje em dia que tenho coragem de dizer que sou é um bom pagador de impostos.

Seu pai e sua mãe são politizados. Seus trabalhos, em especial nos desenhos, não possuem esse cunho. É um modo de se preservar dos extremos que assolam esse país?

Acho meus trabalhos bem relacionados com política, me sinto próximo do ambiente. Não faço um trabalho como o que eles fizeram, com ação direta nas bases, um trabalho de conscientização, de luta direta. Mas acredito muito na força da subjetividade, da sugestão, como elemento modificador. Sei porque fui modificado incontáveis vezes por romances e filmes que não tratavam de política diretamente, mas que mexeram com minha percepção das relações humanas, das estruturas sociais, dos acordos e desacordos. Mas faço sempre muita coisa assumidamente política. A série do *Quadrão* pra mim é só sobre política. Cobri eleições pra *Folha* quando o Haddad se elegeu, tenho muitos trabalhos de jornalismo em quadrinhos. Gosto do tema.

Falar de política é um campo minado?

Se você é um cientista político, não. Pra mim, é parte fundamental da minha vida, falo de política diariamente, no ônibus, no banco, em casa, com amigos, no Facebook. Mas não sou um expert e não me meto a tentar explanar sobre a cena política atual. Tem muita coisa que não entendo ainda da própria estrutura da política brasileira. Mas entendo que faz parte do meu processo criativo, assim como conceito e técnica. Preciso de alguma forma abordar isso tudo em tudo que faço, senão sinto que faltou algo. Mas minha visão da coisa busca por abertura, e não por fechamento, acho. E vivemos nessa época das grandes conclusões, dos textões arrebatadores, todo mundo quer concluir, fechar, catalogar e ir atrás do culpado. Acho importante esse movimento contrário.

E me interessa muito esse lugar onde a arte transborda a política, ou o *approach* direto e didático, onde perdemos controle do discurso. Onde a verdade dos personagens e das pessoas sai, e essa verdade é maior do que nós mesmos. Procuro muito essa emoção da posição de um corpo, da cor, da intensidade de uma época ali na página, dos momentos onde não concordo com algo que está escrito ali, mas consigo me emocionar e sentir que há algo importante sendo dito, algo lá do fundo da vida.

Ainda ouviremos falar muito de você?

Não sei. Quem são vocês mesmo? A minha parte posso garantir que farei, a de vocês é que me deixa em dúvida.

ANDRÉ DAHMER

"ARTE NÃO SERVE PARA DAR STATUS"

NA SÉRIE COM GRANDES QUADRINISTAS BRASILEIROS, RAFAEL SPACA ENTREVISTA ANDRÉ DAHMER. "SOU UMA PESSOA BEM-HUMORADA, MAS NÃO UM HUMORISTA"

Sua incursão às artes não é nada romântica. Você começou a desenhar ainda criança, uma das maneiras que seus pais encontraram para tentar melhorar seu problema de déficit de atenção e hiperatividade. Você dava tanto trabalho assim pra te apresentarem o desenho?

Eu era aquele menino que queimava e quebrava brinquedos, que não conseguia ficar sentado na cadeira em sala de aula. Tive muitas dificuldades de convivência na escola, até encontrar o desenho na oficina de Maria Teresa Vieira. Essa senhora, uma alagoana, foi muito importante na minha formação. Eu viria a retribuir tudo que ela me deu 20 anos mais tarde, lecionando Modelo Vivo na mesma instituição. Uma maneira de devolver os valores e ensinamentos que recebi: tratar do fazer artístico com amor e atenção; cuidar do dom para nunca se perder no caminho; respeitar a Arte como forma de existência menos conturbada. Devo muito a ela.

Você era péssimo aluno, repetiu de ano duas vezes. O que acontece que muitos, como você, lá na frente conseguem sucesso mesmo não tendo sucesso na escola?

Sucesso na vida, para mim, é falecer dormindo. Todo resto é bobagem. A carreira me deu possibilidade de sobreviver e ter uma família, é bem verdade. Porém, a Arte ultrapassa a questão do dinheiro. É uma maneira de sobreviver ao mundo interior, antes mesmo do mundo exterior. A Arte é um caminho para todos, diferentemente do que pensa o senso comum. O que falta é uma cultura de Arte em uma sociedade voltada para a técnica e "resultados".

E por que esses péssimos alunos vão sempre pra área de humanas, e não de exatas?

Não sei se isso é verdade. Sei que a maioria dos "alunos-problema" não são entendidos pelas instituições de ensino tradicionais em suas demandas individuais, porque somos diferentes uns dos outros. Não é possível lecionar para 30, 40 crianças usando um padrão. É preciso respeitar e entender as nuances de personalidade de cada um. Ensinar é reconhecer as diferenças de cada um.

Pra quem foi desenganado, ter um quadrinho como conteúdo de referência para prova do Enem (em 2011) é uma das ironias da vida, não acha?

É, pode ser. Fico feliz que meu trabalho seja visto por adolescentes que nem eram nascidos quando comecei a trabalhar com quadrinhos. É um indício de que ainda estou fazendo algo relevante e atual. De qualquer forma, não guardo qualquer mágoa. Tudo que passei foi importante na minha formação como artista. Os erros são tão importantes quanto os acertos, na medida em que ambos ensinam e apontam novos caminhos. O erro ensina muito, não deveria ser desmerecido ou amaldiçoado.

Afinal das contas, depois que começou a desenhar, melhorou da hiperatividade e déficit de atenção?

Não tomo remédios, não havia drogas desse tipo quando eu era criança. Tenho alguma dificuldade de concentração, penso muitas coisas ao

mesmo tempo. Porém, aprendi a "domesticar" o problema. Não me sinto menos capacitado para fazer nenhuma tarefa cotidiana, mesmo as que exigem muita concentração. Jogo xadrez desde os 15 anos, uma prova de que posso fazer tarefas que exigem muita concentração.

Na Belas Artes, na UFRJ, você não se adaptou a todas aquelas questões teóricas. Era muito rigoroso lá? O artista tem que ser livre e não enquadrado, não acha?

Acho que os fundamentos da técnica são importantes para qualquer artista, mas não são as únicas coisas que importam na formação. Grandes artistas foram recusados nas escolas de Belas Artes: Picasso e Van Gogh, apenas para citar dois exemplos. A questão é que a Belas Artes é engessada demais, muito voltada para o rigor técnico de representação. É provável que esta tenha "estragado" muitos meninos por trabalhar mais o rigor técnico do que a intuição, por exemplo.

Você louva não ter nenhuma referência, inspiração ou mestre. Isso te fez ser original?

Claro que tive mestres no começo, mas logo os abandonei. Não é bom cultivar ídolos em campo algum do conhecimento. Achar o próprio e original caminho é a única coisa que importa. Todo o resto é cópia ou reverência, o que não nos faz artistas. É preciso, em algum momento do caminho, fazer o que chamo de "abandono do mestre".

Ziraldo te definiu como "cartunista machadiano". Sabe o que ele quis dizer com isso?

Acho que ele se referia à forma de narrativa do meu trabalho. Sou muito agradecido a ele. Ziraldo me deu o primeiro emprego em mídia impressa, quando foi editor do *Caderno B* do extinto *Jornal do Brasil*. Eu tinha apenas 25 anos, nunca imaginei que trabalharia com quadrinhos por tanto tempo, fazendo dele minha profissão.

Não é preciso ler quadrinhos, conhecer pintura ou fotografia para se tornar um desenhista?

É preciso, claro. Conhecimento nunca é demais. O problema é ficar preso às linguagens e caminhos já traçados anteriormente. O artista precisa inventar, não copiar. E invenção pressupõe liberdade e coragem para caminhar sozinho, sem guia. Depois de conhecer o que os outros fizeram antes, é preciso estar pronto para inventar o que não foi feito ainda.

Pra que serve a técnica?

A técnica é uma amiga do artista. Ela ajuda enquanto não faz dele um mero repetidor. É preciso atenção com isso; a técnica pode manter um jovem artista preso a um sistema duro de pura representação e repetição, arrastando-o para longe do universo de invenção. Não existe fazer artístico seguro. Se você está no conforto da segurança, não está fazendo Arte.

Suas tirinhas, charges, cartuns sempre apresentam críticas com sarcasmo, escárnio, humor ácido e até autodepreciativo. Considera-se uma pessoa bem-humorada ou todo o seu trabalho reflete quem é você?

Me considero uma pessoa bem-humorada, mas não sou um humorista. Sou um cartunista, o que é muito diferente. Não sou uma pessoa engraçada, vamos dizer assim. Também não trabalho simplesmente para divertir pessoas: minha abordagem é outra, diferente da do palhaço de circo ou do humorista de auditório. Minha intenção nem sempre é a de provocar risos com o meu trabalho.

O alienado é sempre mais feliz do que o bem informado?

Talvez o alienado seja mais feliz, mas é uma forma pequena de conforto. A gente está no mundo para viver de verdade, por mais triste ou sem sentido que a verdade possa ser. A vida é muito curta para nos perdermos com religião ou crenças pouco prováveis. Acho que a existência é mesmo algo finito e sem sentido, infelizmente. Quanto antes nós aceitamos isso, mais preciosa se torna a vida.

Suas tirinhas já incomodaram muita gente, tanto é que chegou a ser ameaçado de agressão física por causa de algumas delas. Isso não te assusta?

Não, não me assusta pessoalmente. Me assusta a violência acima do debate de ideias. Isso, sim, me causa espanto. A violência é inerente à condição humana, mas também acho que somos capazes de coisas maiores. É só questão de tempo e vontade.

Hoje o receio de todo artista, além dessas ameaças, é a cultura do processo judicial. Acredita que ele representa, de certa maneira, o que foi o censor de ontem?

Em alguns casos, é uma forma de cerceamento da liberdade de expressão, sim. Porém, se você tem medo de processos ao fazer cartuns, certamente está na área errada.

O politicamente correto vai matar a arte? Como encara esse patrulhamento de todas as categorias e segmentos da sociedade que se incomodam com quase tudo que se faz e é publicado?

CARTA DE SUICÍDIO DE UM POETA MALDITO DA ATUALIDADE

- Um último pedido: não editem meus poemas para que ocupem apenas 140 caracteres.

Acredito que boa parte do mau humor com certas piadas tem algum fundamento. Não é possível que, em nome do humor, você ataque grupos historicamente oprimidos, por exemplo. Muito pelo contrário: acho que o humor pode e deve servir aos oprimidos e marginalizados. Para mim, o grande mérito do humor não é o riso, mas a denúncia da realidade.

Acha que daqui a pouco vai precisar desenhar tendo um advogado ou seu lado para saber se pode ou não fazer referência a um determinado assunto?

Não acho. Advogados ganham dinheiro com a discórdia. Meu trabalho não é feito para humilhar ninguém.

Você se diz uma pessoa solitária. Isso é bom ou ruim? O trabalho, sendo solitário, rende mais?

Não se pode fazer nada sem a solidão, dizia Pablo Picasso. É muito verdadeiro, se você entende que a natureza do fazer artístico é o mundo interior. A solidão segue produzindo romances, quadros e peças de teatro. Isso é bom, porque os solitários são donos de um mundo interior muito vasto, o que pode causar grande sofrimento. Para essa gente, Arte é remédio.

Suas tiras saem na internet e no jornal. Qual é a sensação de vê-las publicadas nesses dois meios de comunicação?

Acho que estamos em uma fase transitória, mas o jornal impresso continuará a existir por muito tempo. Talvez com outro formato, tiragem e função. Mas, como meio de informação, não acabará tão cedo. Fico feliz que meu trabalho possa ser lido em jornal. É um público de mais idade, que nunca imaginei ter como leitor.

O jornal, por ser canônico, dá outro tipo de chancela quando publica um trabalho seu?

Deve dar, mas não estou atrás de chancela de ninguém. Se você precisa de reconhecimento do meio para ser artista, há algo errado aí. A Arte existe para libertar, não para dar status.

E quando sai em livro, que importância tem isso pra você?

Isso é diferente, porque fica um registro mais cuidadoso do caminho que fiz. As tiras se perdem na velocidade da rede e do jornal. O livro é uma maneira de compilar o material, de organizar seu trabalho para um melhor entendimento futuro.

Você nunca se acomodou com o sucesso. Mata personagens, termina séries e se renova constantemente. Isso é insegurança ou inquietude?

Não é uma fórmula, é como meu trabalho se desloca naturalmente. Mais uma vez, é importante dizer que sucesso é um lugar que já matou muitas produções artísticas maravilhosas. Não me coloco neste grupo, mesmo sabendo que tenho um trabalho público. O que me importa é ficar velho sem sentir vergonha das coisas que fiz. Sucesso algum vale isso.

Além de não ter apego aos personagens, você também não tem apego à profissão. Você disse que desenhar não é o mais importante na sua vida e que largaria a profissão para fazer o que gosta de fazer de verdade. Desenhar pra você é como lavar louça, ou seja, um trabalho como outro qualquer?

É um trabalho como outro qualquer, que pode trazer tanto prazer quanto se tornar um bom cozinheiro, marceneiro ou médico. O mérito do trabalho não está na renda, mas no prazer que ele lhe proporciona. É triste ver gente que trabalha por trabalhar, que acorda puto para ir ao trabalho. Eu não conseguiria viver assim.

Suspeita do que você realmente gostaria de fazer e que te deixaria feliz?

Sou feliz com o que faço, mas poderia fazer outras coisas. Gosto muito da matemática e ciências exatas em geral, mas não tenho a paciência e a abstração necessárias para a tarefa; é melhor jogar xadrez com os amigos. Também seria facilmente jardineiro, porque adoro plantas e biologia. Tenho cuidado de plantas e estudado sobre o assunto por duas décadas.

O que tem de belo e de ruim na arte no sentido stricto sensu da palavra?

Arte tem algo de perverso, que é o mercado da arte, que muitas vezes serve para lavar dinheiro sujo de corrupção, armas ou diamantes de sangue, por exemplo. Um artista deve estar ciente e questionar a função do seu trabalho. Não é bom que sua produção sirva de alimento para apostadores e bandidos em geral. Porém, isso às vezes foge ao controle do artista, na medida que seu trabalho é valorizado e passa de mão em mão, como qualquer mercadoria.

Das séries que já criou, qual considera sua grande obra e qual ficou aquém do que imaginava?

Não tenho predileção por esta ou aquela série. Sou um ser humano, erro mais do que acerto. Fiz coisas que hoje eu não faria, mas sofrer de arrependimento, nesse ponto, é muita vaidade.

Você tem bom retorno de vendas com seus originais e produtos inspirados em sua arte como camisetas e canecas?

Nada que me enriqueça. A loja paga a escola das minhas duas meninas e sobra um tanto para o vinho, e só. Os jornais também pagam muito pouco. Se eu quisesse apenas acumular dinheiro, estaria vendendo cerveja ou açúcar, não é?

Muitos dos seus amigos ou colegas de profissão estão aproveitando o bom momento das séries e adaptando-as para a TV, especialmente a paga. Não pensa em oferecer os *Malvados* para alguma grande empresa?

Já me procuraram outras vezes, mas tenho medo de adaptações. Já fui pago para escrever roteiros, não vejo nada demais nisso, se houver liberdade total para trabalhar. Muitos colegas estão deixando os quadrinhos porque o dinheiro está no audiovisual. É uma pena, acho.

A animação está no seu horizonte?

É muito trabalhoso, envolve muita gente. Se fosse o caso, teria que ser feita com gente muito boa da área. Mas, como disse, tenho meus receios.

Você está fazendo um documentário a respeito de pessoas uniformizadas. Como surgiu essa ideia e em que estágio está este processo?

Já foi feito. É um curta, uma experimentação de linguagem. Tenho vontade de fazer trabalhos em cinema, principalmente documentários. Mas é trabalhoso e custoso, além de envolver muita burocracia. Com quadrinhos, nada disso acontece.

Como você se define?

Um cara que aprende fazendo e errando. Aquilo que costumam chamar de autodidata.

Quadrinho se faz por amor ou por dinheiro?

Pode ser feito por dinheiro, mas sempre com amor.

Tem muita gente boa fazendo quadrinho por aí?

Muita gente. Todo dia descubro alguém novo. Há meninas e meninos fazendo bons quadrinhos, o que me dá grande alegria.

O que é mais difícil, desenhar ou encontrar a linguagem para o desenho?

O desenho é natural, está em todos nós desde sempre. A prova disso é que todas as crianças do mundo gostam de desenhar (caso análogo ao da música). É uma pena que o sistema educacional nos retire este instrumento de saber e conforto tão cedo. Desenhar é uma maneira de organizar e limpar o inconsciente, como fazem os sonhos. Recomendo para todos o caderno e o violão. Fica mais fácil suportar a vida.

LEONARDO

"SER SINTÉTICO É MEU DESAFIO"

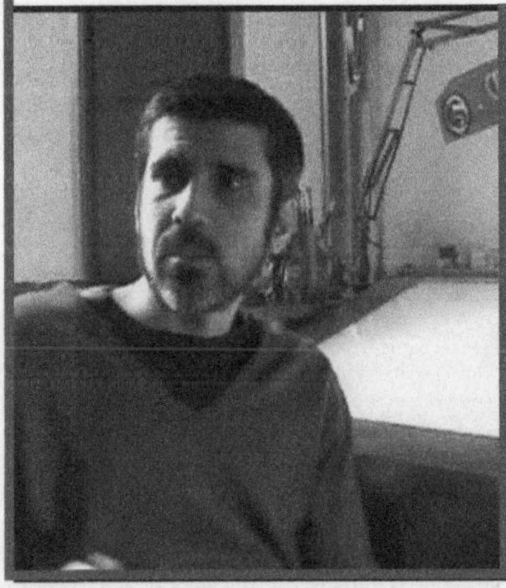

Na sua série de entrevistas, Rafael Spaca fala com o cartunista Leonardo. "Minha ideia é ser inteligível, pra parecer inteligente eu uso óculos"

Você diz que um profissional não nasce sabendo desenhar e que não acredita no "*Dom*". Você acredita no quê?

Quanto ao "Dom", minha questão é com o sentido místico da palavra. Ainda mais assim, em maiúscula. Saber desenhar também é discutível: a princípio todo mundo sabe. Acredito que seja uma habilidade inata; embora nasçamos sem coordenação pra segurar apropriadamente uma caneta, não demora muito aprendemos a rabiscar, desenhar e escrever, normalmente nessa ordem. A partir daí, mesmo que alguns tenham mais aptidão que outros, prática, dedicação, gosto, oportunidade e um sem-número de circunstâncias podem ocasionar uma profissão. Depois tem o conceito de bom desenho, a virtuose nesse quesito pode ser um problema para o cartunista; desaprender a desenhar também requer muito treino.

Como começou a desenhar? Foi incentivado ou foi uma iniciativa própria?

Não me lembro quando nem como; minha mãe guarda alguns da primeira infância. Lembro que nunca parei, era meu lazer solitário; aproveitava papel de embrulho, espaços em branco de revistas, qualquer folha disponível. Desenhava enquanto ia criando as histórias na minha cabeça, sem registrar sequência ou texto. E me incomodava que outros vissem aquele monte de desenhos desconexos que só faziam sentido pra mim. Só na adolescência me toquei que poderia dar forma de HQ para essas brincadeiras.

Sua técnica foi sendo desenvolvida ao longo do tempo? Chegou a fazer algum curso ou faculdade?

Todo cartunista é autodidata. Cheguei a fazer Belas Artes na UFRJ (Universidade Federal do Rio de Janeiro), mas não durei muito tempo. Nessa época eu já trabalhava em um jornal, não consegui conciliar. Comecei a publicar com 16 anos, então tive que ir desenvolvendo na marra.

Uma das grandes expectativas quando amanhece o dia é ver a manchete e as charges do jornal *Extra*, onde você trabalha. Tem ideia do frisson que seu trabalho causa nas pessoas?

Não tenho, minha ideia de frisson passa longe disso.

É preciso informação, cultura ou conhecimento para fazer charges críticas?

Imagino que seja aconselhável um mínimo de tudo isso pra realizar qualquer atividade satisfatoriamente.

Suas charges são desenhadas sem rodeios e são extremamente incisivas. É fácil desenvolver esse trabalho tendo, ao mesmo tempo, um espaço tão curto?

Me esforço pra isso; nem sempre dá certo, mas o ideal é que a mensagem seja direta. Nesse caso, a delimitação do espaço ajuda, te força a ser conciso.

Como é trabalhar uma ideia e ter que ser sintético?

É minha obrigação. E, de certa forma, um desafio. Só penso na charge na hora de fazer, então todo dia tenho que encarar aquele espaço em branco até que saia algo. Queria ter desenvolvido o hábito de anotar ideias que possam surgir em outros momentos, até já tentei, mas nas raras ocasiões eu perdia a anotação ou não entendia mais o que tinha escrito.

A charge tem que ser simples ou dá para fazer um desenho de traço sofisticado?

Tem pra todos os gostos, o ideal é que o traço case com a mensagem. Simples ou elaborado, o desenho tem que servir à ideia. Além disso, simples/sofisticado não são conceitos opostos, e conseguir essa combinação não é pra qualquer um. Basta ver um cartum do Steinberg ou uma caricatura do Nássara, por exemplo.

Como define seu traço?

Errático. Dependendo do material que esteja usando, do formato, do espaço, da finalidade, do prazo, minhas alterações de humor... Nas charges costuma ter feito de urgência. Mesmo tentando seguir um padrão, minha impressão é que ele varia bastante.

Sua ideia é atingir o maior número possível de pessoas ou parecer ser inteligente?

Minha ideia é ser inteligível. Pra parecer inteligente eu uso óculos.

Todos compreendem seu trabalho ou é preciso ter o mínimo de informação para saber o que está falando?

Todos é muita gente, e não dá pra ser fiscal da interpretação alheia. Um mínimo de informação ajuda, normalmente trato de temas que estão no noticiário e tento amarrar bem as referências e criar uma situação autoexplicativa.

Suas charges são mais conhecidas do que você. Nesse mundo onde cada vez mais o autor aparece, em detrimento até da sua própria obra, isso não te incomoda?

Acho bom assim, prezo muito meu sossego.

Essa ideia de ir morar no campo, se isolar, tem mais a ver com a sua personalidade ou é porque precisa de uma vida calma para enfrentar um ritmo de trabalho frenético?

Busquei um refúgio por diversos motivos, pode até incluir esses dois, embora meu ritmo de trabalho não seja tão frenético faz um tempo. Claro que a calmaria ajuda na produção, mas eu já conseguia me isolar no Rio.

É fácil conciliar esse estilo de vida low profile e ser o mais lido/comentado, já que publica no *Extra*, o jornal carioca de maior circulação?

Difícil, pra mim, seria o contrário. Isso de ser o mais lido/comentado pode ter feito sentido há uns anos, hoje a visibilidade maior é na internet.

Os cartunistas atualmente são verdadeiras celebridades. Essa espetacularização não vai na contramão da profissão ou não existe mais essa ideia de ser um "maldito"?

Verdadeiras celebridades nem tanto, mas é bom que sejam celebrados. Melhor ainda se fossem mais valorizados. Não creio que alguém encare essa labuta com a ideia de ser um maldito ou por fama, poder e dinheiro. Sendo pelo fim da maldição, que venha a espetacularização.

À medida que se tornam célebres, vocês cartunistas não amansam?

Não necessariamente, vide Wolinski e companhia.

Não ter perfil nas redes sociais, não participar de júri, não conceder entrevistas... é para fazer que seu trabalho fale por ti? Essa é a ideia?

É minha ideia de sossego, tento estendê-la até onde puder. Já mantive um blog por um tempo e talvez um dia volte a fazer algo por aí. Quanto a participar de júri, entrevista, etc., não tenho tantas restrições assim. Mas agora tenho Instagram: @kriptoris.

Ou não aparecer também é uma forma de vaidade?

É uma forma de vadiagem.

A política é uma paixão sua?

É material de trabalho. Tento aproveitar qualquer oportunidade para fugir desse assunto, mas não é fácil.

Como analisa esse momento político que estamos vivendo, com crise econômica, impeachment de Dilma Rousseff, Lava Jato, presidente Michel Temer, etc.?

Ainda temos potencial pra piorar muito, melhor não baixar tanto o nível da conversa.

Crise na cidade do Rio de Janeiro, o estado de falência do Estado, Sérgio Cabral e sua gangue na cadeia. Esperava esse caos?

Esse caos estava sendo anunciado faz tempo, já estou esperando o próximo.

É o melhor momento, até hoje na sua carreira, para falar de política?

Meus arquivos sobre política me parecem uma coleção de piores momentos. Os esquemas, as práticas, as figuras que se repetem indefinidamente. Se eu pensar numa estimativa de quantas charges sobre corrupção eu terei que fazer até o fim do ano, bate um desespero.

Um dos temas que você também gosta de abordar é a violência policial. Não dá medo de tocar neste tema, sabendo que o Brasil continua sendo uma terra de justiceiros, que não aceitam a crítica nem a democracia?

Não que eu goste, nossa realidade é violenta demais e não dá pra fugir do tema. E abordo vários aspectos e segmentos da sociedade. Violência doméstica, social, terrorismo, tráfico, política, futebol, etc. Mas, por alguns motivos, as charges sobre polícia chamam mais atenção. E nem sempre por esta abordagem: já tive processo por charge em que criticava os baixos salários da polícia, dá medo também.

Você está no *Extra* desde a sua primeira edição, em 1998. Olhando em retrospecto: qual foi a sua melhor e pior charge publicada até hoje?

Não saberia dizer, sempre que tenho que dar uma busca nos arquivos me surpreendo tanto pro bem quanto pro mal. É muita coisa, não me lembro nem das que fiz semana passada.

Algum arrependimento nesse tempo?

Não dá tempo de se arrepender, charges costumam ter vida curta.

O processo judicial é um receio de todo cartunista? Podemos considerar o processo um tipo atualizado de censura?

É um tipo de intimidação. E da maneira que costumam fazer, sua vida vira um inferno. Outra coisa chata é que geralmente escolhem as piores charges.

Pelo seu trabalho você conquistou o prêmio Vladimir Herzog. O que isso significou pra você?

Minha relação com prêmios é complicada por vários motivos. O Herzog foi bacana, ainda é; se não me engano, deve ter sido há uns 20 anos. Fiquei muito agradecido pelo reconhecimento, fui lá receber o troféu, enfrentei minha aversão a palco, fotos e tal. A propósito, teve uma outra vez em que não pude ir, fui avisado em cima da hora e já tinha um compromisso inadiável. Só pra deixar registrado que não foi descortesia.

Quais cartunistas te inspiraram antes de começar a trabalhar com isso e quais te inspiram hoje?

Ih, é muita gente, seria uma lista interminável. Teve a *Chiclete com Banana* e as edições da *Circo*, a turma do *Pasquim* e mais um monte de cartunistas gringos que eu buscava em sebos. Acho que as publicações me inspiravam tanto quanto os autores. Mas, quando comecei mesmo, meu guia foi o Jaguar, tenho uma reverência por ele que beira o constrangimento. Depois da internet, a quantidade de bons cartunistas que aparecem é impressionante. A lista também é interminável e continua crescendo, mas hoje eu definiria mais como admiração.

Lançar uma antologia com as suas charges está nos seus planos?

É o tipo de plano que sempre é sabotado pela minha autocrítica. O impacto da charge é muito dependente do momento, livros assim já costumam nascer velhos.

Muitos te consideram o maior chargista do Brasil. Isso mexe com a sua vaidade?

Mexe com minha curiosidade de saber quem são esses muitos. Bem possível que eu conheça todos eles.

Quem é o maior chargista do país?

Depende do dia. Muitas vezes é o Nani, que tem uma produção impressionante, todo time da *Folha* também é de alto nível, pode ser o Aroeira... mesmo alguns cartunistas que eventualmente cometem umas charges estão no páreo, enfim, certeza que este posto é disputado diariamente por mais gente.

Qual a charge que ainda não fez, mas que sonha fazer?

A de amanhã, e daí em diante.

MAURICIO DE SOUSA

"CHICO BENTO CERTINHO NÃO FUNCIONARIA"

Na série de entrevistas com grandes quadrinistas brasileiros, Mauricio de Sousa fala com Rafael Spaca sobre um dos seus principais personagens

Chico Bento não nasceu, como quase todos os seus personagens principais, de uma pessoa da família ou muito próxima a ti. O fato de tê-lo criado sem uma referência foi a sua grande dificuldade em conceber o desenho em todos os seus aspectos (conceito, traço, etc.)?

Chico Bento tem muito de um tio-avô meu e de mim mesmo, que cresci no interior paulista. Em Mogi das Cruzes, então uma pequena cidade. Mas não tive dificuldade em chegar ao Chico definitivo. Tive oportunidade de treinar e amadurecer o personagem graças a um contrato com uma revista chamada *Coopercotia*, editada pela então Cooperativa de Cotia. Eram histórias, originalmente, de dois personagens chamados Hiroshi e Zezinho que lá pelas tantas receberam em suas historinhas um menino caipira totalmente fora da realidade. Mas ingênuo e bondoso.

Com o tempo, esse menino, cada vez mais parecido com o atual Chico, foi "engolindo" a presença dos dois titulares das historinhas até que tomou conta do pedaço. Mais ou menos como aconteceu quando a Mônica surgiu nas tirinhas do Cebolinha. Chegou e ganhou o lugar.

O Jeca, do Monteiro Lobato, foi também uma inspiração?

Não. Monteiro Lobato me influenciou por suas histórias cheias de criatividade.

Você morou no alto do Tietê, que é uma cidade do interior próxima a Mogi das Cruzes e ao Vale do Paraíba. Tudo que você viveu lá está na alma do Chico Bento?

Não vivi muito tempo em Santa Isabel. Mas sem dúvida, cada vez que passava as férias escolares por lá, vivia em locais muito parecidos com a Vila Abobrinha do Chico Bento.

Naquela época, boa parte da população brasileira morava no campo. Isso foi um fator fundamental na criação do personagem?

Sempre imaginei que um personagem caipira com seus hábitos, modo de vida, ambiente em que morasse, atingiria o leitor adulto que um dia morou no interior. Ou traria uma falsa nostalgia ao leitor de um tempo e lugar que não chegou a conhecer... mas ambicionara viver ali.

Isso não o distancia da realidade das pessoas que hoje moram nos grandes centros urbanos?

Nossas histórias do Chico não são distantes dos grandes centros nem em termos de tecnologia e nem de contato. Vira e mexe o primo Zeca vai passar uns tempos no sítio do Chico. E aproveito para mostrar as diferenças das duas "civilizações", a da cidade grande e da roça. Geralmente a roça ganha. Além disso, as viagens do Chico para a cidade grande geram histórias impagáveis, mas cheias de verdades.

Por que só em agosto de 1982 sua primeira revista foi lançada? Tinha uma certa insegurança em relação ao êxito?

Apenas uma programação da editora, que foi lançando personagem por personagem da turminha. Até chegar a vez do Chico Bento.

No mapa imaginário, onde fica a Vila Abobrinha, cidade onde Chico Bento mora?

Minhas referências são de minha infância no interior, mas nas minhas andanças pelo Brasilzão tenho visto muitas regiões muito parecidas com a Vila Abobrinha. Com habitantes muito semelhantes às pessoas que criei nas histórias do Chico.

Vó Dita, a avó de Chico Bento, era também a sua vó. Agora, de onde vem a inspiração para a criação de Seu Bento e Dona Cotinha, os pais do personagem? Eles possuem alguma referência direta?

Vó Dita era minha avó que morava perto da minha casa em Mogi. Os pais do Chico Bento foram criados depois para compor as historinhas. Não há referência direta de alguém.

Manter Chico Bento com a sua esperteza interiorana, seu apego à natureza e demais valores que são muito caros especialmente ao homem do campo é um ato de resistência contra o que se convém chamar de moderno?

Não se trata de um ato de resistência, mas sim uma forma de expor as diferenças. O leitor escolhe o que eventualmente preferir como referência para sua vida, seu futuro.

Chico Bento sempre foi caracterizado em idade escolar. O fato dele não ser um aluno exemplar, que prefere brincar a estudar, é um modo de psicologia inversa, mostrar o errado para ensinar o certo?

Podemos entender assim. Um personagem muito certinho, impecável, meio robotizado, não teria a atração que o Chico tem lá ao seu modo.

Você teve na sua vida uma Dona Marocas, professora do Chico Bento?

Tive algumas, felizmente. Guardo saudades e gratidão por elas.

Neste mundo com patrulha ostensiva você chegou a ouvir reclamação quando, por exemplo, Nhô Lau espanta Chico Bento e sua turma a tiro?

A sociedade sempre está em movimento e não colocamos mais essa cena. Não há mais armas em nossas historinhas.

Uma questão, já superada, foi a polêmica nos anos 80, em relação aos diálogos. Achou justo te cobrarem o uso norma culta do português nos gibis do personagem?

A linguagem dos quadrinhos retrata a comunicação verbal. Logo os professores e educadores entenderam que, ao contrário de "ensinar o português errado", o que acontecia era justamente valorizar a linguagem do interior do Brasil. É só explicar isso às crianças para elas compararem como os personagens falam diferente porque temos um país enorme e com diferenças. Elas entendem de primeira. Tanto que em Brasília houve até passeata de crianças apoiando o personagem e sua fala.

Em duas histórias especiais foi mostrado o nascimento da irmã do Chico, Mariana. Mas ela morreu na mesma história, tornando-se uma estrela. Como é falar da morte para as crianças? Pensou muito antes de desenvolver essa ideia?

As crianças vivem essa realidade dentro da família e com amigos que se vão. Falar com leveza para que entendam o que está acontecendo só ajuda a absorverem esse drama de uma forma mais natural.

Chico Bento tem 8 anos e namora Rosinha. Conhece alguma criança nesta idade que namora ou é uma licença poética para desenvolver uma trama de relacionamento em cima deste romance?

Crianças têm sentimentos e vão descobrindo os seus através de sua vivência com outras pessoas. Então é natural se aproximarem sem malícia de quem gostam.

Qual é o perfil do público, aqui no Brasil, que gosta de ler o Chico Bento?

Pessoas de todos os perfis. Não há um grupo diferenciado.

Lá fora, é na Itália que ele faz mais sucesso?

Não só na Itália, mas em outros países como a China, onde existem pessoas ligadas ao campo que se identificam com ele.

É verdade que Chico Bento causou polêmica com radicais islâmicos por nadar nu? Se sim, como resolveu essa questão?

Colocando um calção nele.

Falando em radicais, como os fãs mais ardorosos do personagem receberam o Chico Bento Moço, uma adaptação onde Chico sai de casa para ir estudar Agronomia na cidade grande?

É um público diferente do que lia as historinhas do Chico Bento quando criança e, indo para a adolescência, se distanciaram daquele universo infantil. Quis pegar este público de volta. Por isso o Chico Bento Moço vive mais a realidade do jovem que mora no interior e pensa mais seu futuro.

Rosinha, Zé Lelé, Dona Marocas, Hiro, Nhô Lau, Primo Zeca, Zé da Roça, Maria Cafufa, Padre Lino, Quebra-Queixo e outros. Nas suas histórias você cria os personagens principais, os secundários e os terciários. Tudo saiu da sua cabeça ou teve auxílio?

Prefiro criar tudo sozinho para evitar problemas de direitos autorais. Tem funcionado bem por mais de 50 anos. Depois de tudo criado e sacramentado, repasso o trabalho de criação do roteiros para uma equipe que, em parte, se espalha pelo Brasil.

Criar um universo tão amplo te dá um desgaste mental ou sensação de poder?

Nem um, nem outro. Dá satisfação.

O que pensa para o personagem nos próximos anos?

Manter em suas historinhas, tanto na infância quanto na adolescência, a ideia de que morar no interior é uma busca de qualidade de vida melhor que nas cidades. E que o jovem não precisa mais pensar em sair de seu local para "vencer" nas grandes cidades, como ainda se pensa em muitos lugares.

Quanto fiz a primeira entrevista com o senhor, me lembro de comentar que Chico Bento era o meu personagem favorito, e sua resposta é de que era o seu também. Realmente é?

Apesar da minha maior proximidade filosófica com o Horácio, o Chico me toca mais com as aventuras que eu vivi e ele imita. Na verdade, um pai gosta de todos seus filhos. Mas quando estou desenvolvendo a história de um deles, é com aquele que estou mais conectado no momento.

CACO GALHARDO

"JÁ FIZ MUITA CRÍTICA SOCIAL, HOJE ME DIVIRTO"

NA SÉRIE COM GRANDES QUADRINISTAS, RAFAEL SPACA ENTREVISTA CACO GALHARDO. "ODEIO POLÍTICA. QUANTO MENOS DERMOS ATENÇÃO A ESSES CANALHAS, MELHOR"

Você começou sua trajetória profissional publicando fanzines. Isso começou antes, durante ou depois de se formar em Comunicação pela FAAP?

Na época da faculdade, conheci o Rogério de Campos, que hoje é editor da *Veneta*. Ele tinha uma banda punk e publicava um *fanzine* chamado *Xerox;* publiquei minhas primeira coisas ali, material muito tosco, bem jogado. Eu curtia quadrinhos, desenhava, mas não tinha nada consistente. Depois da faculdade, fui trabalhar na MTV escrevendo vinhetas. O trampo era moleza e tinha muito tempo ocioso. Aí, sim, desenvolvi um trabalho em quadrinhos e comecei a publicar *Os Pescoçudos* na *Folha*. Depois de um tempão, reencontrei o Rogério e combinamos de

lançar um *Proibidão*, uma coletânea minha só com material erótico. O primeiro editor a gente nunca esquece.

Esse período na MTV é considerado por muitos o mais criativo da emissora. Você concorda?

Sim, a gente tinha uma ideia e botava no ar. Todo mundo tinha 20 e poucos anos e muita liberdade pra trabalhar, era muito divertido.

Foi graças à MTV que você foi trabalhar no programa *Casseta e Planeta Urgente*, da TV Globo?

Escrevi alguns quadros para o *Planeta*, com minha amiga e atriz Eliana Fonseca, estava começando a vida.

Muitos artistas rechaçam a ideia de Academia. O que pensa a respeito?

Sempre fui autodidata em relação a quadrinhos, então acho esquisito. Acho que fazer um curso, entrar em um workshop, pode ajudar sim. Mas Academia... acho exagero.

Sua formação foi mais literária ou visual?

Foi mais quadrinhos mesmo. Vim dos anos 80 e os *Los Três Amigos* bombavam, lia tudo deles, uma influência decisiva. Hoje quase não leio quadrinhos, é só literatura e teatro.

O que lia e lê hoje em dia? O que via e o que vê atualmente?

Lia John Fante, Brecht; hoje continuo lendo muito teatro, Shakespeare, Sam Shepard, Arthur Miller, essas coisas. Vejo muito filme.

Você era fã do Cebolinha? Só dele no universo criado por Mauricio de Sousa?

Toda a turma, eram meus companheiros de infância.

Em 1997 você começou a publicar a tira *Os Pescoçudos* nos jornais *Folha de S.Paulo* e *O Dia*. Antes disso o jornal não estava no seu horizonte? Sua ideia era mesmo a TV?

Não tinha um projeto, ia fazendo o que curtia e as coisas que pintavam. Através de um amigo na MTV, conheci os cartuns geniais do Matt Groening—*Life in Hell* —, que ele publicava no *Village Voice*. Aquilo me chapou, pirei no formato quadrado. Depois de um tempo desenvolvi meu próprio universo, começando com *Os Pescoçudos*. Fiz dez cartuns, no mesmo formato do Matt, e mandei para tudo quanto era jornal. Em pouco tempo, a *Folha* me chamou. Aí foi uma vida de quadrinhos; só pulei novamente para o audiovisual, para o roteiro, nesta década.

Esse ano você completa 20 anos ininterruptos na *Folha de S.Paulo*, o que é um feito e tanto. Qual é o seu balanço destas duas décadas?

Vai sair uma megacoletânea no final do ano pela Companhia das Letras, com muito do material produzido nesses anos. O balanço vai estar ali.

Além da Folha, você colabora ou já colaborou regularmente pra várias revistas nacionais e estrangeiras como *Elle*, *Criativa*, *Ma-*

rie *Claire*, *Viagem e Turismo*, *Piauí*, *Bravo!*, etc. Pra conseguir estes espaços é necessário mais talento ou suor?

Os dois.

Você capta a vida cotidiana. Pra isso é importante estar atento a tudo. Na rua você se desconecta da internet ou fica com o rosto na tela do celular? Aliás, está cada vez mais difícil observar os outros?

Na rua a vida é a mesma, as pessoas interagem o tempo todo, andam de lá pra cá, conversam. Eu andava muito, hoje menos, mas a inspiração está sempre lá fora, não nas redes.

Por que tudo que você vê se transforma em crítica social cheia de sarcasmo quando faz suas tiras?

Mas esse é o Allan Sieber, não eu.

É preciso ter bom humor para fazer crítica social, do contrário você se tornaria um chato panfletário?

Já fiz muita crítica social, hoje me divirto. A crítica não é mais meu foco, mas obviamente, como cartunista, sempre acaba escapando.

Muitos dos seus amigos e colegas na *Folha de S.Paulo* aderem aos momentos factuais, especialmente em política. Esse é um tema que não te apetece retratar em suas tiras?

Odeio política e este momento em que tudo está voltado para a política. Quanto menos dermos atenção a esses canalhas, melhor. Sou a favor de resolver a parada entre a gente, parar de delegar tanto poder. O fenômeno do renascimento da Praça Roosevelt, aqui em São Paulo, só aconteceu porque não tinha político. Foi a própria movimentação da galera do teatro. Acredito nisso.

Quase todos os seus personagens, quando publicados em jornais, foram parar nas páginas de livros. Qual é a sensação de ver seu trabalho em livro? É diferente de vê-los no jornal?

Livros didáticos? Sim, todos estão publicando tiras, funciona muito para a galerinha das escolas. Pra mim tanto faz se é no jornal, livro, internet, contanto que estejam assimilando a mensagem.

Você também lançou livros em parceria, um exemplo foi o livro *O Banquete* (Editora Barracuda) com o escritor Marcelo Mirisola. Como te seduzir a lançar um trabalho em parceria? Precisa ser seu amigo, ter um puta nome... qual é o caminho?

Três critérios para pegar um trabalho: ou o trabalho é muito legal, ou é com amigo ou por uma grana boa. Se tiver dois desses itens, tô dentro.

Voltando àquela questão da sua percepção do cotidiano, me diz: todas aquelas mulheres que você retrata em *Colírio* são fruto da sua imaginação ou fruto de seus olhares pelas ruas da cidade?

Um pouco de tudo.

Alguma feminista já te chamou de sexista ou machista em razão dessa seção?

Já me encheram o saco, por isso parei de publicar. Desenho erótico agora virou machismo. Nem perco meu tempo discutindo, prefiro esperar essa onda careta passar e voltar com meus desenhos eróticos lá na frente, quando as pessoas voltarem a enxergar a beleza e sutilezas dos meus desenhos.

Falando em mulheres, nos explique: por que *Lili A Ex* faz tanto sucesso?

Obsessão feminina é um tema universal e muito divertido.

A O2 Filmes adaptou *Lili A Ex* para a televisão e foi um sucesso também. Você acompanhou todo o processo fílmico (eu trabalhava à época na O2 Filmes, em Cotia, e te vi lá, todo feliz). Você ficava dando palpite ou deixava o pessoal à vontade? Qual era a sua função lá na produtora?

Sou o autor da série, criei tudo com a Lilian Amarante e outros roteiristas. O processo todo me deixou mesmo encantado, muito em função do diretor, meu parceiro Luis Pinheiro, que montou um set lindo. O elenco era incrível, tudo funcionou.

Acha que *Os Pescoçudos* mereciam também uma adaptação para a TV? Chico Bacon e Julio & Gina dariam também belas adaptações, não acha?

Por enquanto não estou pensando em adaptar outros personagens. O que está começando a nascer é um longa da *Lili A Ex*, ainda em fase germinal.

Você já fez animação e roteiros para vídeos/documentários. Foi assim com a Unicef, Nickelodeon e Festival Videobrasil. Acha que seu trabalho consegue dialogar com estas linguagens?

Durante muitos anos achei que a profissão mais legal do mundo era o de roteirista dos desenhos do Pica-Pau. Nos anos 90 rolaram animações dos *Pescoçudos* e *Pequeno Pônei* no Cartoon Network. Foi um projeto chamado Cartoon Netiuorque, também com Angeli, Glauco e Laerte. Eram animações curtas, vinhetas muito legais, pouca gente se lembra.

Cinema de longa-metragem está no seu horizonte ou o mercado brasileiro no que concerne a animação te deixa desanimado?

Acabei de entregar um roteiro de longa, *Mulheres Alteradas*, adaptação dos cartuns da Maitena. Começam a rodar em maio, produção da O2, com direção do Luis Pinheiro e elenco dos sonhos: Deborah Secco, Alessandra Negrini, Monica Iozzi e Maria Casadevall.

Até no teatro você está ingressando. Como surgiu a ideia de escrever *Flutuante*?

O teatro é uma paixão. Comecei a escrever pra teatro há algum tempo; minha primeira peça, *Meninas da Loja*, estreou em 2011 no Teatro Parlapatões. Depois rolaram algumas peças curtas no Cemitério de Automóveis, e *Flutuante* estreou em abril deste ano, com a Martha Nowill, Paulo Tiefenthaler e Rafael Losso. Pra mim, não tem nada mais legal que o teatro.

Você disse que a nova geração de cartunistas, quadrinistas, etc., está muito dispersa. Explique melhor essa crítica.

Eu disse isso? Não lembro. Se disse, retiro.

Essa nova geração não "ameaça" a sua geração?

Não penso dessa maneira, todo mundo deve ter seu espaço. Torço sempre pela qualidade, pela boa produção. Se a produção tá boa, o mercado também se amplia, fica bom pra todo mundo.

ÁLVARO DE MOYA

O MESTRE DA HQ

ENTREVISTA INÉDITA CONCEDIDA POR ÁLVARO DE MOYA, NOME CENTRAL NOS QUADRINHOS BRASILEIROS

Você nasceu em 1930. Como foi a sua infância?

Infância de família burguesa, muito dramática. Narro no meu livro inédito *O Mundo é Quadrado.*

Nas décadas de 30 e 40, como era o mercado de gibis no Brasil?

Era ótimo para os quadrinhos americanos. Difícil para os brasileiros.

Você é considerado por muitos como o maior especialista em histórias em quadrinhos do país. Esse seu conhecimento foi cultivado desde a infância?

Nós, jovens, queríamos fazer quadrinhos e notamos que precisávamos saber escrever e líamos muitos clássicos: Tchecov, Hemingway, Faulkner, Sartre.

Além de conhecer a história, você também desenha. Como desenvolveu sua habilidade para o traço?

Fui discípulo de Jayme Cortez no desenho, Sylas Roberg em literatura, Walter George Durst em televisão, Rubem Biáfora em cinema.

Se especializou em algum curso?

Me especializei em cabular aulas para ir ao cinema. Ler gibis em vez dos livros escolares. Autodidatismo em coisas que gostava. Literatura, cinema, música, quadrinhos, etc.

Nos jornais *O Tempo*, *Jornal da Tarde*, *Folha de S.Paulo* e *O Estado de S.Paulo* você trabalhou como chargista. Como era a sua dinâmica de trabalho?

Em *O Tempo* era o ilustrador do jornal. Mas também escrevi artigos. Em dezembro de 1950, Syllas e eu escrevemos um dos primeiros artigos em jornais sobre Al Capp, autor de *Li'l Abner* (Ferdinando). E com Walter George Durst sobre o macarthismo em Hollywood.

Qual era o seu enfoque nas charges? Era livre ou seguia a orientação de algum diretor?

Era difícil fazer charges, como desenho e como temática.

O que um bom chargista precisa ter?

Senso de humor, crítica social, humanismo e odiar políticos...

Na Editora Abril, muitas capas do *Pato Donald* e *Mickey* foram produzidas por você. Nesse caso você tinha que seguir as diretrizes da matriz americana? Como era o sistema de trabalho para estes desenhos?

Só no estilo. Liberdade total para as capas. Notei que as revistas ficavam escondidas nas bancas de jornais. Desenhei uma carinha do Mickey, outra do Pato Donald, assim o jornaleiro via o desenho no topo, embaixo de outras revistas. Os *comic books* de super-heróis copiaram. Não era importante como o 14 Bis, mas os irmãos Wright dos comics estavam alertas...

Você também desenhou as versões de *A Marcha*, de Afonso Schmidt (Edições Maravilhosas, da EBAL—Editora Brasil América), *Zumbi* e *Macbeth* para a "Clássicos de Terror". Fale a respeito destes trabalhos. O traço para este tipo de trabalho é mais apurado?

Eu era influenciado por Alex Raymond (perdão!). Dava muito trabalho, era lento para desenhar e rápido no texto. Pesquisa era difícil na época. Decidi fazer *Zumbi* sem pesquisa iconográfica como na *Marcha*. Pensei em *Tarzan*. Mas o texto questionava o suicídio de Zumbi. Copiei uma carta do governador de Pernambuco dizendo como Zumbi foi traído e morto numa caverna. Até hoje os livros clássicos de História do Brasil como Rocha Pombo são reimpressos com a balela do suicídio. Já imaginaram? Os quadrinhos perseguidos e contestando os marajás da nossa História?

Tudo era feito em nanquim?

Sim. E papel importado, Schoeller. E pincel Winsor & Newton.

Onde produzia seus desenhos? Tinha um estúdio próprio?

Estúdio em casa ou na redação dos jornais.

Como foi montar a Primeira Exposição Internacional de Histórias em Quadrinhos (junto com Jayme Cortez, entre outros), em 1951, na cidade de São Paulo? Como surgiu a ideia e do que se tratava?

Foi uma loucura. Eu, que falava e escrevia em inglês, tive a ideia de escrevermos para os artistas americanos pedindo originais com a desculpa de fazer uma exposição. Um deles, não lembro quem, disse que era a primeira vez que alguém pedia para pendurar na parede um desenho seu. Descobrimos que éramos pioneiros...

Como foi a receptividade desta exposição?

Éramos da imprensa, teve cobertura no Rio e em São Paulo, na pioneira TV Tupi (para quem eu desenhara os letreiros do show inaugural do dia 18 de setembro de 1950).

Como define seu traço?

Um Alex Raymond fracassado.

Por que ninguém, aqui no Brasil, consegue fazer frente à Turma da Mônica?

Mauricio e Ziraldo vieram beneficiados pela nossa eterna luta pelos quadrinhos nacionais e pela linguagem revolucionária dos *comics*.

Esse monopólio não é ruim para o país?

Pelo contrário. Mauricio há muito vende mais que Disney. Ziraldo tem mais prestígio internacional que aqui. O mercado provou que os editores do meu tempo eram cegos.

Acredita que podemos criar uma indústria de HQs no Brasil?

A única indústria cultural é a televisão. Graças à Tupi, Record, Excelsior e Globo.

Ainda há preconceito contra as HQs?

Infelizmente, sim.

O que é mais importante: seu trabalho como acadêmico ou como desenhista?

Nenhum dos dois. Apenas como lutador pelo reconhecimento dos quadrinhos como arte.

Que nota você se daria como desenhista?

Não gosto do meu trabalho como desenhista ou autor de quadrinhos. Gosto do que fiz na TV Excelsior. Nos escritos sobre cinema, onde trabalhei na produção, distribuição na Polifilmes, no cinema como exibidor no Cine Marachá e Sessões Malditas, filmes que programei nas televisões. Gosto dos livros *Shazam!* e *Gloria in Excelsior*. A nota como desenhista, na minha opinião, é muito baixa. Melhor ver as opiniões dos outros.

FABIANE LANGONA

"GOSTO DE CAUSAR UM DESCONFORTO"

NA SÉRIE DE ENTREVISTAS DE RAFAEL SPACA COM GRANDES QUADRINISTAS BRASILEIROS, A VEZ É DE CHIQUINHA—OU MELHOR, FABIANE LANGONA

Você é de uma geração que ainda causa certa estranheza quando menciona a sua profissão. Te incomoda afirmar que ser mulher e cartunista não são coisas excludentes?

Apenas o fato de se dizer cartunista em algumas situações ou círculos sociais causa estranhamento de forma geral. "O que é isso? Ah, sim! Aqueles desenhos!" ou "E você vive disso!?". Esta questão de ser uma mulher atuando na área, principalmente de humor, acredito não causar mais espanto como quando comecei a publicar, há uns 10 anos. Finalmente.

Isso vai mudar?

Já mudou. Apesar de que, historicamente, o humorismo sempre foi considerado um território de machos. Durante um tempo, eu pouco fazia ideia ou me importava com o fato de que estaria, com meu trabalho, rompendo com alguns tabus nesse sentido, de contrapor estereótipos. Nunca fui de me colocar num lugar sagrado como mulher, ou do que se esperara, ou esperava-se de uma mulher, com uma postura comedida ou subserviente a zelar, então só segui o ritmo. Causar desconforto reflexivo é um esporte que prezo um tanto, e cartunistas estão aí pra isso.

Há um certo fetiche dos leitores em relação a ter uma mulher como cartunista?

Fetiche é um termo meio dúbio e penso que não se adequa a questão. Mas acredito que há, sim, uma curiosidade pelo ponto de vista feminino. Não estou me referindo ao titubeante "universo feminino" que muitos costumavam definir tão somente como dramas do dia a dia envolvendo futilidades gerais. Me refiro às ideias, à sensibilidade... e, por que não?, à habilidade de tratar de questões que não são pertinentes apenas às mulheres, e sim para a sociedade. Ou aborto e direitos reprodutivos não são questões que envolvem à todos como sociedade. Não aceitamos mais sermos lidas pelos homens e pelo olhar dos homens. Temos nossas histórias, nossas experiências e nossa própria voz. É absurda a tentativa de alguns nos desrespeitarem por isso. E me encontrei como cartunista justamente por isso, pra quebrar expectativas de todos os lados que viessem. Pra bater nesses padrões, mostrá-los ridículos. Imprimir clichês que, de tão arraigados e persecutórios, só vemos

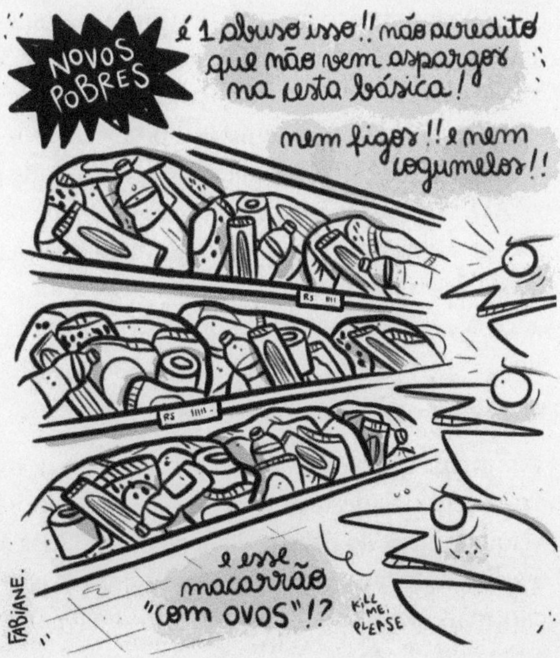

quando não estão refletidos diretamente no espelho. E não estamos falando aqui apenas de mulheres, e sim do ser humano.

Lá na infância, foi você estimulada ou desestimulada a desenhar?

Sim, desenho desde criança, como todo mundo. Mas acredito que o estimula maior veio do fato de ter um contato com histórias em quadrinhos desde alfabetizada. Ou antes disso. O que penso ter feito a diferença foi a quantidade de quadrinhos que tinha disponíveis em casa. Desde que tenho lembrança, me vejo copiando esse formato: fios, bonecos falando em balões. Meu pai tinha muitos gibis de faroeste, aqueles TEX. Umas coisas italianas clássicas, coletâneas do Pasquim... Ao passo que minha irmã mais velha, dúzias de Chiclete com Banana e revistas da Circo, etc.

Como define seu traço?

Zero técnica e muito ódio carinhoso. Monstruosidade e afeição.

Tinha outros sonhos além de desenhar ou esse era o seu único objetivo como profissão?

Desenhar nunca foi um objetivo profissional. Aconteceu de o Fábio Zimbres fazer uma conta do Blogspot pra jovem, eu, que morria de vergonha e desejava compartilhar com o mundo tanto como morrer. Pensava que nunca mais teria amigos ou ficaria com alguém romanticamente após isso. Aconteceu também de ser chamada pelo Ota pra trabalhar na MAD. E também, logo depois, ser chamada pelo Ivan Finotti pra publicar na Folha de S.Paulo. Tava no meio de uma faculdade que fazia pois gosto de escrever e editar coisas, muito de fotografia e rádio. Sem grandes utopias. Fui no fluxo dos acontecimentos e cá estamos.

O que saía nos seus primeiros rabiscos?

Na infância desenhava muita banda, esses roqueiros exóticos. Minha irmã tem uns desenhos que fiz do Kiss, impressionadíssima por conta daquele filme do parque de diversões — Kiss Meets the Phantom of the Park. Desenhava umas figuras históricas nas provas... tipo o Karl Marx. No mais, sempre pessoas ou bichos. Cenários apurados nunca foram uma onda forte.

Quais eram as suas principais referências?

Além de ter conhecido muito cedo o trabalho do Angeli, me identificava muito com o jeito que ele inseria música nos quadrinhos, aquilo me pegou — imediatamente se tornou muso inspirador com direito a altarzinho e tudo o mais. Era aficionada pela MAD. Comprava em sebo tudo que achava da época da Vecchi e ainda peguei uma boa fase da Record no começo dos anos 2000 vendendo em banca. Com o Ota, entendi que podia escrever muito e que podia apenas desenhar feio e sem medo. Essa constatação me transtornou e me trouxe muito alívio. Amava o Don Martin e o Aragonés. Odiava o Dave Berg. Depois, conheci o trabalho do Adão na Dundum, o do Allan… Wolinski, Crumb. Atualmente vivo sem heróis, abandonei isso.

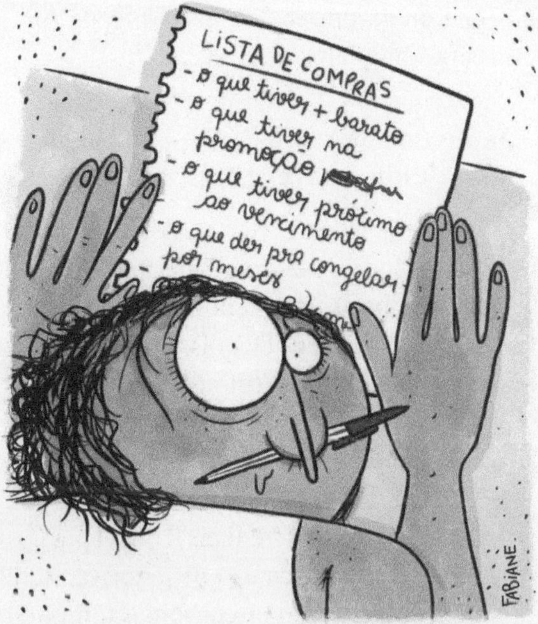

Por que o codinome Chiquinha?

Seria um sonho nunca mais ter que responder essa pergunta. Na minha turminha jovem todos tinham seu apelido bizarro. Fui agraciada com este. Como dito anteriormente, a vergonha de alguns desenhos era imensa, principalmente de ser vista no meio acadêmico como a autora DAQUILO. Afinal, à época, ao menos no meu meio social, era impensável uma mulher ser assim, livre e sarcástica. E principalmente, debochar dos homens. Arquitetei o uso dessa dupla identidade pra passar meio incólume. Uma bobeira de uma menina insegura. O mundo de forma geral adora podar mulheres. E esse tipo de pressão social assustava a jovem eu. Hoje as coisas não são mais assim. Fico muito feliz por essa nova geração. Odeio o termo " empoderada ", mas é por aí. Podemos usar " consciência de gênero " ? Consciência de "lugar no mundo". Não sei. Sei que muito prazer, Fabiane Langona (pra alegria total do meu querido pai). Chiquinha is dead.

Muitos desenhistas tem formação em jornalismo, como você. Por que a área de humanas abastece tanto essa profissão?

Hoje teria investido em qualquer outro curso científico. Tinha uma vontade grande de estudar veterinária (animais de grande porte: elefantes, rinocerontes), mas tenho pânico de ambientes cirúrgico-assépticos e sangue. Não deu. Depois, pensei em oceanografia biológica, mas não tinha o curso em Porto Alegre, só em Rio Grande. Caí pras humanas, inevitavelmente. Prestei vestibular pra Artes Plásticas e Publicidade e Propaganda. É horrorosa a ilusão de que na publicidade você poderá ser "criativo". Acho que ninguém mais cai nessa. Mas em tempos de e-mails "@bol", foi o que acreditei. Troquei pra Jornalismo no primeiro semestre. O universo publicitário me enojava. Acreditava que a formação acadêmica tinha relação direta com seu futuro trabalho, que a academia seria um lugar para desenvolver a fruição criativa, até perceber que, necessariamente, não. Ao menos não diretamente na profissão que eu viria a seguir.

Seus desenhos são uma forma de fazer jornalismo?

Pode ser. Esse formato em que o autor é um narrador me conquista muito. Relatando, observando, dando voz aos seus personagens. Na faculdade cheguei a me interessar bastante, sentia muita falta de uma abordagem específica dentro do curso com foco na opinião ilustrada, ou mesmo sobre esse engessamento, esse quase vício texto-foto-texto-foto. Cheguei a infernizar alguns professores quanto a isso, sem sucesso. Ninguém dava a mínima pra desenho, até mesmo os especializados em infografia. Decepções. Mas, de qualquer forma, consegui desenvolver um TCC sobre o Joe Sacco. Minha orientadora, prof.a Maria Beatriz Furtado Rahde, era uma grande estudiosa de quadrinhos e finalmente encontrei uma boa ouvinte pra todos devaneios sobre o uso de novas linguagens e formatos. Ela

era formada em artes com licenciatura plena em desenho e foi um ícone pra mim dentro da faculdade (insensíveis!). Esse convívio e a qualidade satisfatória do meu trabalho de conclusão (obrigada e descanse em paz, prof.a) são parte do que posso chamar de boas lembranças do curso de jornalismo. Aliás, recém foi lançado no Brasil Desaplanar, do Nick Sousanis, o primeiro pós-graduando a apresentar uma tese de doutorado em formato de HQ. Adoraria saber a opinião dos ex-professores sobre.

Ter trabalhado como assistente de redação e arte-finalista na revista MAD foi o fator preponderante para encontrar sua forma de narrativa, com um humor mais ácido e irônico? É a linha de humor que mais se aproxima da sua?

Sim. E principalmente o fazer parte de uma redação. E principalmente com meu querido padrinho Ota. Pequenos traumas, grandes aprendizados — aliás, este poderia ser o nome de algum programa de estágio, não?

Sua estreia na mídia impressa foi no Jornal do Brasil, em 2005. Como surgiu a oportunidade de trabalhar lá?

Eu tava no Rio, trabalhando na MAD. Na época, o Ota escrevia uma coluna no JB inspirada numa antiga coluna do Pasquim chamada Abre-Alas, que apresentava as "promessas" da nova geração. Publiquei um quadrinho e assim fui apresentada ao mundo pela primeira vez na dita imprensa oficial.

Quase na sequência, você foi contratada pela Folha de S. Paulo, onde começou a publicar semanalmente no suplemento Folhateen e, depois, integrou o time de cartunistas do portal UOL. Você é um fenômeno?

Fenômeno, eu?! Comecei a publicar cedo, verdade. Mas acho que vivemos uma época em que existe uma geração incrível de cartunistas produzindo e que, apesar de se encontrarem muito bem obrigada na internet, poderiam estar diariamente no impresso. Aparentemente, as grandes empresas de comunicação coroam seus medalhões ou "pratas da casa", que permanecem em seu espaço pelos próximos 100 anos. Mas acho que isso também está mudando. A crise do jornalismo tem levado as empresas em buscar atualidade, até mesmo por conta de uma crescente concorrência com as redes sociais, etc. Eu gosto muito do impresso, acho prazeroso, ver seu trabalho além da tela. Tátil. Texturizado. a saída atual são a redes sociais. O que me desagrada pelo fato de estar trabalhando por uma megaempresa como o Facebook a troco de nada. Aquela máxima do "se você não está pagando o produto é você". Então, o artista fica escravo disso. Precisa ser também um marketeiro. Incentivar algoritmos. Saber jogar esse jogo. Ou melhor, ser obrigado a jogar esse jogo pra existir, ser lembrado, acumular seguidores em busca de credibilidade. De forma geral acho isso muito irritante.

Seus cartuns costumam criticar costumes e hábitos dos brasileiros, especialmente dos jovens, vide o conjunto de sua obra na Folhateen. O que te incomoda tanto?

A vida cotidiana me incomoda, de forma geral. Incomoda e me faz rir na medida do possível.

Estamos caminhando para uma mediocrização da juventude ou o contrário?

Porque da juventude? A mediocrização de hábitos e sentimentos engloba todas faixas etárias desde sempre.

Por que seu trabalho tem um poder de alcance tão grande?

Não sei se tem um alcance tão grande. Não faço quadrinhos didáticos ou virais. Ou na pauta da hashtag do momento. Essa necessidade de alcance me parece sufocante. E como artista, o objetivo principal é ser livre. Com todas as vantagens das redes sociais ainda acho um meio opressor, no sentido do que disse acima. Cresci com Nelson Gonçalves e Lindomar

Castilho no ouvido. Acho que introjetei muito disso, dessa dor de cotovelo vinda do cotidiano. Aquele poder natural e tocante de ler ou escutar, algo que te faz chorar e pensar e rir. Tudo ao mesmo tempo. Busco algo assim, ser honesta com o que desenho e escrevo. Deve ser isso.

O fato de ser jovem facilita esse diálogo com outros jovens?

Dia desses uma amiga jornalista, também chegada na casa dos trinta, soltou: "acho que me conecto muito bem com os jovens". Essa frase é típica de alguém que não é mais tão jovem assim. Me identifiquei muito e estou amando.

F. Humor, Tarja Preta, Eca Magazine, Vip, Ilustrada, Piauí, Stripburger, Zero Hora, Diário Catarinense, Jornal do Comércio, Diário de Pernambuco, Sexy Premium, TPM, Gloss, Mundo Estranho, entre outras, foram publicações que você colaborou. Em todas essas publicações você teve liberdade editorial ou em algumas delas trabalhou sob encomenda?

Quase sempre liberdade total. Por isso é que sou, além de tudo, uma autora. Mesmo pautada, procuro deixar um estilo ali, imprimir meu jeito de pensar, desenhar. Enfim, executar algo que, mesmo com limitações, também seja facilmente identificado como meu.

Até onde é possível chegar com o seu trabalho?

Ao infinito e além. Ou a lugar algum.

Voltemos à Chiquinha. Em A Mediocrização dos Afetos (Ugra Press), ela desconstrói suas próprias inseguranças diante dos olhos do leitor. O que tem ali de Fabiane Langona?

Se pensarmos que estamos falando da minha visão acerca do tema, tudo.

Você lançou também Algumas Mulheres do Mundo e Uma Patada com Carinho. Como é o seu método de composição para trabalhos deste porte, e o no que ele difere na metodologia das suas tirinhas?

O Algumas Mulheres do Mundo foi uma compilação de cartuns que fiz quando cartunista do UOL a partir de pautas semanais e algumas HQs soltas, publicadas até então apenas na internet. De forma geral, são trabalhos bem editoriais. Em sua maioria não seguem o formato no que se refere ao tamanho, mas respeitam o mesmo tempo da tira diária. Este livro não me orgulha muito. Fiz muitas piadas que não faria hoje. Fiz o que pude tendo em vista que era pautada pela plataforma, que não era lá muito progressista. Quando a gente começa muito cedo, acontece disso. Faz parte do processo de amadurecimento como pessoa. Já o Uma Patada com Carinho, que é anterior, segue quase o mesmo método, com a diferença que quase todas as histórias são inéditas. Algumas mais longas que estavam minimamente rabiscadas, algumas já desenhadas e esquecidas. Ou seja, ambos são um mosaico de coisas, com formatos diversos. Olhando hoje, este livro já aponta diversos caminhos que seriam explorados mais enfaticamente anos depois, empoderamento feminino, direitos e igualdade de gênero, pressões sociais sofridas pelas mulheres, traumas e vivências. Vejo ele com mais carinho que o posterior, acho.

Tem um método próprio de composição de trabalho ou tudo surge livremente?

Nunca sento em frente ao papel precisando ter uma ideia. Anoto quase todas que me vêm onde estiver disponível. Caderninho, bloco de notas no celular... quando vou pra prancheta, geralmente é apenas para executar. Meio viciada em gaveta, confesso.

Livro é uma plataforma que te estimula ou ela é obsoleta?

O objeto livro é algo que me fascina. Seu desenho impresso, em páginas folheáveis, com a lombada na estante, com um redondo de xícara estragando a capa, sublinha, rasurar, desenhar. A textura e luminosidade do papel. Pra mim, a plataforma livro é um sentimento.

Livro traz mais respeitabilidade do que dinheiro?

Além da felicidade de ter o objeto em mãos, não vejo quaisquer grandes glórias. Nem em se tratando de prestígio, nem de dinheiro. Ao menos no Brasil. Acho aviltante um autor não receber adiantamento e lhe ser oferecido menos de 10% num preço de capa. E as editoras saem de heroínas por fomentar o mercado de quadrinhos, dar aos autores esta grande oportunidade, esta promoção, esta visibilidade estupenda. Dito isso, provavelmente nunca mais uma editora vai me querer, mas é minha experiência. O mercado de forma geral sempre é cruel com os artistas. Nos quadrinhos não é diferente.

E o jornal?

Acho que publicar em veículos de grande porte já foi mais importante em termos de credibilidade. Não vejo como algo imprescindível. No meu caso, gosto mesmo é daquele hábito de acordar, colocar um som, ir meio dançante com o fone de ouvido até a banca, pegar o jornal, revista, etc., folhear com pressa pra um primeiro "olá" conferidor, colocar embaixo do braço. Daí chegar, comparar com o desenho original, colocar a página lado a lado com a tela do computador e achar a diferença nas cores, pensar se podia talvez ter ido numa outra direção. Esse tipo de coisa meio boba e pequena.

Pra que serve a internet para você?

Pra ter mais de 70 abas abertas trancando tudo mesmo com aplicativos gerenciadores e ser motivo de piada por isso. Mil coisas.

O que mais ouve/lê das leitoras e leitores quando comentam a respeito de seu trabalho?

Geralmente fico animada. Mulheres já escreveram dizendo que tive parte na decisão delas de fazer quadrinhos sem medo de dizer e desenhar o que bem queriam. Uma coisa afetuosa mesmo. Uma missão que não

tomo como minha, mas sinto que está sendo, em parte, cumprida. As críticas ruins geralmente vem de conservadores e crentes. É algo que eu acho mais engraçado que ofensivo. Já fui atacada por conta de alguns pontos de vista, ou mesmo por não seguir cartilhas do que seria bom ou mau comportamento. E tudo certo. Só não gosto de autoritarismo, nem de ambientes em que te tratam como inimigo por você não estar devidamente harmonizado com uma forma específica de produzir arte. Desenhar pra mim é uma espécie de conforto, quase um jeito de suportar a violência do mundo exterior. E a única coisa que não deixo ninguém interferir. É algo meu. Meu que compartilho com o mundo, mas meu.

O Brasil é fácil para se viver?

Fácil só Shangrilá.

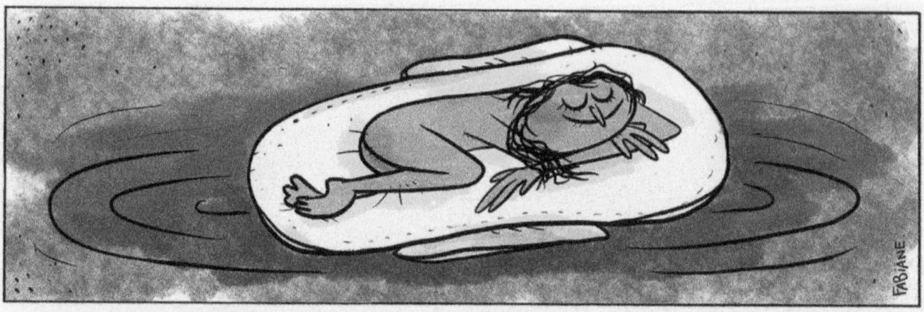

DENISON

"PARCERIAS SÃO ESSENCIAIS NA HQ"

NA SÉRIE DE ENTREVISTAS COM GRANDES QUADRINISTAS BRASILEIROS, RAFAEL SPACA FALA COM DENISON

Você trabalha de dia e só no tempo livre consegue se dedicar ao desenho. Essa é a realidade da maioria dos profissionais que desejam ingressar nessa área?

Com certeza eu deveria me dedicar mais aos desenhos, não tenha dúvida. Se eu ainda estou nessa, e é normal estar, é porque eu ainda não estou me dedicando como deveria ao que realmente interessa, que é fazer o que se gosta.

A culpa é sua ou do país?

Se o problema é o país e eu faço parte do país, então eu sou parte do problema também, por algo que eu esteja ou não fazendo ou permitindo que façam. Por que a gente permite por tanto tempo? Será que o brasileiro está realmente tão mal representado?

Angeli, Paulo Caruso, Allan Sieber, entre outros, são as exceções que não confirmam a regra?

Esses caras são referências, são os tradutores do pensamento humano em imagem e na forma mais refinada de inteligência, que é o humor.

Dá pra chegar nesse patamar em que eles estão?

Eles não são só desenhistas, são pensadores criativos, mentes inquietas. Tem muita gente assim que simplesmente ninguém conhece, esses mestres foram corajosos o bastante pra compartilhar seus pensamentos; é preciso uma boa dose de coragem pra isso.

Por que acha que esses caras conseguiram assumir uma posição consolidada, de viver do seu trabalho, o desenho?

Eu não sei se eles já começaram assim, mas acredito que muitas vezes eles devem ser obrigados a dizer não para alguns projetos, até com certa dor no coração, por falta de tempo, pois há sempre muito trabalho a ser feito. Pra viver disso você precisa da mesma organização e disciplina que precisaria ter pra viver de qualquer outra coisa, é preciso estar disponível para parcerias. Ninguém faz nada sozinho e encarar as oportunidades de embarcar nos projetos dos amigos se você não tiver um seu.

Se é tão difícil sobreviver nessa área, a insistência vem de onde e por qual razão?

A insistência vem da necessidade que temos de nos comunicar, de trocar ideias, de dizer alguma coisa. Por isso a produção criativa é infinita e fértil.

Tem alguma história que te inspira?

A história do Superman é a história do arquétipo humano, a ideia de ser acolhido e, em gratidão, devolver o melhor de si. É o que explica a devoção do Superman ao ser humano.

Neste percurso, o que você estabeleceu de positivo nesta "panela" das HQs?

Desenhar realmente abre seu leque de contatos porque as pessoas chegam umas às outras primeiro através da arte e afinidades, e se descobrem. Nos eventos a gente conhece todo mundo, em dois ou três lançamentos; se você for um cara legal e um pouco cara de pau, você entra pra turma fácil. O pessoal é muito receptivo, todos gostam de trocar ideia e ninguém se torna seu adversário, todos são parceiros porque as produções acontecem das parcerias—é muito difícil, pra não dizer impossível, fazer tudo sozinho, logo, qualquer um pode a qualquer momento se tornar um parceiro de produção de verdade. Mas amigos mesmo, com quem eu troquei uma ideia e que não poderia deixar de citar são 1) o Bira Dantas—esse é o cara mais simpático do mundo, ele agrega às pessoas... eu digo que se ele for te dar a notícia da morte de alguém, ele vai dar a notícia sorrindo, se você estiver mal e encontrar o Bira, você fica bem; 2) o Eduardo Vetillo é um mito, eu fiquei meio em choque quando eu conheci ele, imagina aqueles livros de história da escola, com um Tiradentes, uns caras nuns cavalos, escravizados, índios, uma Princesa Isabel, provavelmente muitos de nós estudamos história ou geografia, talvez até ciências com os desenhos deste senhor que ilustrou muitos livros didáticos... é surreal; 3) uns dez anos atrás, antes de sonhar em conhecer essa galera toda, eu já trocava muita ideia com o Gualberto Costa, eu ficava na loja dele lá na Praça Roosevelt enchendo o saco, alugava a orelha dele, coitado, mas meu, o cara tinha tudo! Era incrível! E eu comprava muito, gastava todo o meu pobre dinheirinho em quadrinhos lá, mas era barato porque tinha muito *fanzine*, muita coisa boa começou ali e ele sempre falava "faz alguma coisa e traz aqui, cara, tem espaço." E tinha mesmo, olha aí, pelo menos já estou fazendo o Adroaldo... O Gual é um dos alicerces dessa turma valente que são os caras e as minas que fazem quadrinhos.

Mas um que eu não posso deixar de mencionar é o Álvaro de Moya; a gente percebe a grandiosidade de uma pessoa por sua generosidade. Ele era extremamente acessível, dava conselhos e contava histórias como se você fosse tão importante quanto um profissional antigo. Ele tratava as pessoas todas da mesma forma e com muito bom humor, sem falar na energia de estar presente em todos os eventos, dando a força de sua presença à produção da nona arte. Me sinto honrado por ser lembrado e reconhecido por ele. Cheguei a ir em sua casa, em Moema, conversamos muito, ele me deu vários conselhos, tomamos café... é surreal ser recebido pelo mestre dos quadrinhos em sua própria casa! Aliás, Rafael, nos encontramos pela última vez no lançamento do seu livro dos quadrinhos dos Trapalhões, estávamos todos lá.

Você trabalhou muito tempo fazendo peças gráficas no Sesc Santo André. Como foi a experiência lá e o que este trabalho te beneficiou em relação ao seu trabalho como ilustrador?

Trabalhar no Sesc foi ótimo porque pagaram meus cursos de produção gráfica, a parte que eu não era bom na faculdade, coisa muito prática, eu era mais criativo de comunicação visual. Época boa, de muito trabalho, respirava cultura e dava muita, muita risada com a equipe. É divertido fazer o que você curte. Nessa época eu dominava algumas ferramentas de ilustração digital, mas não muitas; quando eu saí de lá já dominava ferramentas melhores, que me são úteis até hoje no trabalho de ilustração.

Nesse tempo lá você exercitava seu traço?

Exercitava pouco. Lá o trabalho criativo era mais voltado a resolver os problemas de comunicação, a parte criativa ainda era apenas um treino.

Desenvolveu histórias/personagens próprios ou era uma coisa mais aleatória?

Eu tenho alguns, todo mundo tem, eu acho, até quem não desenha. Quem não tem, ou pelo menos teve na infância, um ou vários personagens próprios?

Tem roteiros e personagens próprios?

Roteiros, ideias, projetos, parceiros criativos temos bastante. Tempo e dinheiro, não temos muito.

O que te motiva a criar?

O que me motiva a criar são as ideias dos outros, como traduzir isso em linguagem visual. Todo mundo tem uma boa história pra contar, é bom poder contribuir com isso.

Quais são as suas referências no desenho?

Referências no traço são muitas—Disney, Cartoon Network, quadrinho americano, mangá, Ziraldo, Mauricio de Sousa, Laerte, Adão... dependendo do dia ou da referência que eu preciso.

Em algum momento você foi desacreditado?

Desacreditado como desenhista nunca, mas como muitas outras coisas, sim. Por isso que eu vou largando essas coisas e continuo desenhando; pelo menos é onde eu menos erro e onde me sinto mais à vontade.

Chegou a acreditar nestas pessoas ou isso te deu ainda mais força para seguir em frente?

Eu nunca dou ouvidos a críticas, mas eu respeito muito quem me apresenta ideias melhores; costumo sempre que possível realmente colocá-las em prática.

Como define seu traço?

Eu acho meu traço meio rápido, até fácil de copiar, mas eu busco boas soluções e combinações agradáveis. Uso muito a cor preta e cores fortes, assisti a muito desenho na TV nos anos 80 e 90. Aprendi a desenhar vendo e tentando copiar esses desenhos.

Você trabalha também fazendo capas e diagramação de livros. Fale a respeito.

As capas de livro são parte do trabalho de produção gráfica, é comunicação. Normalmente a concepção criativa já vem pré-definida pelo autor, mas, quando você tem liberdade criativa, a história é outra: aí você literalmente pode fazer o que quiser.

É uma forma de exercício ou não tem nada a ver?

É um exercício prazeroso porque cada história envolve uma pesquisa, uma certa entrega ao universo que você vai ser responsável pela forma como os leitores vão guiar a própria imaginação. Porque você faz um desenho de um cachorro andando, mas as pessoas vão ver e se lembrar de um cachorro andando mesmo, de verdade. A imagem direciona a mente; ilustrar a história de alguém, mesmo que se tenha total liberdade criativa, é uma grande responsabilidade.

A internet é uma plataforma forte ou o que te interessa é ser publicado em jornais, que dá mais peso ao trabalho?

A internet é o caminho mais rápido e mais fácil, mas é bom estar disponível em todas as mídias possíveis pra chegar ao maior número possível de pessoas, sem distinção de público por preferência de plataforma ou qualquer outro tipo de separação. O que dá peso ao trabalho é seu conteúdo e se ele se identifica com o leitor ou se não se identifica, se pelo menos o incomoda.

E o Adroaldo? Fale a respeito deste personagem.

Adroaldo foi a minha porta de entrada para o lado bom da profissão, a parte realmente criativa e divertida, onde eu conheci as pessoas mais legais, grandes parceiros criativos e profissionais. Já trabalhei muito para o lado negro da força, mas sinto que esse projeto conversa muito com o que eu gosto de fazer, por isso que eu não pretendo parar tão cedo.

Ele é politicamente incorreto? É um desenho para crianças ou para adultos?

Um adulto devia ler primeiro e decidir se a criança pode ler ou não, talvez seja o mais seguro. Mas como já está na internet, é mais provável que as crianças o apresentem aos adultos.

Como é trabalhar já com um roteiro pronto?

Trabalhar com um roteiro pronto é sensacional porque, primeiro, já te poupou metade do trabalho, você só tem que desenhar—é bom porque te isenta de qualquer responsabilidade criativa, você comunica a sua ideia visual e diz que está apenas seguindo o roteiro. É muito bom, eu funciono bem quando me dão um roteiro pra seguir. Sozinho eu me perco um pouco.

Qual é a margem que você tem para a criação?

Eu tenho liberdade total na criação visual; eu só sigo o roteiro e peço ideias quando preciso de algum direcionamento, mas faço tudo do jeito que eu quero. As piadinhas visuais são culpa minha mesmo.

Mesmo com um trabalho ainda em fase inicial, a repercussão que ele está atingindo te envaidece ou te constrange?

Na verdade, me assusta. Eu não esperava a repercussão que teve até agora. Mas não me intimida, pelo contrário, não poderia ter motivação maior pra continuar.

Até onde ele pode ir?

O personagem é cativante e tem grande potencial; eu também sou um grande fã dele, não tem limites pra o que ele pode se tornar. Eu estou desenhando, mas ele pode ser animado, filmado, encenado num palco. Se gostaram da história dele, por que não a contar também de outras formas?

E você, até onde pode chegar?

Até onde eu posso chegar? Depois que você realiza alguns sonhos, não há mais nenhum limite determinado; o que eu não puder fazer sozinho, com certeza vai ter algum louco pra me ajudar.

No reino do faz de conta existia uma bruxa, mas ela não era uma bruxa comum, ela era a bruxa do chocolate.
Ela tinha esse nome porque vivia a roubar chocolates.

CHICO CARUSO

"IDEOLOGIA É PARA IDIOTAS"

NA SÉRIE DE ENTREVISTAS COM GRANDES CARTUNISTAS, RAFAEL SPACA FALA COM CHICO CARUSO. "AS PESSOAS ME CUMPRIMENTAM NA RUA ACHANDO QUE SOU MEU IRMÃO"

Você se formou em arquitetura pela FAU/USP, porém não seguiu a carreira. Se tivesse na arquitetura o mesmo sucesso que tem como cartunista, estaria melhor de vida do que está hoje?

Acho que não, não tenho essa vocação pro detalhe, pro acabamento… tinha muita pretensão, mas nenhuma satisfação.

Seu início como chargista e ilustrador foi em 1968, quando publicou seus

primeiros desenhos no jornal *Folha da Tarde*. Naquele tempo a ênfase dos seus desenhos era sobre temas que variavam entre futebol, crônicas, horóscopo e política. Foi o período mais difícil que teve como profissional? A censura ficava no seu cangote?

Não, era mais a autocensura que funcionava no começo, mesmo assim em termos, porque a radicalização contra o regime militar imperava nas redações... meu jornal publicou um texto da união dos estudantes como editorial, me lembro de uma matéria sobre Carlos Marighella que começava dizendo "quem é esse homem que gosta de crianças..." Aos poucos, a redação da *Folha da Tarde* foi passando da esquerda pro centro e pra extrema direita, trocando os chefes de redação e aí diminuindo os desenhos independentes; fiquei só ilustrando crônicas, matérias frias, o que pra mim era bom porque tinha entrado na faculdade de arquitetura e tinha mais tempo pra vida acadêmica, que, em 1969, nem existia mais...

O AI-5, de 1968, foi o grande responsável por te fazer parar por um tempo de fazer charges políticas? Você parou por decisão própria ou imposição?

O jornal simplesmente parou com a charge política.

Gostaria que rememorasse sua trajetória na revista universitária *Balão*, em 1972. Na mesma década de 1970, você colaborou com os jornais *Opinião*, *Movimento* e *Gazeta Mercantil*. Foi o período mais fértil para a criatividade do seu trabalho?

Aí começa a imprensa alternativa, *O Pasquim* surge em julho de 1969, foi um estouro, todo mundo queria fazer aquilo, escrevendo ou desenhando... Em 1972 surge o *Opinião*, com pessoas que eu conhecia da *Folha da Tarde* — Raimundo Pereira, Tonico Ferreira —, e parecia mais sério que o *Pasca*. Fui atrás, conheci o Dirceu Brizola, que me levou pra *Gazeta Mercantil*. Na FAU conheci o Luis Gê, que me ofereceu a revista *Balão*, eu comprei e entrei. Mais fértil pra mim é hoje, mas naquele tempo eu tinha 20 anos, era mais erétil...

É preciso ter o mínimo de informação para entender suas charges ou elas são acessíveis a todos?

Sem educação ninguém entende nada...

É verdade que sua contratação para trabalhar no *Jornal do Brasil* foi graças a uma caricatura do general João Figueiredo (1918-1999) feita por você? Pode explicar essa história?

Foi. Na FAU-USP conheci o Tonico, que me apresentou o Hélio de Almeida, editor de arte da *Veja* e depois da *Isto É*, onde comecei a publicar. E o Lan, do *JB*, viu um desenho que fiz sobre o general Figueiredo, farda grande, cabeça pequena, e me chamou pra substituir as férias do Ziraldo na página editorial do *JB*, o lugar mais importante da imprensa brasileira naqueles anos... Me senti promovido a general de seis estrelas e fui!

A crítica política sempre te fascinou?

É, talvez pela politização dos anos 60 e 70, não pensávamos noutra coisa.

Podemos definir seu estilo como sutil, porém contundente?

Sim, junta o interesse estético e a síntese política com humor.

Você é considerado um dos mais populares caricaturistas políticos dos últimos 40 anos. Olhando em retrospecto, a classe política brasileira sempre foi medíocre ou teve dias melhores?

Não, estamos nos nossos piores, muito por culpa do regime militar, que impediu novas lideranças, e muito pelos que ocuparam esse lugar e se lambuzaram...

Em 1984 você foi trabalhar no jornal *O Globo*, e desde 1992 publica diariamente suas charges e caricaturas na primeira página. Que importância tem isso pra você?

Pagar as próprias contas, quer coisa melhor?

Você é precursor da charge animada para televisão. Em 1982 começou a colaborar semanalmente para o *Jornal da Globo* e depois migrou para o *Jornal Nacional*. Como foi essa transição do papel para a animação?

Desde Michelangelo o artista sempre quer que sua obra se mexa... *Parla!* é a expressão disso. No *JB* fiz uma charge do Delfim Netto, o gordo ministro do general Figueiredo, pulando no garupa do cavalo deste e achatando o pobre animal—o cavalo—no chão, dizendo "upa, upa, cavalinho!". Achei que aquilo daria uma boa animação, fui na TV Globo, onde conhecia a Diléa, que tinha feito USP com a gente e era editora de criação e ela acabou vendendo a ideia pro *Jornal da Globo*, onde estou até hoje.

Tornou-se mais popular ainda com a televisão? As pessoas te reconhecem nas ruas?

Não, elas me cumprimentam na rua achando que eu sou meu irmão, que aparece toda semana no *Roda Viva*, da TV Cultura.

Ir para a televisão é o melhor caminho para ganhar dinheiro?

Também pode ser pra quebrar a cara... Eu ganho mais no jornal impresso, onde faço 30 desenhos por mês, do que na TV, algumas vezes por semana.

A geração dos fundadores e colaboradores do jornal *O Pasquim*, entre eles Henfil, Ziraldo, Millôr Fernandes e Jaguar, foi a que mais te influenciou?

Sim, mas além deles os argentinos Trimano e Sábat e o americano David Levine.

A charge em que Dilma Rousseff aparece de joelhos, prestes a ser decapitada por um extremista do Estado Islâmico, foi um dos seus desenhos que mais repercutiu e suscitou debates. Esperava essa gigantesca reação? A publicação foi no dia da mulher, não foi?

Foi baseada nas declarações dela, de que era necessário negociar como o Estado Islâmico, e a inteligência de sua estratégia política... Nem lembrei que era dia da mulher, isso aumentou a visibilidade.

Você publicou os livros *Nova República: Novo e Velho Testamento* (1988), *Full Color* (1990), *Fora Collor* (1992), *Itamar: Modo de Usar* (1993) e *Era Uma Vez FH* (2002). Em todos eles havia críticas aos mandatários do momento. Por que ficou essa "pecha" de ser contra Lula, Dilma e demais quadros do PT? A memória é curta ou é culpa da falta de informação?

Isso é coisa de pechadores... é um problema de voto, devotos de santos do pau oco.

Está dando gosto bater no governo do presidente Michel Temer? Ele é bem caricaturável, não é?

Eu não tenho gosto de bater em ninguém, eu faço sínteses com humor do fato político do momento.

Todo cartunista é isento e oposição ao governo vigente, ou não tem como separar suas crenças ideológicas no desenho?

Ideologia é para idiotas... Os assassinatos no *Charlie Hebdo*, covardia travestida de ideologia religiosa.

Prefere peitar a metafísica do mimimi ou não dá motivo para as manifestações contrárias evoluírem?

Eu sou analfabite, o que vem de bite não me atinge...

Por causa da charge *Entreouvido no Saloon*, você e o jornal *O Globo* se tornaram alvos de três processos movidos no Juizado Especial Cível de Nova Friburgo, na região serrana fluminense. Os três autores são advogados que alegam terem sido ofendidos em sua honra, e trazem o mesmo pedido: o pagamento de indenização de R$ 20 mil e publicação de uma nota de desagravo. Ficou surpreso com isso?

Há outros dois, um de são Paulo e outro de Minas. Corporativismo ideológico advocatício que não deu em nada.

Os processos de hoje são a censura de ontem?

Não, são outro tipo de idiotice...

Até hoje foram dois processos. Este e o de 1994, pelo então governador do Rio, Nilo Batista, que foi acusado de intermediar doações do jogo do bicho para a Associação Brasileira Interdisciplinar da Aids. Como ficou aquele caso, ele foi adiante?

Não, foi arquivado.

Prefere ser festejado ou odiado?

Amado...

Você e seu irmão Paulo Caruso são gêmeos e também músicos e cartunistas. O traço de vocês é parecido? Além da assinatura, o que diferencia o trabalho de um e do outro?

Paulo sempre foi mais prolixo, eu mais sintético. Ele desenha grandes cenários, muita gente, toca piano, violão, eu não... eu desenho menos e não toco nada, mas me viro direitinho, inclusive cantando...

Quem é melhor: Chico Caruso ou Paulo Caruso?

Eu acho que é ele, ele acha que sou eu...

NANI

"CHARGE A FAVOR NÃO É CHARGE, É CARTILHA"

NA SÉRIE DE ENTREVISTAS COM GRANDES CARTUNISTAS BRASILEIROS, NANI FALA DAS VELHAS E NOVAS CENSURAS COM RAFAEL SPACA

Você é considerado um dos maiores nomes do humor nacional. Quando criança você já tinha essa inclinação para o desenho?

Um dia, aos 13 anos, vendo uma revista de cartuns chamada *Vamos Rir,* eu disse para mim mesmo: "Isso eu sei fazer". No mesmo dia fiz meu primeiro cartum. Era um pirata com ganchos nas mãos dizendo para o outro: "Conheço esta região como a palma da minha mão". Não parei mais de fazer cartuns.

Chegou a fazer algum curso para aprimorar sua técnica ou foi fazendo até ficar bom?

Curso não. Eu desenhava todos os dias. Lia as revistas de humor para

pegar os temas. Chegava a criar 40 cartuns por dia. Achava que ser cartunista seria uma boa profissão, já que tinha tanta gente desenhando nas revistas e jornais.

Suas influências eram Millôr, Carlos Estevão e Henfil. Millôr e Henfil nós conhecemos, mas quem era Carlos Estevão e por que ele te influenciou?

Eu morava em Esmeraldas nos anos 1960, era o jornaleiro da cidade, vendia nas ruas revistas e jornais dos quais meu pai era representante. Na revista *O Cruzeiro* eu via Millôr, Péricles, Appe e Carlos Estevão. Quando vi no *Pif Paf* um desenho em lápis de cera do Millôr, eu, nos meus 13 anos pensei: "Que legal! A revista também publica desenho de criança!". Muitos anos depois contei isso ao Millôr e mostrei o desenho—parecia mesmo desenho de criança. Mas eu curtia o Carlos Estevão pelo seu humor direto e popular.

Qual a importância do Henfil na sua vida?

As legendas dos cartuns que eu lia nas revistas tipo *Vamos Rir* eram num português muito correto e o Henfil, que publicava na revista *Alterosa* e no *Diário de Minas,* escrevia o texto de seus desenhos em mineirês, numa linguagem que me deixou fascinado. "Ah, posso escrever como a gente fala!". E o desenho dele parecia com os que eu fazia, um pouco mal-acabados. O Henfil, no Rio de Janeiro, recebia *O Diário Católico*, jornal de Belo Horizonte onde eu comecei a publicar em 1971. Foi ele que começou a publicar meus desenhos no *Pasquim*, que ele pegava no jornal.

Só aos vinte anos você publicou seu primeiro desenho no *Diário Católico*. Nesse hiato, o que você fez? Pensou em desistir ou foi tentando aperfeiçoar seu traço?

Chegando em Belo Horizonte em 1979, a minha meta era ser chargista. Trabalhava no Banco Agrimisa e fui aceito pelo *Diário*, que era o terceiro jornal de Minas Gerais. Era vendido, tinha assinatura, etc. O editor, Afonso Raso, além de publicar a charge editorial—que era como se chamava antigamente—, me dava uma página inteira aos domingos onde eu publicava cartuns. Quer coisa melhor que isso para um cartunista que está começando?

Que temática trabalhava no *O Diário Católico*?

Era época da ditadura, mas eu tratava de todos os assuntos. Lembro que fiz charge com o General Médici, uma coisa que era quase proibida, mas falei sobre a estreia do filme *Love Story*, problemas da cidade e do estado e, mesmo sendo um jornal católico, publiquei um cartum de presépio: os Reis Magos, José e Maria vendo televisão e deixando o Menino Jesus sozinho.

Já era sarrista ou era mais crítico?

Eu fiquei lá até os 22 anos. Tinha vindo do interior, mas a luta contra a ditadura politizava todo mundo. Eu sempre soube que o humor é crítico. Eu sempre tentei ser crítico e engraçado. O Freud diz que "o humor não se resigna, desafia".

Daí você foi para *O Pasquim*. A mudança foi da água para o vinho?

A turma do *Pasquim* era formada por nomes consagrados na imprensa, eu era da geração que estava chegando e ficou sendo conhecida como a

“geração Pasquim”: eu, Reinaldo, Claudio Paiva, Hubert, Demo, Laerte, Nilson, Lor, Angeli, e muitos outros. Nós éramos os pós-medalhões.

Henfil pediu para você grudar no Jaguar e aprender tudo com ele. O que aprendeu com Jaguar?

Foi no meu segundo dia no Rio de Janeiro, em fevereiro de 1973, que o Henfil me disse “Cole no Jaguar”. Eu ia para o *Pasquim* todos os dias e ficava lá, enchendo o saco dele. Tomamos muitos porres juntos.

Acredita que, se tivessem feito algo melhor que *O Pasquim*, já teriam esquecido essa turma toda? Se sim, por que até hoje não fizeram nada melhor?

Difícil esquecer o talento daquela turma. Mas eu acho, de modo geral, que antes da internet havia os detentores do humor, que eram os chargistas (Ziraldo, Fortuna, Jaguar, Claudius e Millôr), os redatores de humor (Stanislaw Ponte Preta, Leon Eliachar) e os comediantes de programas humorísticos (Chico Anysio, Jô Soares, Os Trapalhões e a turma de autores que veio do rádio, como Max Nunes e Roberto Silveira). Os engraçados do país eram umas 20 pessoas. Os meios de comunicação pré-Internet veiculavam e o Brasil ria daqueles profissionais. As piadas circulavam menos. No interior só tinha piada nova quando um caixeiro-viajante chegava por lá. Hoje, todas as piadas estão nos sites da Internet. Faz humor quem é humorista e quem não é. Na internet tem de tudo, para todos os gostos. Mas, ideologicamente, não tem um humor que seja o denominador comum, hoje um novo jornal seria taxado de "coxinha" ou "mortadela", ou "de raiz" ou "Nutella" ou outros rótulos. Na época do *Pasquim*, a ideologia comum era combater a ditadura, a política era "tirar a sola do sapato do pescoço do povo". O jornal fornecia, além do humor debochado, cultura, informação, entrevistas de quem tinha o que dizer e que os jornalões não publicavam (por medo e por causa da censura). *O Pasquim* dava coragem para que as pessoas lutassem contra os militares no poder. O opressor era visível, hoje existe a opressão que não é fardada, mas todo mundo se contenta em ficar se "achando" no Face e no Twitter.

Millôr era o mais genial de todos?

Millôr era genial como poucos. Sua obra vai perdurar como a dos antigos filósofos.

Havia muita vaidade em *O Pasquim* ou eram todos bons amigos?

Amigos como irmãos são, por isso brigavam de vez em quando, como os irmãos brigam. Lembro de uma coisa bacana. Em 1973, Ziraldo convocou todos da redação, chamou a cozinheira, o porteiro, o pessoal da contabilidade para uma sala e anunciou: "Vocês vão testemunhar o dia que Nani conheceu Millôr Fernandes". E fui apresentado ao Millôr. Acho que o que unia a turma do *Pasquim* era a "inveja branca" que todos tinham pelo trabalho do outro.

***O Pasquim* tinha um humor de guerrilha. Você procura manter essa verve até hoje ou, com o passar do tempo, a tendência é ficar mais conformado?**

Tem aquela música do Sérgio Ricardo: "Se entrega, Corisco. Eu não me entrego, não". Penso um pouco assim. Fico enojado, mas não me entrego. Um dos primeiros redatores da revista *Punch* escreveu: "O humorista não só põe em relevo o ridículo das coisas, mas também evoca a piedade, a ternura e a compaixão em favor dos que sofrem. O humorista é uma espécie de pregador laico".

Enfrentar a censura é o que de pior já te aconteceu?

Pior que enfrentar a censura oficial é enfrentar a censura do politicamente correto.

Ziraldo, Jaguar, Paulo Francis, Fortuna, Flávio Rangel, Luís Carlos Maciel foram presos. Como você conseguiu escapar do xadrez?

Eu não estava no Rio de Janeiro na época da prisão. Foi antes de 1973. Mas quem viveu na época sabe que o terror pairava. O Ziraldo dava o telefone de advogados para nossos parentes para caso de alguma coisa acontecer com a gente.

Por que dizem que, para ser cartunista ou chargista, a pessoa tem que ser ou bem-humorada ou mal-humorada? Não existe meio-termo nestas profissões?

Tenho uma frase que é bem piegas: "O humorista entende tanto de tristeza que faz humor por eliminação". O Millôr diz que "O humor compreende também o mau humor. O mau humor é que não compreende nada".

O humorista tem que ser plural, debulhar todos os assuntos?

Tudo que é humano dá humor. Eu faço humor infantil, adulto, humor negro, o diabo. Tem coisa cabeluda que não publico mais porque dá rolo.

Você desenhou também para o *Jornal dos Sports*. Quais suas recordações daquele período?

Ia pouco à redação e frequentava pouco os estádios. Fazia as charges baseado no que lia nos jornais ou ouvia no rádio. Não existia a facilidade que há hoje de ver no Google. Cismava com os nomes, por exemplo; cheguei a desenhar um cara velho e o cara era novo, um de cabelo longo e o jogador era careca. Vacilos risíveis.

Hoje, com as redes sociais, com a patrulha, está mais difícil atirar em todas as direções?

A charge é sempre um alerta para o político. Cantei muita pedra adivinhando o que acabou acontecendo. Tenho dois livros com charges de presidentes: *Se Arrependimento Matasse* (editora Veloc) sobre o governo de Fernando Henrique Cardoso. Teve uma charge que saiu neste livro, mas que foi publicada no jornal *A Tribuna da Imprensa*, que deu rolo. Era a dona Ruth fazendo o Imposto de Renda. Ela pergunta pra FHC: "Você fez alguma doação?". FHC responde: "Ora, Ruth, eu doei a Vale". Saiu nota em jornais que FHC ficou incomodado. Também fiz um livro sobre o primeiro governo Lula: *Foi Mal* (editora Zit). Muita coisa que está acontecendo hoje, as minhas charges já sinalizavam que ia acontecer. Continuo fazendo a mesma coisa. Um chargista faz charge e charges sempre são contra. Charge a favor não é charge, é cartilha.

Você foi roteirista dos programas *Chico City*, *Escolinha do Professor Raymundo*, *Sai de Baixo*, *Zorra Total*, entre outros. Muitos cartunistas foram redatores de programas na televisão. Por que a TV chama tanto vocês?

Meu sonho de criança era escrever para Chico Anysio. Escrevia nos cadernos do colegial esquetes para os personagens dele. Realizei o sonho e trabalhei com o grande Chico durante 20 anos.

Chico Anysio foi o maior humorista televisivo com quem já trabalhou? Como era a sua relação com ele?

O Chico gostava de humor político. É só assistir aos programas antigos dele, fiz muito texto político para o *Jornal do Lobo*. O Chico imitava o Paulo Francis com o maior brilhantismo. Seus personagens vinham do povão. O Chico Anysio tinha uma antena que poucos artistas têm. Ao me ver, gritava: "Ernani das Esmeraldas!". Foi uma honra trabalhar com ele, e ele faz falta.

E na *MAD*, como foi? O ambiente lá era mais anárquico que o do *Pasquim*?

Com Ota, tudo é anárquico. O cartunista Ota era o editor. Uma vez ele deixou passar um desenho meu: era sobre expressões do futebol. Dois jogadores agarrados um ao outro e a legenda: *Cruzando na área*. Poderia dar um problema com a censura. Houve o grito de "Parem as máquinas!". A máquina já tinha rodado milhares de revistas e a editora iria amargar um prejuízo. Eu fui banido da revista. Mas o mercado de trabalho era ruim, a grana curta, então usei um testa de ferro. O cartunista Guidacci desenhava as páginas que eu bolava e a gente rachava a grana. Enganamos o Ota.

Você trabalhou em muitos lugares históricos, como já conversamos. Isso é mais sorte ou competência?

Eu dizia: Minhas commodities são o humor em desenhos e textos, e enquanto precisarem deste produto no mercado, compram na minha mão.

Como surgiu a ideia da tirinha de jornal *Vereda Tropical*, distribuída em várias publicações?

O cartunista Nilson, de Belo Horizonte, tinha uma série muito bacana chamada *Pindorama*. Eu quis fazer uma tira sobre a mesma temática, que era os índios. Como mineiro, tinha a lenda dos bandeirantes que estiveram pelos lados da minha cidade, então criei o Fernandias e os dois índios: Turuna e Veizim. *Vereda Tropical* vem da música. Como aconteceu com quase todos os desenhistas de tiras, comecei com o nome, deixei os personagens pra lá e a tira continuou tratando de todos os assuntos. Atualmente, é publicada no jornal *Estado de Minas*.

Aquela sua charge da Dilma encostada num poste, quase como garota de programa, causou fúria no Partido dos Trabalhadores, que ameaçou te processar. Isso de fato aconteceu?

Publiquei no meu blog, o Josias de Souza republicou. Logo viralizou. A charge, como eu disse, era um alerta. Ela estava esperando sair um programa do PMDB para anexar ao dela. Foi um erro abraçar o PMDB, a história provou isso.

Rui Falcão, dirigente do partido, disse à época: "charge canalha merece repúdio geral. Humor e crítica nada têm a ver com ofensa moral". O que acha da análise dele?

Chargista trabalha com metáforas, símbolos e associações de ideias. A metáfora que usei era uma garota de programa esperando por um programa, o do PMDB. Não estava chamando a candidata disso ou daquilo. Isso se chama sátira, e a sátira existe para ironizar os poderosos desde que o mundo é mundo. Foi antes da eleição, ânimos acirrados e eu recebi 16 mil e-mails com ameaças. Fiquei preocupado. Mas é essa coisa da internet, que dá voz a tantos imbecis.

Você já desenhou o Fernando Henrique com peitos, Antônio Carlos Magalhães vestido de Tiazinha, o Lula apenas com uma lingerie. Em alguns desses casos você teve problema?

Quase a totalidade dos políticos não reclamam. O Millôr tem uma frase que diz: "O humorista não atira para matar".

Como analisa o momento político que estamos vivendo, com Java-Jato, crise econômica, presidente Michel Temer, Lula acuado, etc.?

O Temer e sua turma trouxeram o pântano, e o pior é que o pântano não vai dar pra todos. O governo Temer é um governo que diz: "Como eu vou governar com o povo na frente? Tira essa gente daí!".

Qual a função principal de um cartunista ou chargista quando vive um momento como esse que estamos vivendo?

Tem gente demais explicando, mas se você quiser que eu desenhe, eu desenho. E vou continuar desenhando.

Acredita que um desenho pode conscientizar uma pessoa?

Fico feliz quando alguém vê um desenho meu e diz: "era isso que eu estava pensando!".

É um dos momentos mais "ricos" em matéria-prima para o seu trabalho até hoje?

Acho que é o mais nojento.

Quem eram mais medíocres, a classe política da ditadura ou essa?

O governo militar a gente sabia que ia cair, mas essa gente enquistada como craca no casco de um navio? Não sei se vou ter vida suficiente pra vê-los fora.

Existe algum tema proibido nos seus desenhos?

Hoje, quando publico, eu mesmo me censuro para que não me encham o saco. Já fui mais corajoso e já tive mais saco.

Acha que um atentado como ocorreu ao *Charles Hebdo* pode acontecer aqui no Brasil, com cartunistas tão críticos como você?

Na época da ditadura jogaram uma bomba no *Pasquim* (não explodiu por causa de um problema no gatilho) e também queimaram bancas que vendiam os tabloides de oposição... Pode ser que estejamos vivendo em tempos curupiras, caminhando para trás. Quem vai saber?

As pessoas estão mais mal-humoradas ou não estão mais entendendo o sentido da charge?

Este é o problema da ignorância, algumas pessoas não sabem ler, se leem não entendem. Não riem, então te esculhambam.

O politicamente correto está contaminando toda a cultura?

O politicamente correto é a censura que não ousa dizer o nome.

É possível ser totalmente isento?

Sou do HUMORISMO: o ismo que ri por último.

Depois de tudo o que fez e continua fazendo, o que ainda resta fazer? Tem alguma ambição?

Fazer piadinhas de vovô para a minha primeira neta, que vai nascer este ano.

DANIEL AZULAY

“PARA ENSINAR É PRECISO VOCAÇÃO E DEVOÇÃO”

RAFAEL SPACA COMPLETA A SÉRIE COM GRANDES DESENHISTAS BRASILEIROS COM O MÍTICO PROFESSOR DANIEL AZULAY

Como um bacharel em Direito se tornou uma das maiores referências em desenho no país?

Desde que me conheço, antes de aprender a escrever, já estava sonhando e rabiscando com um lápis na mão. Com o dedo na poeira do vidro do carro, na cobertura do bolo da minha avó, que estraguei, e nos livros encadernados da biblioteca do pai. Com cinco anos, passei a ponta de uma tesoura riscando as lombadas — pergunta se fiquei de castigo? Sou autodidata, fiz um cursinho por correspondência e recomendo três coisas para quem quer progredir no desenho: 1) desenhar 2) desenhar 3) desenhar. O resto acontece naturalmente.

O que veio depois: o artista plástico, o educador ou o desenhista?

Primeiro o desenhista. Depois, educador e artista plástico. Mas desenhar é uma atividade constante e permanente.

Quais eram as suas principais referências em desenho? Tem algum mestre em especial que te guia?

Não, não dá para acreditar que um mestre faça milagres no trabalho da gente. Pode aprimorar nossa técnica a partir da observação, estudo, pesquisa. Mas a criação é individual e autêntica quando pessoal. Você pode ter influências, mas o produto final tem que refletir a sua personalidade artística, sua criatividade e imaginação. Minhas grandes influências de traço e desenho são Saul Steinberg, Ralph Steadman, Al Hirschfeld e, o maior de todos, J. Carlos. Na pintura, são referências eventuais, o dripping (gotejamento) de Jackson Pollock, o surrealismo de Magritte, o pop de Warhol, Lichtenstein, tem Miró, Vasarely e a Toy-Art, passando por Takashi Murakami, tudo misturado no liquidificador. É uma vitamina que não tem tamanho.

Desde sempre você imaginava que seu trabalho teria uma ligação no campo da educação?

Não necessariamente. A partir de 1975, quando comecei a ilustrar aulas de História do Prof. Renato Azevedo na TV-E, ganhei experiência durante um ano desenhando em frente às câmeras. Depois, quando ganhei um programa infantil na emissora, decidi criar no Brasil um projeto de educação e entretenimento nos moldes do "edutainment" do Vila Sésamo, lançado nos EUA pela Children's Television Workshop.

Quando descobriu que tinha a vocação para transmitir conhecimento?

Em 1976, quando comecei a apresentar os primeiros programas na TV, que ficaram no ar pela Rede Educativa e Bandeirantes até 1986. Depois na Band Rio, de 1996 a 2001. Depois (*Azuela do Azulay*) no Canal Futura, em 2004 e 2005, e depois no Canal da TV Rá-Tim-Bum da TV Cultura de São Paulo.

Nunca pensou em dar aula em escola ou faculdade?

Já, mas nunca de forma permanente por causa da minha produção, que é bastante diversificada e exige tempo de fazer arte, lançamentos, exposições e muitas, muitas viagens.

Muitos sabem executar seu ofício, mas poucos são os que conseguem ensinar. Qual é o segredo?

Para ensinar é preciso vocação e devoção, o professor responsável tem que ter consciência da sua missão. Ele motiva, incentiva e contribui com o aluno para auxiliar o aprendizado. Nas aulas de desenho, ilustração e pintura recomendo aos alunos que observem a metodologia de ensino do professor ou professora. Se o aluno só recebe críticas a ponto de se sentir culpado por não aprender, é hora de avaliar se o mestre tem competência e equilíbrio emocional para ensinar.

Ensinar para criança é mais difícil ou é maior a responsabilidade?

As duas coisas. Mas não é que seja difícil. Já disse diversas vezes que trabalhar com crianças é fácil ou impossível. Ou você fica inteiramente à vontade e interage com elas ou então vai ser difícil, elas percebem o lapso de comunicação e dispersam. Sem a menor cerimônia puxam o celular do bolso e saem do ar com um joguinho na palma da mão.

Você usou a televisão quando poucos tiverem a ideia de usá-la para propagar conhecimento e se popularizar. Quando teve essa sacada? Como surgiu a ideia?

Realmente, foi um esforço enorme chegar à televisão. O objetivo era sair do varejo e alcançar no atacado um público maior do que os leitores dos jornais onde eu estava distribuindo as tiras em quadrinhos da Turma do

Lambe-Lambe como um caixeiro-viajante, circulando por vários estados de norte a sul e visitando redações de jornais.

Como define sua didática?

Lancei em 1983 um método pioneiro de Desenho com o conceito Alfabeto Visual©. Um sistema paralelo ao método de alfabetização para escrever, que utiliza a memória visual para aprimorar o desenho como forma de expressão a partir dos seis anos, independente de dom, talento ou vocação.

E seu traço?

Meu traço é uma metamorfose ambulante. Sou inquieto e curioso por natureza, em constante movimento e transformação. Se um eletro pode registrar os batimentos cardíacos, meu traço é a linha da minha vida, na palma da minha mão, na ponta do lápis ou invisível nas obras sem contorno.

Seu traço estampou também os livros que lançou e outros que foi convidado a ilustrar. Acredita que pelo fato de se tornar popular, uma figura conhecida, a celebridade ofuscou o desenhista?

Conversa fiada. Quando a gente se torna conhecido, o clichê mais comum é achar que quem tem "fama pode descansar e deitar na cama". Mas cada trabalho é sempre um novo desafio, sempre uma nova descoberta.

Os jogos interativos, no videogame, foram um ato de loucura num país que ainda engatinhava nessa história?

Em 1976 lancei de forma pioneira os primeiros jogos de raciocínio (*Telegames*) na TV Educativa, os primeiros interativos da TV aberta em rede nacional. Depois lancei os primeiros CD-ROMs interativos com recursos de multimídia.

Você sempre estava antenado às tendências?

Sim, editava um jornal infantojuvenil que criei, chamado M&VG, Micro e Videogame.

A Turma do Lambe-Lambe foi o seu maior feito na vida?

De forma isolada não, mas foi uma realização gratificante, um sonho realizado ter dado vida a cada um dos personagens que marcaram a geração dos anos 80.

O que te inspirou a criar cada personagem deste universo da Turma do Lambe-Lambe?

O Prof. Pirajá, meu amor pelos livros, a busca do conhecimento. Gilda, a vontade de aprender tudo, autodidata. Pita, o mágico; a Xicória, galinha caipira e cobaia das experiências do Prof. Pirajá. É como um caleidoscópio, a personalidade dos personagens vão se definindo nas histórias e desenhos em quadrinhos.

Onde teve maior projeção, na TVE ou na TV Bandeirantes?

Na Bandeirantes, com a chegada de Walter Clark, que havia saído da Globo. Passei a fazer shows em todo o Brasil, a compor músicas para o programa, a gravar discos e lançar livros, produtos e brinquedos.

Você estreou em 1976 e apresentou durante quinze anos seguidos programas de TV educativos e inteligentes para o público infantil. Por que te deram essa oportunidade de ter um programa só seu?

Por duas razões. Trabalhei de graça para a emissora durante um ano ilustrando aulas de um professor de história. No ano seguinte, eu reunia todas as condições para conduzir um programa pioneiro no gênero, aliando educação e entretenimento.

Era difícil a concorrência com Xuxa, Mara Maravilha e outros programas infantis?

De certa forma, sim, mas o mais difícil era convencer as emissoras a investir no meu programa. As condições de trabalho eram difíceis, para não dizer precárias. Na TVE cheguei a gravar dez programas sem edição em um só dia para compensar a falta de estúdio de gravação e equipamentos disponíveis na semana.

Concorrer com apresentadoras com visual sensualizado era mais difícil do que concorrer com as emissoras a elas associadas?

O público sempre soube diferenciar os programas de estilo Xuxa e as propostas mais educativas dos programas tradicionais. Aliás, é o tipo de conteúdo educativo sem ser didático que prevalece em países de primeiro mundo.

Seus concorrentes faziam entretenimento, buscando audiência. No seu caso, o foco era a educação. Ser diferente era a sua única opção ou um dever?

Nunca gostei de ser obrigado a fazer algo, mesmo por dever. Sempre me senti mais confortável fazendo um trabalho que ampliasse a diversão, agregando o valor do conhecimento e do aprendizado. Diziam que o programa não "dava Ibope". Os índices de audiência eram ridículos, na TVE dava traço. Como isso é possível? Estamos no século 21, estou com setenta anos e uma geração inteira me agradece com dois milhões de acessos no Facebook porque meus programas animaram sua infância e contribuíram nas suas carreiras e escolhas profissionais... Como dizia Millôr Fernandes:"Viva o Brasil, onde todo dia é Primeiro de Abril!!"

Acredita que foi um revolucionário num certo sentido?

Com certeza. E pioneiro dos primeiros telegames para crianças da TV aberta em todo o Brasil.

Você influenciou de forma construtiva a geração dos anos 80, que aprendeu contigo a desenhar, construir brinquedos com a sucata doméstica, a importância da reciclagem e sustentabilidade em defesa do meio ambiente. Não era muita coisa para transmitir?

Sim, mas alimentar um programa de uma hora diária em rede nacional era coisa pra chuchu, tinha que rechear de conteúdo diversificado e interessante. Tinha "Vamos Desenhar", "Vamos fazer Brinquedos", "Convidado Especial", Telegames, Correspondência, "Vamos Contar Histórias", Reportagem Externa, Musicais, etc., etc.

Por que não há nenhum programa parecido com o seu na televisão atualmente? Essas temáticas não são importantes nos dias de hoje?

Há muita opção e canais de informação ao alcance da criança. Mais do que ela possa se fixar em uma coisa só. Os pais têm que orientar, incentivar, além do estudo, a socialização e prática de esportes e exercícios ao ar livre.

Te reconhecem ou já te esqueceram?

Ah, ah, não tenho esse problema. Os pais não deixam, estão sempre me apresentando aos seus filhos, o que é uma honra e um prazer gratificante.

Qual foi o maior elogio que recebeu de alguém que te assistia e se transformou com os seus ensinamentos?

"Daniel, obrigado por ter animado, alegrado a minha infância, você foi muito importante para eu descobrir e exercer a profissão (*) que eu tenho hoje, e que é meu orgulho, dos meus pais e da minha família." (*) desenhista, ilustrador, arquiteto, carnavalesco, cientista de robótica, estilista de moda, artista de circo, palhaço, recreador, professor de música, etc., etc.

E a maior ofensa?

Todas as vezes que meu programa saiu do ar.

Muitos dos seus telespectadores viraram desenhistas?

Sim, animadores, cartunistas, ilustradores, web designers, de computação gráfica, até confeiteiro premiado de bolo artesanal. Já tive contato com todos eles e os depoimentos são de emocionar!

Era mais importante ensinar a desenhar ou fazer as crianças se familiarizarem com o desenho, educando o olhar e a sensibilidade?

O mais importante é respeitar a individualidade e o tempo de cada criança. Com orientação adequada e estímulo, cada uma desenvolve e descobre à sua maneira o seu potencial criativo e meios de expressão através da arte.

Atualmente você viaja pelo mundo expondo, fazendo palestras e conduzindo workshops de arte, educação e responsabilidade social. O que fala e o que escuta nestas ocasiões?

É sempre interessante e variado. Conviver e compartilhar meu trabalho com culturas diferentes é gratificante. Apresentei meu projeto social "Crescer com Arte" nos Estados Unidos e fiquei feliz com o Prêmio Ambev/Instituto Kanitz e reconhecimento pela International Child Art Foundation nos Estados Unidos. O programa *Ação* da Rede Globo fez uma matéria completa sobre as minhas oficinas em entrevista com Serginho Groisman.

Gostaria que falasse das suas obras de arte contemporânea. O que te inspira e o que pinta?

Em 2006 lancei no Rio um projeto de exposição itinerante chamado *A Porta/The Door*. Durante sete anos realizei exposições de arte contemporânea em Helsinque, Estocolmo, Lisboa, Nova York e Miami. As exposições e obras da mostra foram reunidas no livro de arte *A Porta/The Door* com edição bilíngue. O projeto itinerante foi encerrado em 2013 com a exposição na Galeria Arquivo Contemporâneo no RJ. Mais informações podem ser acessadas no site.

Não faz muito tempo você fez especiais para o Canal Futura e para a TV Rá-Tim-Bum. Como foram esses trabalhos?

No Canal Futura fiz *Azuela do Azulay*, premiado com o Prix Jeunesse de melhor programa infantil na categoria especial. Na Rá-Tim-Bum, fiz uma série de tiras em quadrinhos em desenho animado, sentado na prancheta do meu ateliê, com os personagens da Turma do Lambe-Lambe.

Quando voltou à televisão, o que sentiu de diferente da época do ápice do seu sucesso (TV Educativa e Bandeirantes) para aquele momento (Futura e Rá-Tim-Bum)? O que mudou na forma de fazer televisão e nas crianças que o assistiam?

A tecnologia mudou de forma definitiva o conceito do que é lúdico e de interesse das crianças.

Sente falta da TV ou a internet supre essa lacuna?

A internet supre com vantagens. É um ambiente livre e democrático com audiência enorme e garantida.

A tecnologia deixou as crianças menos criativas?

Não, pelo contrário: além de mais criativas, mais bem informadas.

Você chegou a lançar discos, um deles com Lucinha Lins e Sivuca. O Daniel Azulay cantor é um grande desenhista?

Não, não preciso ser um grande cantor. Gravei discos para dar o meu recado em linguagem musical, que é essencial para o show business. Havia um conflito de direitos autorais de outros artistas músicos em ceder suas músicas para o programa. Essa foi a principal razão porque passei a compor e a gravar minhas próprias canções para a TV e para os shows. Foi mais um aprendizado. Meu *songbook* está na internet à venda pela Vitale, com prefácio de Ricardo Cravo Albin e apresentação de músicos como Roberto Menescal, Carlos Lyra, Celso Fonseca e Henrique Cazes, entre outros. Estudei Harmonia e Violão nos anos 60 e 70 com Oscar Castro Neves, David Tygel, Wanda Sá e Almir Chediak, que foram meus professores. De forma alguma me tornei um exemplo do tipo que "como cantor é um grande desenhista".

Atualmente você capitaneia o projeto social "Crescer com Arte", dirigido para crianças e adolescentes. Fale a esse respeito.

Surgiu há quinze anos como uma bolsa de estudos para quem não podia frequentar minhas oficinas de desenho. É um projeto bem-sucedido, voltado para crianças de comunidades em situação de risco social. Mais

AVEC
EDITORA